本书为教育部人文社科重点研究基地重大项目
“海外华人人才与中国创新体系建设”阶段性成果

纪念改革开放40周年系列

Overseas Chinese and China's Reform and Opening-up

桑梓情深

华侨华人与改革开放

潮龙起 主编

暨南大学出版社
JINAN UNIVERSITY PRESS

中国·广州

图书在版编目（CIP）数据

桑梓情深：华侨华人与改革开放/潮龙起主编. —广州：暨南大学出版社，2018.12
（纪念改革开放40周年系列）
ISBN 978-7-5668-2099-0

Ⅰ.①桑… Ⅱ.①潮… Ⅲ.①华侨—关系—改革开放—研究—中国 ②华人—关系—改革开放—研究—中国 Ⅳ.①D634.3②D616

中国版本图书馆CIP数据核字(2018)第291307号

桑梓情深：华侨华人与改革开放
SANGZI QINGSHEN：HUAQIAO HUAREN YU GAIGE KAIFANG
主 编：潮龙起

出 版 人：徐义雄
策划编辑：黄圣英
责任编辑：齐 心
责任校对：何 力
责任印制：汤慧君 周一丹

出版发行：暨南大学出版社（510630）
电 话：总编室（8620）85221601
营销部（8620）85225284 85228291 85228292（邮购）
传 真：（8620）85221583（办公室） 85223774（营销部）
网 址：http://www.jnupress.com
排 版：广州市天河星辰文化发展部照排中心
印 刷：佛山市浩文彩色印刷有限公司
开 本：787mm×1092mm 1/16
印 张：14.25
字 数：277千
版 次：2018年12月第1版
印 次：2018年12月第1次
定 价：48.00元

（暨大版图书如有印装质量问题，请与出版社总编室联系调换）

前　言

实现国家富强、民族振兴、人民幸福，是近代以来海内外中华儿女最伟大的梦想。近百年历史表明，华侨华人是中国革命、建设和改革开放的重要力量。从辛亥革命到抗日战争再到新时期的改革开放，为了民族独立和国家富强，华侨华人在人力、物力和智力方面都给予祖（籍）国巨大支持。2018 年 10 月 24 日，习近平同志在考察暨南大学时指出：我国有五千多万海外侨胞，这是一个独特优势，改革开放有海外侨胞的一份功劳。2018 年是中国改革开放四十周年，为了回顾与总结改革开放以来华侨华人及留学生对中国科教与经济发展、国家和平统一、中外人文交流等方面所作出的贡献，我们撰写了《桑梓情深：华侨华人与改革开放》一书。

1978 年以来，随着中国全面实施改革开放战略，党和政府的工作重点转移到经济上面来，对华侨华人这一群体特别重视，制定并实施积极的侨务政策，开展了卓有成效的侨务工作。各级侨务部门加大力度，开拓创新，不断完善工作机制，通过侨务联谊工作，以民族复兴话语凝心聚力；通过侨务文化宣传工作，调动华文学校和华文媒体的力量，在华侨华人中宣讲“中国梦”，传播“中国梦”，激发他们的爱国之心、强国之愿、报国之志；通过侨务经济科技工作，拓展中国与海外华人经科合作和交流的深度，共同打造海内外中华儿女的命运共同体。

改革开放 40 年来，中国的崛起进一步增强了海外华人对中国的认同，让他们感到比以往任何时期更接近民族复兴这个梦想。海外华人也抱着对“中国梦”的美好追求，以前所未有的热情积极投身于中国各项事业建设中，为中国的现代化建设、中国和平统一大业、中外人文交流和世界和平发展、科教兴国及创新驱动战略作出了重要贡献。实践证明，海外华人是中国经济建设和科教发展的巨大财富和独特力量，是中华优秀文化的传播者，也是世界和平的使者，更是实现中华民族伟大复兴的重要力量。

本书共分为六章。第一章主要利用各方统计数据、侨情报告和学界研究成果，从人口数量、地区分布与职业构成，华人社团、华文媒体与华文学校，海外华人参政等几个方面，系统梳理了改革开放以来海外侨情的新变化，并详述五大洲侨情的最新进展。

第二章主要探讨1978年以来我国出国留学政策与海外人才引进政策和工作，重点总结广州市侨务引智工作实践。本章大篇幅地分析了我国出国留学人员的规模、流向、结构及其在当地的学习和工作情况，留学人员与华人高技术人才去留的意愿，海外华人高层次人才回流和环流的成因、规模和趋势，华人跨国网络的建构与运作。

第三章从科技和经济领域探讨华人高层次人才在中国实施创新驱动战略中的作用，主要是考察华人高技术人才通过“回国服务”“为国服务”等人才回流、人才环流等方式，促进我国科技事业的发展和产业转型升级。具体而言，他们对我国实施创新驱动战略的贡献主要表现在以下几方面：推动我国科教体制机制改革，促进我国高校和科研机构的国际合作，拓展人才引进渠道，提高人才培养质量、科学研究与学科建设水平，推动国内新经济、新技术的快速发展，为我国加快经济转型升级作出了重大贡献。

第四章以近年世界各地成立的为数众多的中国和平统一促进会为中心，从政治领域分析华侨华人对中国和平统一大业所作出的贡献。本章首先回顾了世界各地华侨华人反“独”促统组织的创始和发展，详细剖析海外统促会组织结构、成员构成、规章制度、物质条件等状况，并指出，海外反“独”促统活动是华侨华人为维护中国领土和主权完整而开展的民间运动，是侨居国政治环境、祖（籍）国凝聚力及华侨华人生存发展等因素综合作用的结果。华侨华人在促进中国和平统一过程中形成了一套有章可循的运作机制。华侨华人反“独”促统工作的对象包括当地侨社、岛内外台胞及当地主流社会。其工作方式主要有公关外交、媒体外交及公益慈善和文化活动。反“独”斗争形式主要包括：发出反分裂势力的强大声音；采取强有力的反制行动；在未建交国开展系列统促活动。从工作内容来说，海外华人密切关注台海关系和海内外“台独”“藏独”“疆独”等分裂势力的新动向，不时调整工作重点，力求反“独”促统工作具有针对性。

第五章主要从文化领域分析海外华人社团参与中外文化交流的角色、实践与路径。本章首先论述海外华人社团参与中外文化交流的理论依据和角色优势，比较全面地总结了华人社团参与中外文化交流的特点，并分别以东南亚的泰国潮州会馆、北美的美中文化协会、欧洲的英国广东华侨华人联合总会这三个华人社团为个案，分析华人社团在中外文化交流的作用，最后，从我国政府层面提出相应的对策和建议。

中国的改革开放及积极的侨务政策重建了华侨华人与中国的联系，开放的中国也为华侨华人参与中国的改革提供了机会。第六章以美籍华人陈香梅为个案，以陈香梅捐献给浙江大学的2万余件档案为基本史料，探讨美籍华人陈香梅从20世纪80年代重返中国之后，为中国改革开放建言献策，大力支持改革开放事业，访问多个省市，为中国民航事业、旅游业的发展出谋划策，尤其关注教育与公益事业，积极呼吁开发海南岛等，以此个案透视华侨华人在中国改革开放中的作用。

关于对海外华人高层次人才的界定，本书依据国家人事部、教育部、科技部等部门2005年颁布的《关于在留学人才引进工作中界定海外高层次留学人才的指导意见》的规定，主要指在海外从事科研、教学、工程技术、金融、管理等工作并取得显著成绩，为国内急需的高级管理人才、高级专业技术人才、学术技术带头人，以及拥有较好产业化开发前景的专利、发明或专有技术的人才，它包括学术界、国外高校、世界五百强企业、国外政府机构、国际组织等8个方面的著名专家、学者、管理人员和技术人员。另外，需要特别指出的是，由于全球化时代华人技术人才的流动性和跨国性较强，本书中所指的“华人高层次人才”也包括那些已经回国但仍拥有跨国网络的人才。

本书稿得以完成，首先感谢中国和平统一促进会、广州市侨务办公室等机构为本书写作提供宝贵资料。其次感谢暨南大学出版社领导的信任和支持，以及华侨华人研究事业部对本书编辑校对所付出的劳动。最后感谢暨南大学华侨华人研究院对本书出版的资助。

书稿由暨南大学华侨华人研究院潮龙起教授组织暨南大学、浙江大学相关学者撰写，由潮龙起最后统稿。具体分工如下：

第一章	改革开放以来海外侨情的变化	潮龙起
第二章	国家留学政策与华人技术移民的流动	潮龙起
第三章	华人高层次人才与中国创新驱动战略的实施	潮龙起
第四章	华侨华人与中国和平统一大业	潮龙起　邓玉柱
第五章	海外华人社团与中外文化交流	文　峰
第六章	人物特写：陈香梅与中国改革开放	陈红民　周丽莉

主　编

2018 年 10 月

目　录

第一章　改革开放以来海外侨情的变化

近几十年来，在新的交通和通信技术为先导的全球化浪潮下，随着香港和台湾经济的起飞，1978 年中国实行对外开放政策，以及 20 世纪 60 年代以后西方国家开始改变其对亚洲移民的排斥政策，后冷战时期世界局势从对抗走向缓和，中国香港、台湾、大陆的移民浪潮汹涌澎湃。他们迁徙于世界各地，在移民流量、流向、移民方式、居住模式、生计手段、社会关系等方面都表现出与以往不同的特点。

第一节　1978 年以来海外侨情概况

1978 年以来海外侨情发生了较大变化，主要体现在海外华人的数量、地区分布、职业构成、侨社“三宝”、华人参政等诸多方面。

一、人口数量、地区分布与职业构成

中华人民共和国成立后，受国际国内局势的影响，中国人移民海外数量大大减少，特别是在内地。改革开放后，中国人向外移民呈现井喷状态，其数量超过了1 000万人，移民目的地发生了较大变化，东南亚华人比重正逐渐降低，发达国家华人比重不断上升。可以说，改革开放前 20 年，北美、欧洲、大洋洲等西方发达地区是中国新移民的主要目的地。进入 21 世纪之后，非洲、拉丁美洲等地区的新兴发展中国家越来越多地成为中国新移民的目标国。

根据庄国土教授的研究估算，2006—2007 年世界华侨华人总数为 4 543 万人，其中亚洲为 3 548 万人，占比 78. 1%；美洲为 630 万人，占比 13. 9%；欧洲为 215 万人，占比 4. 7%；大洋洲为 95 万人，占比 2. 1%；非洲为 55 万人，占比 1. 2%。[①]

---

① 庄国土：《世界华侨华人数量和分布的历史变化》，《世界历史》2011 年第 5 期。

表 1－1　2006—2007 年五大洲华侨华人数量和分布统计表

（单位：万人）

地区	总人数/百分比*	新移民人数/百分比**
亚洲	3 548/78.1	400/11.3
美洲	630/13.9	350/55.6
欧洲	215/4.7	170/79.1
大洋洲	95/2.1	60/63.2
非洲	55/1.2	50/90.9
总计	4 543/100	1 030/22.7

注：*占全球华侨华人总数百分比；**占当地华侨华人总数百分比。

资料来源：庄国土：《世界华侨华人数量和分布的历史变化》，《世界历史》2011 年第 5 期。此表中有些数据根据作者计量重新调整。

从上表可知，亚洲地区仍然是华侨华人数量最多的地区，其中又尤为集中于东南亚地区。紧随其后的是美洲地区，北美地区的新移民增长非常迅速。然而，20 世纪 70 年代以来，大规模的中国新移民极大地改变了世界华侨华人高度集中于东南亚的格局。到 2008 年，世界华侨华人总数超过 4 500 万人，而东南亚华侨华人的比例降为 73%。① 2008 年以来，受全球性金融危机和欧美次贷危机的影响，欧美等发达地区经济不景气，华侨华人的生存空间受到限制，越来越多的中国新移民选择非洲、南美洲等地作为移民目的地。到 2014 年，全球华侨华人总数已达 6 000 多万，分布在 198 个国家和地区。②

2007—2008 年，海外华人新移民达 1 030 万人，其中美国达到 190 万人，加拿大共有中国新移民 85 万人，而前往欧洲的中国新移民达 170 万人，且相当一部分为无证移民，流动性也较大。大洋洲有中国新移民 60 万人；日本的中国新移民达 60 万人；非洲有中国新移民约 45 万人，大部分集中于南非；拉丁美洲的中国新移民达到了 75 万人。东南亚的中国新移民数量在各个地区中是最多的，达到 253 万人。③ 关于世界各地华人新移民的分布情况，可见表 1－2。

① 庄国土：《世界华侨华人数量和分布的历史变化》，《世界历史》2011 年第 5 期。

② 裘援平：《继往开来　相融共赢　全面深入推进和谐侨社建设——国侨办主任裘援平在第七届世界华侨华人社团联谊大会上的讲话》，《侨务工作研究》2014 年第 3 期。

③ 庄国土：《世界华侨华人数量和分布的历史变化》，《世界历史》2011 年第 5 期。

表 1－2　2007—2008 年中国新移民数量估计、分布、来源和职业构成

地区	人数（万）	主要职业	备注
美国	190	留学人员和专业人士，非熟练工人	相当部分来自中国香港、台湾地区；少数部分为无证移民
加拿大	85	留学人员和专业人士，非熟练工人	相当部分来自中国香港、台湾地区
欧洲	170	商贩、工人	相当部分为无证移民
大洋洲	60	留学人员和专业人士，工人、商人	相当部分来自中国香港、台湾地区
日本	60	留学人员和专业人士，工人	大部分为留学人员及专业人士
非洲	45	商贩、技术人员、劳务人员	大部分集中于南非
拉丁美洲	75	商贩	大部分居住在阿根廷及其周边邻国
俄罗斯	20	商贩	流动性大，数量变动大
东南亚	253	商贩、技术人员、企业家、工人等	流动性大，相当部分为无证移民
其他	72		
总计	1 030		

资料来源：庄国土：《世界华侨华人数量和分布的历史变化》，《世界历史》2011 年第 5 期。原表中实际统计数为 958 万人，考虑到表中未列明的韩国、中亚、南亚等地华侨华人数量，笔者在表中加上“其他”地区，推算人数为 72 万。

21 世纪以来，随着中国改革开放的深入推进，新移民数量不断攀升。历史上华侨以华工、华商为主，而新移民通常携带一定的资金、掌握一定的技术或者管理经验，再加上出国留学人员定居当地发展，使华侨华人的职业呈现多元化的特点。新华侨华人中专业人士较多，大多从事技术性、研究性和管理性工作，分布在高新技术、教育、金融等行业，除拥有较高的知识学历、职业修养之外，还具有一般意义上的职场人士所不具备的国际素养和跨文化沟通能力。新华侨华人趋向年轻化、知识化，整体素质普遍提升，很多人是白领、金领等“四师”（工程师、医师、教师、会计师）与“四家”（科学家、企业家、发明家、教育家），彻底扭转了老一代华侨华人“三刀”（菜刀、剪刀、剃刀）的整体形象。①

华侨华人跨越重洋到外国谋生，大多数是白手起家，他们运用自己的聪明才智和勤劳勇敢，充分利用住在国的政策和商业环境，逐渐发展壮大自己，在海外已形成庞大的华商团体。海外侨胞中七成以上从事工商业，海外华商经济总量有数万亿美元。根据《亚洲周刊》2015 年发布的“全球华商 1 000 强”，2015 年，全球华商 1 000 强总资产 3.12 万亿美元，其中海外华商资产规模 1.46 万亿美元。华商经济发展在地区分布上一直呈现不均衡发展，其中华人富豪主要集中在中国大陆、港台及东南亚地区，而其他地区的华人富豪则相对较少。表1－3详细列明了 2013、2014、2015、2017 年这四年福布斯“全球华人富豪榜”前 100 强的地区分布。在 2017 年“全球华人富豪榜”前 100 强中，中国大陆占了 52 家，中国香港 22 家，中国台湾 6 家；东南亚地区 14 家（新加坡、马来西亚各 4 家，菲律宾、泰国各 3 家），美国 4 家，加拿大和法国各 1 家。

表 1－3　福布斯“全球华人富豪榜”前 100 强地区分布

（单位：家）

地区	2013 年	2014 年	2015 年	2017 年
中国大陆	43	42	45	52
中国香港	23	22	18	22
中国台湾	10	9	9	6
新加坡	4	4	5	4
马来西亚	5	5	5	4
泰国	2	3	4	3
印度尼西亚	3	4	2	0
菲律宾	4	4	5	3
美国	6	7	7	4
加拿大	0	1	1	1
法国	0	0	1	1
奥地利	0	1	0	0
合计	100	102	102	100

资料来源：根据福布斯“全球华人富豪榜”2013、2014、2015、2017 年的数据整理。

① 衣长军：《海外新华侨华人社团与国家“软实力”建设研究》，《华侨大学学报》2016 年第 5 期。

有学者在全球范围内抽取海外华商180强进行研究，在对华商总体财富来源进行分析时发现，1996年华商行业分布为：金融业（22.2%）、房地产业（21.1%）、重化工业（14.4%）、消费品制造业（12.8%）、商贸业（8.3%）、高新技术产业（6.7%）、休闲娱乐业（5.6%）、农业（5.0%）、建筑业（3.9%）。经过近20年的发展，海外华商的行业分布出现一些明显改变，即金融业比重下降，滑落到第三位，消费品制造业从第四位上升到第二位，高新技术产业的比重也有了成倍增长。到2013年，海外华商180强的行业分布依次如下：房地产业（19.4%）、消费品制造业（15.6%）、金融业（15.0%）、商贸业（13.3%）、高新技术产业（12.8%）、重化工业（10.6%）、农业（6.1%）、休闲娱乐业（5.6%）、建筑业（1.7%）。[①]

值得注意的是，海外华人中，还有数百万的专业人才。与全球华人财富主要集中在中国的情况不同，可以说，目前华人人才中最顶尖的人才主要在海外，这从诺贝尔科学奖、数学沃尔夫奖和菲尔兹奖等国际科技大奖获得者的统计数据中可以看出。从1999年开始，《麻省理工科技评论》（*MIT Technology Review*，简称MIT TR）每年在全球范围内搜集最有可能改变世界、极具才华和创新精神的年轻技术人才、创新者或企业家。该榜单从影响力、创新力、进取力、未来潜力、沟通力五个维度评估，涵盖IT（计算机、通信、网络）、生物医药、商业等领域，最终选出35位35岁以下学术界和工业界的科技创新精英（TR35）。曾经的获奖者包括谷歌（Google）的联合创始人拉里·佩奇（Larry Page）和谢尔盖·布林（Sergey Brin），Linux之父林纳斯·本尼迪克特·托瓦兹（Linus Benedict Torvalds），脸书（Facebook）的创始人扎克·伯格（Mark Zuckerberg），雅虎创始人杨致远等。据统计，2011年至2018年8年间共评选出280位TR35杰出青年创新人物，其中华人40名，占比达14%。[②] 然而，从他们的工作单位来看，这40位华人大多在海外科研机构和高科技公司供职。一般来说，在6 000多万海外华人中，海外华人人才规模约有400万人，但海外高层次人才仅有数万人。从国家分布来看，海外华人人才主要集中在发达国家，如美国、加拿大、日本、英国、澳大利亚等国，尤以美国最为集中。[③]

① 饶志明：《海外华商财富变化趋势》，见贾益民、张禹东、庄国土等主编：《华侨华人研究报告（2013）》，社会科学文献出版社2014年版，第991页。

② 《麻省"全球杰出青年创新家"40位华人12位清华毕业两位高中毕业》，搜狐网，http://www.sohu.com/a/250180354_701814，2018年8月26日。

③ 潮龙起主编：《侨务理论研究成果集萃》，暨南大学出版社2014年版，第101－103页。

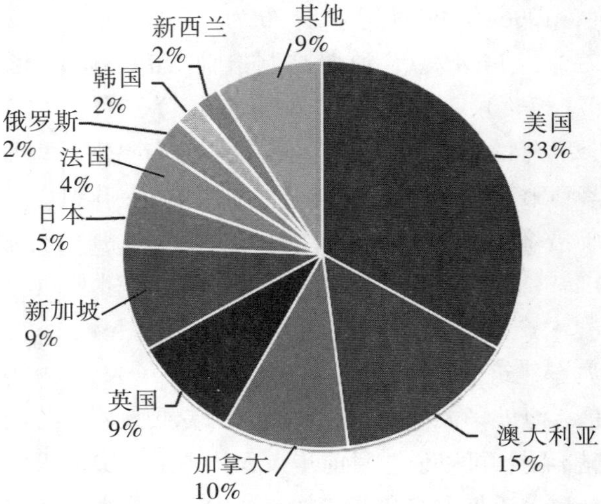

海外华侨华人专业人士国家分布图

数据来源：王辉耀：《海外华侨华人专业人士发展现状与趋势》，国务院侨办2013年度课题报告书。

从学科来看，海外华人人才分布在各个学科门类中，以理工类居多；从行业分布来看，从事高等教育和科学研究者较多，还有不少从事工程技术、医疗卫生等。有人通过互联网查询和数据统计来研究美国大学中的华人学者，结果显示，在美国128所研究型大学里，在中国大陆出生，目前在美国大学工作的教授、副教授和助理教授一共有4 631人。其中，教授有1 227人，占总数的27%；副教授有1 353人，占总数的29.2%；助理教授有1 971人，占总数的43%；此外，还有80人没有查到具体的职称登记。① 在日本，就大学教员而言，根据日本管理局在留资格统计的持教授签证者的数量来看，1984年，在日中国人持该项签证者仅64人；至2002年，其总数达2 437人。到2011年，日本华人专职教授总数达700人。②

二、华人社团、华文媒体与华文学校

改革开放以来海外侨情的变化，也体现在侨社“三宝”——华人社团、华

① 王贤文：《美国128所国家一、二级大学华人学者资料数据库的建设与分析》，国务院侨办2011—2012年度课题报告书。

② 廖赤阳：《当代华人知识分子社团的跨国实践及其理念》，《华人研究国际学报》2012年第2期。

文媒体与华文学校的数量、结构与功能等方面的变化。

1. 华人社团

早期移居国外的华侨，为了团结互助，自救自卫，联络感情，共谋生存与发展，或以血缘宗亲，或以地缘同乡，或以业缘同行为纽带，自发建立互助联谊与自治的社团组织。华人社团是海外华人社会的基石、坚强后盾和重要组织形式，是支撑海外华人社会存在、延续与发展的重要力量。作为海外华人社会纽带和中坚力量的华人社团在 20 世纪 80 年代末已达 9 093 个，比 1950 年增长了 42.5%①，到 2001 年达到 20 万个②。目前全球公共外交类、地域同乡类、姓氏宗亲类、慈善公益类、专业技术类、反“独”促统类、文化艺术类以及商会、校友会、青年会、妇女会等各种华人社团组织逾 2.5 万个。③ 马来西亚是东南亚华人社团数量最多的国家，约有 1 万个；印度尼西亚华人社团数量也在迅速增长，仅在 2000 年之后就成立了1 000多个。④

经过几百年的发展，以及当前有利的国际环境，海外华人的组织程度很高。从管理方式、组织架构、社团属性、活动范围等方面来看，当代华人社团具有以下几个明显特点：

第一，组织制度不断完善，管理更加科学。

不少海外侨团有完善的组织架构，除设立理事会外，还设立了青年团（部、组）、妇女部（团、组）、奖贷学金委员会等部门。一些侨团还根据实际情况，在内部分别设立面向专业人士、商界人士及非华语教育背景人士的组织，以团结联络这些人士。侨团管理的不断完善，提高了侨团的凝聚力和影响力，有效地发挥了侨团的职能。⑤

管理革新趋于科学不仅是时代发展的要求，也是侨团自身发展的需要。过去侨团由于功能单一，组织架构也比较单一，运作不够透明和民主。有的侨团领导人一任就是多届，甚至几十年。随着侨团的发展、功能的增多，侨团管理也开始采用信息技术和现代管理方法，科学、民主地管理社团事务。

典章制度是一个团体发展的基础和精神依规，也是成员行动的纲领和指针。很多侨团在实际过程中，为保证组织宗旨和目标的实现，都制定了相应的组织章程，明确会员的权利、责任和义务，以对成员进行规范和管理。这些章程涉及入

---

① 李明欢：《当代海外华人社团研究》，厦门大学出版社 1995 年版，第 5 页。

② 《世界华侨华人社团联合总会成立》，《人民日报·海外版》，2001 年 1 月 24 日。

③ 裘援平：《继往开来　相融共赢　全面深入推进和谐侨社建设——国侨办主任裘援平在第七届世界华侨华人社团联谊大会上的讲话》，《侨务工作研究》2014 年第 3 期。

④ 陈奕平主编：《2014—2016 年世界侨情报告》，暨南大学出版社 2018 年版，第 44 页。

⑤ 《海外华人社团发展出现“内忧”亟需革新求变》，《人民日报·海外版》，2010 年 5 月 20 日。

会的条件，必须履行的义务和责任，及可享受的权利，违反规章而受到的惩罚等。如意大利华人企业协会章程共有总则、任务、会员、机构产生和罢免、总会财产管理、章程的修改程序这六章。该章程总则规定了协会的名称、性质、宗旨，也规定了该会的六大任务，如：联络、团结、协调会员企业；加强企业与政府间的沟通联系；倡导参政议政，加强与意大利主流社会的接触和沟通；倡导健康有益的中意文化娱乐活动等。在“会员”一章中，章程规定了会员入会的五个条件，为会员提供宣传服务、企业管理咨询等四项帮助，还规定了会员享有的权利和义务，并规定会员有下列情况者，由商会理事会决定是否除名：违反法律，受到刑法制裁者；严重违反本会章程，不履行会员义务，或不按时缴纳会费者。①

第二，信息化程度高。

随着信息技术的发展，很多侨团也善于利用新技术开展工作，建立了自己的网站或网页，充分展示该侨团的宗旨、章程、组织架构、主要活动等。很多侨团还利用微信发布侨团消息，动员会员参与各种活动。马来西亚雪隆海南会馆在网站上，不仅列明了有关章程和要求，而且可以网上申请该会设立的奖励贷学金、进行婚姻注册申请，俨然有电子政务的味道。② 在智利等新华侨华人较多的国家，侨团信息化程度高，除了创办报纸、建立网站，还利用时下流行的微信公众号等网络空间联系侨民，对团结侨社、组织侨社活动都起到了重要的作用。

第三，社团属性多样化。

进入21世纪，华人社团呈现出一些新特点。相对而言，老一代侨团呈现以血缘宗亲为纽带，致力于华社内部的帮扶、互助和联谊等特点，而当代新华侨华人构建的侨团则更加多样化，各种科技和商业类、政治和文化类侨团明显增多。如在欧洲，欧洲华人传统业缘社团以餐饮行业协会和一般性的商会为主，而进入21世纪后，欧洲华人业缘性社团呈现出行业类别和社会影响力双向大幅度拓展的新趋势。③ 非洲亦然，21世纪以来华人社团蓬勃发展，在南非尤其如此，西印度洋地区岛国的华人社团多以专业、体育、娱乐、慈善为主。中国台湾侨胞虽以经商为主，也有从事文化和慈善活动。中国大陆的主要以宗亲社团和经济团体为主。④

改革开放后华人技术移民增多，由他们成立的各种专业社团在行业和学科分类上更细，更为多样。如美国就有北美华人保险协会、华盛顿华裔律师协会、美

① 《意大利华人企业协会章程》，参见该会网站：http：//italianchinesebusiness. com。
② 《海外华人社团发展出现“内忧”亟需革新求变》，《人民日报·海外版》，2010年5月20日。
③ 李明欢：《21世纪初欧洲华人社团发展新趋势》，《华侨华人历史研究》2015年第4期。
④ 李安山：《非洲华人社团的传承与演变1950—2016》，《世界民族》2017年第5期。

国华人会计师协会、美国华裔医学科学家协会、中国旅美交通协会、中国旅美能源经济学会、美国华裔教授专家网、美中生物医学和制药专业协会、美华精神建康协会、硅谷华人工程师协会等。有资料指出，截至 1998 年，美国华侨华人各类社团总数有 2 000 多个，其中华人科技、经济管理团体有近 600 个。[①] 成立于 1998 年的美国华人专业团体联合会（简称“华专联”）是美国华盛顿地区多个专业领域中华人专业团体的代表和协调组织。经过十多年的发展，华专联已由组建时的 16 个成员团体发展到目前的 33 个成员团体。[②] 可见，短短的十多年间增长了一倍多。美南地区中国旅美专家协会联合会于 1996 年 8 月底在休斯敦成立，成立时有美南地区 12 个团体会员，目前，已有 27 个华侨华人专业协会为其成员单位，数量增长了一倍多。可见近年来随着中国留学生数量的巨大增长，华侨华人专业社团发展势头迅猛。中国留学生及其学成后归化的专业人士数量在美国各地及各专业、各行业的持续增长，使其组建的专业社团在地域、学科、行业等方面覆盖更广。

第四，华人社团的整合性、跨界性和网络化趋势明显。

随着中国改革开放的不断深入，亚太地区政治形势的变化，以及海外华人与中国联系的日益密切，一些华人社团的当地化、跨国化或国际化趋势明显，出现了很多区域或世界范围的同乡会、宗亲会以及各种联谊会组织，世界性的华人社团联谊会召开的频率高、参与者众，凸显了华人社团组织的整合性、跨界性和网络化。如 1980 年成立的美洲各地中华会馆中华公所华侨总会联谊会，以美洲各地代表全侨的中华会馆、中华公所或华侨总会为成员，现有会员 81 个，分布于 17 个国家，是当今西半球华侨团体之最大组织。协会以联络美洲各地侨团感情，交换意见以发展会务，促进侨胞福祉，加强同胞团结，维护民主自由为宗旨。[③] 1992 年，2 000 多名安溪社团代表到新加坡参加首届世界安溪同乡联谊会。1996 年，第二届世界福建同乡恳亲大会在马来西亚召开，2 500 名代表参与了这次盛会。据不完全统计，仅 20 世纪八九十年代，就有各类世界性社团召开联谊会接近 100 次。这些聚会的地点遍及亚洲、欧洲、北美洲。另外，愈来愈多的社团开始在侨乡举办世界性的联谊会。例如，海南会馆、安溪会馆、客属总会、同安会馆等先后在侨乡举办大规模的世界性联谊会。[④]

值得注意的是，一方面，海外华人传统社团的国际化趋势明显；另一方面，同领域、同行业华人社团在国家、地区和全球范围内的联络和合作趋势加强，已

① 刘云：《海外中国留学人员和华人学者的分布状况及其特点》，《科技导报》2001 年第 11 期。

② 参见美国华人专业团体联合会网站，http：//www. ucapo. org/。

③ 《聚集全美洲华人华侨的力量——访著名五邑籍侨领黄金泉》，《江门日报》，2008 年 6 月 17 日。

④ 刘宏：《海外华人社团的国际化：动力 · 作用 · 前景》，《华侨华人历史研究》1998 年第 1 期。

出现若干影响较大的全国性、区域性、全球性的社团组织。全国性的侨团有马来西亚华校董事联合会总会、全美中文学校协会等。全洲性的侨团有欧洲华侨华人社团联合会、全欧华人专业人士联合会等。全侨性的侨团有世界华商大会、世界华侨华人社团联合总会、世界华文媒体合作联盟等。

欧洲华侨华人社团联合会（简称“欧华联会”）于1992年5月在荷兰阿姆斯特丹成立。目前，欧华联会有24个国家200多个华人社团参加。欧华联会的成立，推动了欧洲各国华人社团之间的交流与合作，拓宽了与欧洲各国政府间的交流与对话渠道，并与欧盟有关部门初步建立了联系。世界华商大会是全球最为重要的世界性华人社团组织，于1991年成立，每隔一年举行一次大会。世界华商大会以“在商言商”、弘扬中华民族文化为宗旨，在全世界华侨华人中具有重要影响力，被称为全球华人商界的盛会。20多年来，世界华商大会已成为世界各地华商促进经贸合作的纽带和桥梁，也有效促进了华人华商服务当地经济，推动了所在国家和地区经济的发展。世界华侨华人社团联合总会则是由美、英、法、日等40多个国家和中国港、澳、台地区的160多个社团倡议自愿组成。联合总会以弘扬中华民族优秀文化，促进海内外华侨华人的交流与合作，引导、团结广大侨胞爱国爱乡、爱中华为己任；以寻求合作、扩大了解、传播文明、联结友谊、促进和平、复兴中华为目标，坚定不移地坚持“一个中国”原则，维护祖（籍）国的安全与尊严，坚定不移地维护民族团结与稳定。①

第五，华人社团对中国的向心力增强。

中国经济的迅速发展和综合实力的增长，国际地位和影响力的提高，使得传统侨团与中国大陆的关系也因势而变，尤其是近年间来往日益频繁和公开。以美国为例，2002年旧金山中华总会馆通过了历史性的议案，首度以中华总会馆的名义，组团参加当年年底在广州举行的第二届世界广东同乡联谊大会；并决议今后凡中国政府邀请参加的活动，都以中华总会馆的名义参加。旧金山中华总会馆在传统侨团中地位崇高，此举为粤籍传统侨团一个具有高度标志性的变化之举。2006年和2012年，中华总会馆主席团分别两次应邀访问中国，对祖国家乡的崭新面貌留下了深刻印象，也促进了侨领侨胞们心灵深处的改变。2013年6月3日，中国驻旧金山总领事袁南生应邀拜访具有一百多年历史的中华总会馆，他是1949年以来第一位踏进中华总会馆的中国大陆官员。②

2. 华文媒体

就海外华文媒体而言，随着近年中国实力的增强、华侨华人人口的不断增

---

① 《世界华侨华人社团联合总会成立》，《人民日报·海外版》，2001年1月24日。

② 李爱慧：《当代美国粤籍传统侨团的延续与变迁》，《东南亚研究》2014年第4期。

长、华文媒体受众数量的增加、所在国对华政策的改善，全球范围内的华文媒体呈现出新的繁荣发展景象。华文媒体的主要作用是传播信息、服务侨界、舆论引导、桥梁沟通、促进联谊、增添知识、文化传承等。据学者统计，截至2005年，在海外共有50多个国家和地区出现华文报刊，累计总数4 000多种。目前仍在出版的印刷媒体有500多种，其中每天出版的日报100多家、以报纸形式定期出版的期报180多家、各类刊物230多种。目前海外华语广播电台70多家，华语电视台几十家，网络媒体则难以统计。近年，海外华文媒体数量之多、质量之高、地域分布之广、形式之多样以及社会影响之巨大，均超过历史上任何一个时期。①

随着近年信息技术的快速发展，华文媒体的数量和种类也发生了较大变化。据不完全统计，当前海外华文媒体超过1 000家，其中华文报刊854家、华语广播103家、华语电视频道71家、华文网站超过300家。2016年，华文新媒体发展尤为迅速，截至2016年7月16日，通过对华文网站、华文客户端（App）、微信、微博、脸书（Facebook）和推特（Twitter）的统计，除了中国大陆之外，全球华文新媒体总量有4 292个。其中，华文网站占多数，比例为49.3%。②

东南亚传统华侨华人聚居地区的华文媒体稳定发展，持续繁荣。如2008年6月，马来西亚星洲媒体集团、南洋报业集团与香港明报集团合并，成立了世界华文媒体集团，拥有包括马来西亚、中国香港、美国和印度尼西亚等地的《星洲日报》《光明日报》《南洋商报》《中国报》《明报》五大华文报纸和30多份华文杂志。2010年，马来西亚的英文和马来文主流报纸销量继续下跌，华文报纸销量则逆流而上，读者群持续增长。一项调查结果显示，在马来西亚600多万华人中，每天阅读中文报纸的人数保持在230万至260万；华文媒体涵盖60%的华人家庭，若剔除20%不懂华文的华人家庭，华文媒体涵盖华人家庭的比例则更高。由此可见，马来西亚华文报纸对华人影响很大，发展前景乐观。③ 新加坡最大的出版机构——新加坡报业控股有限公司，旗下华文报集团的5份华文报纸、2份华文期刊都有独立的编辑部，总发行量超过60万份。在广播电视方面，从1996年5月起，新加坡国际传媒集团属下的广播机构和电视机构，每天用4种官方语言和6种华语方言播放各类节目。1999年7月，新加坡政府还批准新加坡报业控股有限公司创办电视台。2000年5月6日，该电视台中文电视“优频道”正式

① 郭招金：《全球化浪潮中的海外华文媒体》，《对外大传播》2005年第3期。

② 数据引自国家社科基金重点项目“海外华文传媒推动‘一带一路’信息互联互通的机制创新研究”（16AXW007），研究团队通过大数据软件抓取并逐个核实采集得来。参见陈奕平主编：《2014—2016年世界侨情报告》，暨南大学出版社2018年版，第25页。

③ 刘北宪：《国际话语体系中的世界华文媒体——第六届世界华文传媒论坛主题报告》，《侨务工作研究》2011年第5期。

开播。①

北美、欧洲、日本以及大洋洲新移民的迅速增长和经济实力的增强，也促使当地华文媒体出现了繁荣兴旺的景象。一些媒体在西方国家逐渐站稳了脚跟，其影响也越来越大。在美国，随着华人新移民的大量增加，华文报刊也发展迅速。除美国华人较为集中的纽约、旧金山、洛杉矶外，过去其他地区鲜见华文报刊，而现在全美国一半以上的州几乎都有华文报纸。21 世纪初，全美国华文报纸接近百家，已有近 40 个全天候华语电视台。② 据报道，在美国发行量最大的华文报纸《世界日报》已成为美国发行量最大的报纸之一，在包括所有英文报纸在内的美国报纸中，它已排到第二十几名。

在欧洲，华文媒体超过 60 家，主要分布在法国、荷兰、德国、比利时、奥地利、瑞典、意大利、西班牙、葡萄牙等国家，媒体形态也由最开始的以报刊为主，发展成现在的报刊、广播电台、电视台、网站和出版社等多种不同形式的新闻机构。1997 年 10 月，应欧洲华文媒体同仁的强烈要求，为方便各华文媒体联合起来共同探讨关心的问题，加强合作交流，经过一年的酝酿，由《欧洲时报》牵头并负责筹备，成立了欧洲华文报刊协会。之后根据华文媒体发展形势以及大多数媒体的要求，协会更名为“欧洲华文传媒协会”。协会在法国巴黎注册，常务秘书处设在欧洲时报社，由欧洲时报社负责协会的日常事务和联络工作。迄今为止，协会成功举办了 10 届研讨会，欧洲华文媒体同仁在研讨会期间畅所欲言，为欧洲华文传媒协会和欧洲各国华文媒体的发展献计献策，共同促进欧洲华文媒体的健康成长。③

但受制于经济、人才、机制等原因，欧洲华文媒体影响力较弱，主要局限于华人圈内。欧债危机以来，又有多家华文媒体难以为继，停刊歇业。2012 年，欧洲华文传媒协会有 60 余家会员，在服务华人、维护华人权益、帮助华人融入、反“独”促统、增进对华理解、增进中欧友谊等方面发挥了积极作用，已成为中欧沟通、交流、合作的一个重要平台。④

在澳大利亚，随着近年中国与澳大利亚两国关系的不断改善，在澳华侨华人人数的增加与经济实力的增强，以及澳大利亚政府鼓励多元文化发展的基本政策作用下，澳大利亚华文媒体继续蓬勃发展，影响力日益扩大。《星岛日报》《澳

---

① 程曼丽、武慧媛：《改革开放 30 年海外华文传媒发展与变迁》，见郑保卫主编：《新闻学论集（第 21 辑）——纪念改革开放 30 周年特辑》，经济日报出版社 2008 年版。

② 夏春平：《风生水起　雨后春笋——“新移民华文报刊”的成因、区域流向及特点》，见《面对新世纪的海外华文媒体——“首届世界华文传媒论坛”论文集》，香港中国新闻出版社，2001 年；朱辰华：《美国华语电视的新发展》，《新闻记者》2005 年第 11 期。

③ 参见欧洲华文传媒协会网站，http：//www. ouhuamedia. com/introduction. jhtml。

④ 《欧洲华文传媒协会举办年会》，http：//int. gmw. cn/2012 - 08/25/content_4891591. htm。

洲新报》《澳洲新快报》《澳洲日报》这四大澳大利亚收费华文日报的总部都设在悉尼，有一定的规模效应，占领了纸质媒体特别是收费纸质媒体的大部分读者市场和广告市场，综合实力持续增强。随着媒体业的发展，澳大利亚华文媒体格局已从传统上的以收费日报为主发展转为以华文收费日报为基础，免费周报、收费周报、临时性刊物、网站、杂志、电视台、电台齐头并进，遍地开花。①

近年快速发展的媒体技术导致世界各国华文媒体出现分化的现象。一方面，传统华文报纸、电视、电台面临多种挑战，市场及受众呈现稳中下行的态势；另一方面，华文新媒体如雨后春笋般涌现，数量无法统计，特别是社交新软件，如脸书、推特和微信的迅速发展，日益成为海外华人重要的信息来源。

中国新闻社于 2009 年 9 月发起成立世界华文媒体合作联盟，这是世界各类华文媒体自愿参加的全球性合作组织，以“服务、互动、平等、共赢”为宗旨，为促进海外华文媒体之间的相互联络和资源互动，及其与中国传媒界的协作，改善海外华文媒体的生存发展条件，提升海外华文媒体的整体水平和影响力提供合作平台。共收到正式加入“合作联盟”的媒体同意函 116 件，包括报纸、杂志、广播、电视和网络等媒体，遍布全球五大洲。②

3. 华文学校

华文学校是华人社会传承中华文化、增进文化认同的重要社会机构。华侨华人通过对中华语言和文化的学习，得以在海外华人社会保存、传承和发展中华文化。改革开放以来，海外华人人数的快速增长，使华文教育成为华侨华人的迫切需求，加上中国经济持续强劲发展、中外经济关系日益加强，华文经济价值提升，促使各地华文学校迅速发展，并逐渐呈现出兴盛的局面。

目前海外华文学校已经超过 5 000 所，华文教师有 2 万多名。其中，华文教育的重点地区如亚洲有 3 000 多所华文学校。欧美各国的华文学校如雨后春笋般蓬勃发展，仅美国就有华文学校 500 多所，学生 6.8 万人。③ 而据全美中文学校协会统计，目前仅该协会的成员就有 410 多所学校，分布在美国 43 个州，在校人数 10 多万人。2012 年春节，位于加利福尼亚州旧金山地区的黄河和长江两所中文学校联合举办迎春联欢会，到场的人数达到 2 500 人。1995 年创建于新泽西州的华夏中文学校现在美国东北几个州设立了 19 个分校，学生 7 000 多人。2011

① 单仁谷：《澳大利亚华文媒体近况》，见夏春平主编：《世界华文传媒年鉴 2011》，中国新闻社、世界华文传媒年鉴社 2007 年版。

② 《“世界华文媒体合作联盟”在上海宣告成立》，http://news.xinhuanet.com/politics/2009-09/20/content_12084814.htm。

③ 丘进主编：《华侨华人研究报告》，社会科学文献出版社 2011 年版，第 304 - 326 页。

年年底，该校在费城召开教学研讨会，到场的教师就有300多名。[①] 全法有108个协会和机构设有汉语教学，华裔学生15 000多人。目前，在法国有影响的中文补习班有三类：一是侨团办的中文学校，如潮州会馆学校、华裔互助会学校、华侨华人会学校；二是华文媒体办的中文学校，如《欧洲时报》中文学校；三是纯粹的中文学校，如法亚文化中心。[②] 德国目前有中文学校70多所，分散于各个地区。其中，巴伐利亚州有7家，柏林地区有10家，汉堡地区有9家，伯恩地区有13家，法兰克福超过5家。[③]

据马来西亚华校董事联合会总会主席叶新田博士在第六届世界华侨华人社团联谊会上介绍，目前马来西亚华文学校情况大致如下：华文小学有1 291所，学生总数59.8万人。课程内容除了马来文及英文为必修与必考科外，其他科目如数学、科学、道德教育等以华语为教学媒介语，行政用语以华文为主。华文独立中学有60所，学生总数7.366万人。华文大专有3所，学生总数3 462人。改制国民型中学78所，学生总数12.644万人。截至2011年，菲律宾有157所华文学校，主要分布在大马尼拉地区（共有53所），占全菲华校总数的33.8%。棉兰老共有26所华文学校，占华校总数的16.6%。米沙鄢共有31所华校，占华校总数的19.7%。中吕宋地区有7所华校，占华校总数的4.5%。伊罗戈斯、卡加延、甲拉巴松、比科尔分别有华校5所、10所、13所和11所，分别占总数的3.2%、6.4%、8.3%和7%。菲律宾华文学校共有87 657名学生，约有华文教师2 839人（含中国汉办派遣的汉语教学志愿者361人）。[④]

一些华文学校已建立有效的运作机制，管理者具有较高的管理水平。如斯坦福中文学校马立平校长是斯坦福大学教育博士，具有较强的组织和管理能力。华夏中文学校校长吕敏伟是麦肯锡公司的资深分析师，擅长管理，热心公益。纽约首府中文学校的校长费国平本职从事计算机编程和管理工作，利用专业优势，让不大的学校已经完全实行了网上注册和管理。[⑤] 正因为有这些“高端”组织者和管理者，很多华文学校的运作都非常规范。很多学校都制定了章程，使校长治校有章程可依，并建立透明的财务制度。一些学校教师素质较高，人员稳定，教学安排有条不紊，教学内容丰富多彩，有些华文学校与当地建立了良好的公共关系。

为方便各华文学校之间的联系与沟通，很多国家还组织了华校联合会或协

① 《美国汉语热持续升温　周末中文学校遍地“开花”》，《光明日报》，2012年3月31日。

② 黄爱华：《法国华侨华人与弘扬中华文化》，见吕伟雄主编：《海外华人社会新观察》，岭南美术出版社2004年版。

③ 林琳、张蓉：《日益兴盛的德国中文学校》，见吕伟雄主编：《海外华人社会新透视》，岭南美术出版社2005年版。

④ 赖林冬：《菲律宾华文学校的发展和现状探析》，《八桂侨刊》2013年第1期。

⑤ 《美国汉语热持续升温　周末中文学校遍地“开花”》，《光明日报》，2012年3月31日。

会。马来西亚华校董事联合会总会（简称“董总”）成立于 1954 年 8 月，主要是联络马来西亚华校董事，以促进各华校的发展，共同研讨及举办马来西亚华校兴革事宜，推进及巩固马来西亚华校董事间的联系，团结马来西亚华人社会的力量，共谋改善及促进华文教育事宜，促进各民族的亲善与团结。组成董总的是各州董联会或董教联合会。华校董联会以华文独中董事会、华文小学董事会及部分改制国中董事会为成员。1994 年成立的全美中文学校协会是以留美学人和华裔新移民为主组成的一个全国性非营利性公益组织。全美中文学校协会全国代表大会每两年召开一次。各届年会成功地召开，不但为会员学校切磋交流、集思广益办好华文教育提供了极好机会，而且向中美各界展示了华裔社区办学的热切需求和巨大潜力，赢得了中美两国很多部门的认同和支持。①

除华文媒体、华文学校外，海外华人社会中还存在很多其他类型的中华文化传承和传播组织，如中文图书馆、中华文化中心等。如在法国，以促进文化交流、丰富侨社文化生活为主要目的的团体有法国华文教育协会、欧洲华文传媒协会、法国象棋总会、法国长江艺术团、欧洲龙吟诗社、巴黎书画研究会、法华文化交流促进会、法中文化交流协会、欧洲华人历史研究会、法亚文化友爱会、法国丝绸之路协会、欧洲华人音乐家协会、法国黄河艺术团、中华文学社法国岭南文娱体育会、法国海青体育会、法华体育会、大中华体育文化中心、法国南少林武术气功国际研究协会、法国广东粤剧社、法国精武体育会、法国中国式摔跤协会、华侨文化中心等。② 而加拿大目前共有四个规模较大且具有较强社会影响力的中华文化中心，主要分布在温哥华、多伦多、卡尔加里和蒙特利尔四个城市。中华文化中心都是以推动和弘扬中华文化为主旨，以传播中华文化，传承中华文明，分享文化传统，增强合作交流，促进族裔和谐为目标。每间中华文化中心都设有华文学校、图书馆、博物馆、活动中心、会堂、剧院，为社区提供文化学习和交流的平台。③

三、海外华人参政

当今华侨华人人口数量不断增长，经济实力不断增强，社会地位不断提升，其参政意识也不断提高，已逐渐摆脱“只重事业发展，不问政治国事”的传统。相比老一代华侨华人，新华侨华人在居住国的参政选举、政治诉求意识明显提

① 参见全美中文学校协会网站，http：//www. csaus. net/about12. asp。

② 萧良：《法国华人社会的变迁》，《欧洲时报》，2006 年 5 月 31 日。

③ 沈卫红：《独具特色的加拿大各地中华文化中心》，见吕伟雄主编：《海外华人社会新观察》，岭南美术出版社 2004 年版。

高，以更积极的态度参与投票选举，在居住国政治选举中的作用和投票率普遍提高。他们积极组建社团，华人参政社团不断成立，比较著名的如美国百人会、华人权益促进会、洛杉矶华人参政促进会、美籍华人政治行动委员会、英国华人参政计划等。华人社团不仅组织华人选民登记，支持华人参政，还举办各种活动为华人候选人站台背书，鼓励华人选民用手中选票发声。如 2012 年法国大选前，法国华人服装业总商会、法国上海经济文化发展会、法国华裔互助会、潮州会馆、法国华侨华人会等社团通过刊登公益广告、召开动员会等形式，号召会员和其他有投票权的华人投票。

华人政治家更是直接参加竞选，在华人居住相对集中的地方，当选者也越来越多。如在美国，奥巴马政府中就有美国驻华大使骆家辉、能源部部长朱棣文、白宫内阁秘书长卢沛宁、白宫公共联络室主任陈远美、国安部法律总顾问方富余。奥巴马内阁是美国历史上华裔成员最多的一届。在 2008 年加拿大大选中，共有 18 名华裔参选，其中 5 名华裔候选人成功当选国会议员。在美国和加拿大两国，当选州、县、市一级的议员或市长的华裔则更多。另外，近年海外侨胞的政治态度也发生变化，这是我们开展侨务公共外交的有利条件。

在欧洲、非洲新华人社会中，近年随着中国与居住国联系日益密切以及华侨华人自身经济地位逐渐提高，欧非地区华人新生代的参政意识普遍觉醒，越来越多的华人从切身经历中认识到，以参政议政的形式反映诉求是争取自身权益的最有效途径。华人从政高潮迭起，当选国会议员、市长，出任部长、驻外大使的华人不断涌现，刷新着华人世界的参政纪录和版图。20 多年来，英国各地先后有约 20 位华人担任过地方议员，2015 年，Alan Mak 成为英国第一位华裔下院议员，改写英国华人参政历史。法国华人参政近年来也有明显进展。2008 年初进行的法国市镇选举中，陈文雄成功当选巴黎十三区副区长，2014 年又成为巴黎首位华裔市议员。①

当前，海外华人参政议政人士主要有三类：一是选举型精英，即通过选民的选举担任议会议员或者政府官员；二是委任型精英，即由总统或者地方官员委任，担任政府职务；三是顾问型精英，即通过出任政府顾问、商会及行业领袖影响政府对华人及中国问题的决策。海外华人积极参政，对于维护华人合法权益，表达华人社区诉求，促进中外多元文化融合，发展中国和住在国友好交流合作，改变住在国华人的公共形象等方面，可以发挥独特的作用。

近年来，世界海外华人参政继续稳步发展，已经形成五大力量中心，分别是

---

① 《欧洲、非洲地区华人参政初试“啼声”前景可期》，http：//www. gqb. gov. cn/news/2012/1024/27910. shtml。

北美的美国和加拿大、东南亚的马来西亚、大洋洲的澳大利亚和欧洲的英国，其他国家的华人参政也在不断发展壮大，有力地维护和增进了当地华人的合法权益，提升了他们在住在国的社会政治地位和影响力，将对住在国与中国的关系发挥重要的促进作用。其中，美国、加拿大和马来西亚的华人参政力量最强，澳大利亚和英国次之。进入21世纪以来，美国、加拿大、马来西亚和澳大利亚四个国家的华人参政已经逐步走向成熟，成为当地华人日常生活的一个重要组成部分；英国华人参政虽然最近5年才开始快速崛起，但取得的突破巨大，产生的政治影响深远，尤其是对其他欧洲国家的华人参政，既是榜样也是激励。海外华人的政党政治参与愈加活跃，加入住在国主流政党参政和组建华人政党参政相结合，充分展现了海外华人政党认同的多元化趋势，丰富了当地社会的政党政治发展。①

总的来说，改革开放以来，海外侨情发生了较大变化，海外华人人口数量增长较快，质量明显提高，经济、科技实力大大增强，教育文化事业不断繁荣发展，社会地位不断提高，参政意识日益增强，社团组织不断增长，组织程度不断提高，侨务资源总量明显增大，质量显著提升，这是我们开展侨务公共外交的重要基础。

第二节　五大洲侨情概览

一、亚洲侨情

亚洲一直是华侨华人最多的地区，而东南亚华侨华人占了亚洲甚至全球的大多数。中国人大规模移民东南亚始于17世纪，盛于20世纪上半期，并持续至今，先后经历四次移民高潮。东南亚华侨的数量增长很快，鸦片战争前夕东南亚华侨为150万人，至太平洋战争前夕已达700万人。② 2007年东南亚华侨华人总数约3 348.6万人，约占全球4 543万华侨华人的73.7%。其中，20世纪80年代以后进入东南亚的中国移民及其眷属在250万以上。③ 东南亚华侨华人分布情况大致如表1－4所示。

① 陈奕平主编：《世界侨情报告2014—2016》，暨南大学出版社2018年版，第11－12页。

② 刘文正、王永光：《二十一世纪的东南亚华人社会：人口趋势、政治地位与经济实力》，见丘进主编：《华侨华人研究报告（2013）》，社会科学文献出版社2014年版，第35页。

③ 庄国土：《东南亚华侨华人数量的新估算》，《厦门大学学报》2009年第3期。

表1－4　东南亚华侨华人分布及在当地人口中所占比例

国别	年份	人数（万）	在当地人口中所占比例（%）
印度尼西亚	2007	1 000	4.1
泰国	2007	700	11
马来西亚	2006	645	23.7
新加坡	2007	360	77
缅甸	2007	250	4.5
菲律宾	2006	150	1.6
越南	2007	140	1.67
柬埔寨	2007	70	5
老挝	2007	28	4.8
文莱	2007	5.6	15
总计	2007	3 348.6	5.96

资料来源：庄国土：《东南亚华侨华人数量的新估算》，《厦门大学学报》2009年第3期。

到2017年，根据国务院侨务办公室最新统计数据，东南亚地区的华侨华人超过4 000万人，约占世界华侨华人总数的68.62%。①

日本华侨人数从20世纪70年代末期开始呈增长趋势，80年代后更是增长迅速。1989年，日本华侨登录人口为13.7万人，到2007年增长为60.6万人，是1989年的4.4倍。2008年，包括源自台湾在内的华侨总数，首次超过在日韩国人和朝鲜人数量，跃居外国人榜首。到2010年，华侨人数为68.7万人，占在日外国人人口总数的三成以上。日本法务省于2018年9月公布，截至2018年6月末，日本华侨人口首次突破80万，达到800 112人。另外，自1952年到2016年为止，加入日本国籍的华人人数约14万，再加上近1万名非法滞在者，以及5 000多名文化意义上的中国人——中国归国残留孤儿，在日华侨华人总人口约

① 任娜：《东南亚地区侨情》，见《海外侨情观察》编委会：《海外侨情观察（2015—2016）》，暨南大学出版社2017年版，第31页。

达95万人。[①]

中韩建交后，两国贸易呈现超常规发展。2006年，韩国已成为中国第三大贸易伙伴国、第六大出口市场国和第三大进口来源国，双边贸易额达到1 343.1亿美元。随着中韩建交及两国贸易的迅速发展，旅韩中国人数量急剧增加。1985年，韩国华侨华人仅25 087人，绝大多数持台湾旅行证件。2004年，旅韩中国人已达到20万人；2007年底，更是多达50万人，主要为来自东北地区的朝鲜族，占旅韩中国人总数的近70%。[②] 2010年，韩国华侨华人总数已达63.65万人。[③]

据不完全统计，中亚地区新疆籍侨胞超过60万人，其中新疆地区来的哈萨克族人主要分布于哈萨克斯坦，柯尔克孜族人主要分布于吉尔吉斯斯坦，维吾尔族人主要分布于哈萨克斯坦、吉尔吉斯斯坦、乌兹别克斯坦和土库曼斯坦。国外的甘肃省籍回族等少数民族侨胞1.5万余人，主要分布在哈萨克斯坦、吉尔吉斯斯坦等16个国家和地区。历史上来自于甘肃、陕西的约12万东干人主要生活于哈萨克斯坦、吉尔吉斯斯坦、乌兹别克斯坦三国。[④]

目前整个南亚地区华侨华人人数较少，总共17.85万人，仅占全球华侨华人总数的0.3%。此外，南亚还有近7万中方企业工程人员。南亚地区华侨华人以藏族、新疆籍维吾尔族及哈萨克族等少数民族华侨华人为主体。[⑤]

在东南亚地区，经过数十年甚至数百年的积累，一批有实力的华商群体涌现出来，在新加坡、马来西亚、印度尼西亚、泰国等国掌握着雄厚的资金，在当地的经济发展和中外经贸往来中发挥着重要的作用。尽管东南亚华人只占当地居民的少数，却实际控制了东南亚的经济命脉。如华人占马来西亚总人口的20%，却控制着该国40%的经济；华人占菲律宾总人口的1%，却控制了该国70%的财富；华人占印度尼西亚总人口的5%，更是控制了该国80%的财富。[⑥] 泰国华人企业在所有经济部门中都占据了重要地位，如华人资本约占制造业的90%、纺织业的60%、钢铁业的70%、制糖业的60%、运输业的70%、商业的80%左右。印度尼西亚销售额排名前20家企业集团中有18家企业集团为华人企业。新加坡的华人则占到全国人口的75%，华商企业占全国企业的1/3。[⑦]

---

① 《在日华人最新可统计人口约95万》，《中文导报》，2018年10月1日。

② 庄国土：《世界华侨华人数量和分布的历史变化》，《世界历史》2011年第5期，第13页。

③ 梁海艳等：《中国跨境迁出人口空间分布及其影响研究》，《云南地理环境研究》2016年第6期。

④ 陈奕平主编：《世界侨情报告2014—2016》，暨南大学出版社2018年版，第78－79页。

⑤ 陈奕平主编：《世界侨情报告2014—2016》，暨南大学出版社2018年版，第82页。

⑥ 吴立源：《东南亚华商财富分布及其经济实力分析》，见贾益民、张禹东、庄国土等主编：《华侨华人研究报告（2014）》，社会科学文献出版社2014年版。

⑦ 杨联民等：《华人资本驰骋全球》，《中国工商》2001年第5期。

2009—2010 年国务院侨办重点课题研究报告显示，中国大陆以外的华商资产总额接近 5 万亿美元，东南亚十国的华商资产约 15 051 亿美元，其中新加坡、泰国、马来西亚、印度尼西亚共占据东南亚华商资产的 95%，是该地区华人经济实力最强的国家。“2013 胡润全球富豪榜”中，东南亚只有印度尼西亚、新加坡、泰国、菲律宾、马来西亚五国富豪入选，主要是由于这五个国家经济相对比较发达。东南亚共有 42 位富豪榜上有名，其中华商富豪 30 人，占比 71.43%，分别来自新加坡 8 人，印度尼西亚、马来西亚各 7 人，泰国、菲律宾各 4 人。这些国家的华商比重至少占到 60%，泰国最高达到 80%。东南亚五国 42 位富豪的净资产总额为 1 443 亿美元，其中 30 位上榜华商的财富为 1 071 亿美元，占到 74.22%，泰国华商财富占到该国上榜财富总额的 90.14%，马来西亚比例最低，也接近 60%。①

二、美洲侨情

整个美洲地区华侨华人约有 630 万人（新移民 350 万人），其中北美约有 530 万人（新移民 275 万人）。华人移民北美源于 1848 年加利福尼亚州的淘金热，此后美国华侨数量上升较快。他们主要从事采矿、修铁路、车衣、制罐头、耕田、洗衣、开餐馆等。美国政府 1882 年通过《排华法案》，禁止中国移民入境。《排华法案》限制中国移民人口增长，此后几十年，在美华侨总数有所回落，1900 年降为 89 863 人，1910 年为 71 513 人，1920 年为 61 639 人，1930 年恢复增长到 74 594 人。② “二战”结束后，美国稍微放宽了对华人入境的限制，相当一部分华人移民通过合法途径进入美国。

1965 年新移民法实施以来，赴美华人移民数量持续大幅度增长。据美国移民局发布的统计数据，1966—1975 年间，有 20.5 万名华人移民进入美国，平均每年约 2 万人。1981—2000 年，入美华人移民总计达到 765 860 人，平均每年约 3.8 万人；2 000—2010 年，共计约有 70.8 万名中国大陆出生者获得绿卡，平均每年约 6.4 万人，远远超过中国港台地区的移民。2010—2012 年，来自中国大陆的合法移民数量每年达到 7 万～8 万人。其中，2011 年的数量最多，达到 87 016 人，占该年获得绿卡总人数的 8.2%，比 2010 年增长了 1.6 万多人。2012 年，获得绿卡的中国大陆移民有 81 784 人，占该年美国合法外来移民总数的 7.9%，

① 吴立源：《东南亚华商财富分布及其经济实力分析》，见贾益民、张禹东、庄国土等主编：《华侨华人研究报告（2014）》，社会科学文献出版社 2014 年版。

② 见《美国华人人口统计（1840—1950）》，潮龙起：《美国华人史》，山东画报出版社 2010 年版。

相比 2011 年下降了近 6 000 人。[①] 从上述统计数据可以看出，自改革开放以来，中国大陆新移民基本保持上升趋势。

由于华人新移民持续大规模涌入，使得美国华人人口迅速增长，几乎每十年翻一番。1960 年，美国华人人口不足 24 万人（237 292 人）。到 1970 年上升到 435 062 人，1980 年增至 812 178 人。1990 年，美国华人数量突破百万，达到 1 645 472人，比 1980 年又翻了一番。到 2000 年，美国华人人口增至 300 多万人（含纯血统华人 242. 3 万人和混血者 60. 1 万人）；而在纯血统华人中，约七成出生于美国以外（即外来移民）。2010 年，美国华人突破 400 万人（包括 23 万来自台湾地区的华人），其中出生于美国以外的纯血统华人近 238. 9 万人。华人移民中 85% 来自中国，其余 15% 是来自东南亚及其他地区的再移民。[②] 土生华裔人口的数量虽然也在增长，但远远不及新移民的增长速度。

1967 年加拿大新移民法颁布实施以后，华人开始大规模迁入加拿大。2001 年，加拿大华人数量已上升到 102. 94 万人，2006 年华人人口达到 121 万人，中国大陆成为跨境迁入加拿大的主力军。[③] 根据加拿大 2016 年的人口普查，加拿大华人有 1 769 195 人，占到全国总人口的 5. 1%，排在所有族裔的第七位。在华人居住最多的城市中，多伦多排名第一，华人 70 万人；第二名温哥华，近 50 万人；蒙特利尔和卡尔加里都在 10 万人出头的规模，埃德蒙顿、渥太华和温尼伯也都是华人聚居的城市。这七大城市中的华人占全国华人总数的近 90%，而多伦多和温哥华两地的华人占全国华人总数的 68%。[④]

美国和加拿大的新华侨华人从事专门及科技类职业的比例在不断上升。由于北美华人移民的时间和基础不同，所以华人的行业多元化方向也不同。如加拿大华人在全国各大城市开拓的商业、贸易、房地产和金融等现代经济领域，带来了新的经济力量；美国华人在科技和信息领域的成就颇引人注目。[⑤]

根据美国人口普查局的社区调查数据，2016 年，美国的中国大陆移民总数达到 212 万人，大约占美国华人总数的一半。与出生在他国的移民及美国本土出

---

① 李爱慧、潮龙起：《1965 年以来中国新移民潮与美国华人人口结构的变化》，《南方人口》2017 年第 1 期。

② 李爱慧、潮龙起：《1965 年以来中国新移民潮与美国华人人口结构的变化》，《南方人口》2017 年第 1 期。

③ 梁海艳等：《中国跨境迁出人口空间分布及其影响研究》，《云南地理环境研究》2016 年第 6 期，第 25 页。

④ 《总算搞清加拿大有多少华人了》，https：//mp. weixin. qq. com/s/4FodD8L_UB_Xuyryu408Jg，2018 年 4 月 7 日。

⑤ 李其荣：《新华侨华人的职业结构及其影响因素——美国与加拿大的比较》，《东南亚研究》2008 年第 2 期。

生人士相比较，中国大陆移民往往有更高的受教育程度。2016 年，25 岁以上的中国大陆移民近一半拥有学士学位或更高的学位，而在所有移民中只有 30% 的人拥有学士学位或更高的学位，美国本土出生的人中有 32% 拥有学士学位或更高的学位。27% 的中国大陆移民拥有硕士以上学位，而所有移民中只有 13% 的人拥有硕士以上学位，美国本土出生的人中有 12% 拥有硕士以上学位。中国大陆移民受教育程度较高与他们移民美国的渠道密切相联，1978 年后去美国的中国人大多在中国接受过高等教育，一大批中国人在美国获得硕士、博士学位后进入科技、教育等领域。而 H－1B 签证的发放，又使在美国接受过大学教育的中国人能够申请绿卡，获得身份。① 在职业方面，51% 的中国大陆移民从事管理、商业、科学和艺术职业，而所有外来移民从事这类职业的比例为 32%，美国本土出生人士从事这类职业的比例为 39%。22% 的中国大陆移民从事服务类职业，而所有外来移民从事这类职业的比例为 24%，美国本土出生人士从事这类职业的比例为 17%。17% 的中国大陆移民从事销售和办公室文员职业，7% 的中国大陆移民从事制造、运输职业，3% 的中国大陆移民从事自然资源、建筑和维护职业。②

美国华商企业基本遍布全国的各个行业，但仍相对集中。“专业与科技服务”和“膳宿与食品服务”两个行业聚集的华商企业最多，合计超过 9 万家，分别占华商企业总数的 17.19% 和 15.29%。“其他服务”“零售贸易”“房屋与出租”“健康护理与社会协助”“批发贸易”“管理、支持与维护服务”六大行业的华商企业总数超过 14 万家。从各大排行榜来看，美国华人富豪上榜人员大同小异，每年上榜人数为 7～10 人，人均财富保持逐年上升的趋势，分布在科技、零售、贸易、房地产、医药等行业，以科技行业为主。③

20 世纪 80 年代以前，加拿大华人以餐饮、零售和其他小生意为主，此后逐渐扩展到金融、保险、计算机、通信、石油、能源、房地产、旅游等领域。自 20 世纪 90 年代始，移民加拿大的华人大幅增加，起先主要是中国港台地区的商业投资移民，这些移民是较富裕的一族，而此后进入加拿大的中国大陆移民，则以留学移民和技术移民为主，他们属于相对清贫的一族。这些来自中国大陆的新移民，有些依靠自己的专业技术，在医药、法律、会计、证券等相关领域有所成

---

① 《大数据总结！中国移民们在美国的生存状况介绍》，https：//www.sohu.com/a/218814730_100091632，2018 年 1 月 27 日。

② 《美媒：在美中国大陆移民现状调查　年龄偏大　教育程度高》，转引自美国《侨报》，https：//baijiahao.baidu.com/s？id＝1590253287516182147&wfr＝spider&for＝pc。

③ 徐爱玲：《欧洲与美洲华商财富分布》，见贾益民、张禹东、庄国土等主编：《华侨华人研究报告（2014）》，社会科学文献出版社 2014 年版，第 137－146 页。

就；有些则转向经商，涉入超市、餐饮、小型零售店等行业。大量新移民的到来，促进了华商所经营的传统餐饮零售业和新兴旅游业、职业中介和移民服务业等行业的高速发展。①

拉丁美洲华人移民要早于北美洲，但自 19 世纪数十万华工进入拉美开始至 20 世纪 80 年代以前，拉美华侨华人数量经历了一个由增长向萎缩的发展轨迹。李春辉、杨生茂的研究表明，进入拉美的华工大约有 50 万人，而到“二战”结束时，拉美华侨仅为 12.7 万人。“二战”后至 20 世纪 70 年代，由于拉美国家与中国处于断交状态，来自中国大陆的移民几乎停滞。此间由于中国港台地区移民的加入，到 20 世纪 60 年代末，拉美华侨华人增至 16.5 万人。随着 70 年代后中国与拉美国家逐渐建立外交关系，尤其是中国实行改革开放以后，华人移民移居拉美掀起新高潮。据统计，到 20 世纪 70 年代末 80 年代初，旅居拉美国家的华侨及已取得当地国籍的华人总数达 20 万人（其中华人占 17 万人以上），分布在拉美 29 个国家和地区。到 90 年代初，拉美华侨华人总数约为 40 万人。到 2007 年，拉美华侨华人约 100 万人，其中新移民约 75 万人。② 2008 年金融危机后，拉美再次成为中国新移民移居的重点地区。到 2015 年，拉美华侨华人数量约为 150 万人。③ 拉美华侨华人分布比较多的国家为较早有移民的国家，如秘鲁、厄瓜多尔、墨西哥等，也有新移民数量增长非常迅速的国家，如巴西、阿根廷、委内瑞拉等。

秘鲁是“契约华工”最早到达的拉美国家之一，也是拉美华人融入当地程度最高的国家。1986 年，旅居秘鲁的华侨华人约 3.9 万人，其中已加入秘鲁国籍的有 6 000 人，而到 20 世纪 90 年代初已达 5.4 万人。此外，20 世纪 90 年代在秘鲁有华人血统的达 100 万人左右，而到 2015 年，这个数字可能达到了 300 万人，旅居秘鲁的华侨华人约 10 万人。④ 秘鲁的华侨华人 60% ~70% 集中在首都利马市，其余分散在奇克拉约、卡亚俄港等地。

厄瓜多尔华侨华人数量不多，只有 2 万 ~3 万人。但由于历史上华人融入当地程度高，约有 20 万华裔，主要集中在瓜亚基尔、克维多和首都基多 3 个城市。旅厄侨胞大部分从事餐饮业。20 世纪 70 年代后，一些侨胞开始转向进出口生意，经营五金、百货、农场、养虾、食品工业等。第二代华裔有不少是医生、工程师、律师和企业家，在克维多有一批华裔为农场主，其经济收入较高。台湾侨胞

① 涂爱玲：《欧洲与美洲华商财富分布》，见贾益民、张禹东、庄国土等主编：《华侨华人研究报告（2014）》，社会科学文献出版社 2014 年版，第 146 页。

② 庄国土：《华侨华人分布状况和发展趋势》，《侨务工作研究》2010 年第 4 期。

③ 此数据为笔者 2015 年 11 月参加中国海外交流协会办公室主任朱慧玲关于海外侨情的座谈会所得。

④ 化工：《秘鲁的华侨华人》，《侨园》2015 年第 10 期。

大多经商，也是从事汽车修理和金矿开采，经济实力比大陆侨胞稍雄厚。[①]

目前巴西华侨华人数量在拉美各国华侨华人中居首位。20 世纪 40 年代，巴西仅有 2 000 多名华侨，到 60 年代也不过万余人。20 世纪 90 年代初已达十二三万人，而到 2007 年，这个数字达到了 25 万人，翻了一番。到 2015 年，巴西华侨华人有 30 多万人。巴西华人集聚在圣保罗、里约热内卢、巴西利亚、阿雷格里亚港、库里提巴、维多利亚、纳塔尔布等地区。[②] 巴西圣保罗华人经商者不少，“25 街”成为华人商铺的集散地。与老一辈“华工”身份不同的是，这批新移民中，相当一部分有文化、有资金、有专长、有现代化商业知识。他们活跃在商业领域，一些华人甚至当上律师、医生或者政府官员。例如，巴西华人苏梓佑出生于华侨家庭，从父辈一代开始就赴巴西圣保罗发展，经过数十年的艰苦打拼，苏梓佑一家在商业领域取得了不俗的成绩。苏梓佑收购了巴西的多座矿山，与广东省云浮市签署了价值 6 000 万美元的合同，将巴西花岗石运往云浮深加工，共同开发巴西的花岗石资源。[③]

委内瑞拉华侨华人从 1980 年的万余人增至 2000 年的 9. 5 万人，到 2007 年，又增长至 16. 9 万人；至 2015 年，委内瑞拉约有 25 万华侨华人，几乎呈现几何式的增长。委内瑞拉华侨华人主要来自广东省恩平地区，近年陆续有福建、浙江等省移民前往。

阿根廷华侨华人在 20 世纪 50 年代只有 300 多人，到 70 年代末增至 7 000 人，80 年代中期增至 1. 5 万人，90 年代初迅速增加到约 3. 5 万人。现今阿根廷华侨华人数量已从 2007 年的 6 万人增长至 12 万人。阿根廷华侨华人除从香港和台湾来的之外，大多数来自大陆，新移民中福建和浙江的移民居多。[④] 在阿根廷的华人新移民主要从事超市行业，华人超市已经在阿根廷全国遍地开花，估计有 10 000家华人经营的超市。由于华人勤劳实干，营业时间相比当地人的商店因要长，许多阿根廷人的商店因无法和华人超市竞争而难以为继。

总的来说，拉美华人最初以华工为主，小部分“契约华工”在 19 世纪 70 年代摆脱“契约”身份后，即向商业发展，大部分经商者为小本经营，如开餐馆、洗衣店、咖啡馆、杂货店、旅馆等。近几十年来，拉美国家经济结构弊端显现，工业发展较为薄弱，对外资及商品依赖度高，拉美成为华人移民的“热土”。与

---

① 陈奕平主编：《世界侨情报告 2014—2016》，暨南大学出版社 2018 年版，第 53 页。

② 数据来自于巴西华人网对巴西华侨华人的估计。

③ 《迁徙南美新移民不再卖苦力》，南方都市报，http：//news. ifeng. com/gundong/detail_2013_10/24/30602886_0. shtml。

④ 《阿根廷华人移民数量超 12 万》，中国新闻网，http：//www. chinanews. com/hr/2011/10 - 17/3392527. shtml。

老一代拉美华商相比，新移民从事的商业规模更大，一些资本较雄厚的商人和企业主，从事进出口贸易，开超市，开办工矿企业等，有些拉美华人甚至建立规模宏大的集团公司。

在拉美等一些华人经济相对欠发达的地区，有一些华商渐露头角，虽然与东南亚及欧美的华商集团相比实力还较弱，但也在迅速发展壮大。在秘鲁，除了10 000家中餐馆外，一些华人企业集团也涌现出来，如祖籍广东省中山市的黄炳辉在秘鲁成立了华人超市集团——黄氏集团（WONG 超市）。在哥斯达黎加，华侨华人投资经营农业种植已渐成规模。旅哥华侨经营的香蕉、菠萝种植和加工企业——ACON 集团是华侨华人农工业成功的典型例子。其规模居哥斯达黎加同类私营企业前列，雇用员工总数 7 000 余人，产品主要出口至美国、欧洲、亚洲等多个国家和地区的大型超市和跨国公司。其香蕉、菠萝出口额分别占哥斯达黎加总出口量的 19% 和 9%，规模之大可见一斑。① 在智利北部伊基克 ZOFRI 自由贸易区的 2 300 家国际公司中，有 50 家由华人开设，另外还有 400 家大大小小的华商。中国大陆新移民胡为民用 600 万美元买下智利银山铜矿，雇佣当地民众进行开采。②

三、欧洲侨情

中国人成规模移居欧洲的历史相比于东南亚要晚得多。16 世纪末到 17 世纪初，传教士从欧洲到中国传教，并在中国青年中挑选他们认为值得造就的人带往欧洲，这一批人就成了近代最早侨居欧洲的中国人。英国的港口在 18 世纪就有华人定居，巴黎、莫斯科、圣彼得堡也出现了华人踪迹。到了 19 世纪末，欧洲主要城市开始出现小规模的唐人街。早期的欧洲华人多“自我雇佣”，主要从事商贩、洗衣业、中餐业、修脚、取牙虫、杂耍等。20 世纪 30 年代的世界性经济危机和第二次世界大战导致大批华工失业，大量华商遭到驱逐，欧华社会不断衰落。由于战后殖民帝国的分裂，生活在原欧属殖民地国家的东南亚华人开始源源不断地迁居西欧。从 20 世纪 50 年代中期开始，大批中国香港新界地区的青壮年开始迁居英国，成为西欧华人的重要组成部分。③

到 20 世纪 70 年代末期，欧洲华人大约有 45 万人，主要来自中国港台地区

---

① 《驻哥斯达黎加使馆馆员参观香蕉菠萝种植加工企业》，中华人民共和国驻哥斯达黎加大使馆网站，http：//cr. china – embassy. org/chn/sghd/t1177352. htm，2014 年 7 月 23 日。

② 林克风：《巴西、秘鲁、智利华侨华人经济与中国企业“走出去”》，广东侨网，http：//www. qb. gd. gov. cn/qw2index/2006dzkwlsfbq/200610120036. htm，2006 年 10 月 12 日。

③ 参见李明欢：《欧洲华侨华人史》，中国华侨出版社 2002 年版。

及东南亚。“印度支那难民”占据了欧洲华人相当大的比重，来自苏里南和原葡萄牙殖民地的华人也不少。中国改革开放以后，越来越多人迈出国门，欧洲华人迎来较大幅度的增长。与历史上前往欧洲的移民不同的是，中国大陆新移民的知识和技术水平与之前相比都有明显的提高。从20世纪90年代以后，当时作为欧盟成员国的法国、英国、意大利、西班牙等国家不时实行大赦政策，为数以百万计的非法移民办理了合法身份手续，这在客观上极大地鼓励了包括中国在内的非法移民进入欧洲的尝试。到21世纪，欧洲华人的数量已经有了突破性的增长。截至2013年，欧洲华人（包括留学生和非法移民在内）总数达到300万~360万人，主要分布在法国、英国、俄罗斯、意大利、荷兰、西班牙、德国等。①

李明欢教授根据欧华联会2008年的数据和台湾当局“侨务委员会”2011年的数据进行综合推算，将欧洲华人规模按国别划分为四个层次及一个特殊类别。第一层次是法国和英国，两国华人群体已经分别达到50万~60万人的规模。2013年时，英国的中国留学生总数已达13万人，法国的中国留学生总数也达到3.5万人。第二层次是德国、荷兰、意大利、西班牙，这四国华侨华人总数都在10万~30万人。第三层次是华侨华人总数在1万~6万人的国家，爱尔兰、比利时、葡萄牙、瑞典、奥地利等12国属于这一层次。其中，爱尔兰、奥地利、比利时、葡萄牙、瑞典、乌克兰的华侨华人总数在3万~6万人，丹麦、匈牙利、希腊、瑞士、罗马尼亚和塞尔维亚的总数在1万~2万人。第四层次是西、北欧小国及东欧剧变之后形成的小国家，数量在几百至数千人不等。另外，俄罗斯作为一个特别类型的国家，华侨华人总共约30万人。②

目前欧洲华人社会仍然以第一代移民为主，基本为“成年型”人口结构。欧洲华侨华人主要来自浙江，其次是福建、广东及香港，进入21世纪后，来自北方的不少。近半个世纪以来，从中国台湾移居欧洲的新移民也不少。台湾当局“侨务委员会”于2012年出版的《华侨经济年鉴》中，详细列出2011年欧洲25个国家中台湾省籍侨胞的人数，总计33 434人。就国别而言，以法国最多，英国次之。③

欧洲华商在20世纪80年代以前主要集中在餐饮和皮革业，但90年代以后，华商的活动领域日益多元化，除传统的餐饮和皮革业以外，还包括服装加工、食品工业、货品批发、超级市场、进出口贸易和农场等。除上述主要行业外，在欧

① 宋全成：《中国海外移民在欧洲：规模、特征、问题与前景》，《理论学刊》2013年第11期。

② 李明欢：《21世纪初欧洲华侨华人人口构成概览》，见贾益民、张禹东、庄国土等：《华侨华人研究报告（2014）》，社会科学文献出版社2014年版。

③ 李明欢：《21世纪初欧洲华侨华人人口构成概览》，见贾益民、张禹东、庄国土等：《华侨华人研究报告（2014）》，社会科学文献出版社2014年版。

华商还从事如下行业：运输业、文娱业、美容美发业、洗衣店、家具店、钟表店，以及近年来发展的中医药产业，等等。从上述的发展趋势来看，在欧华侨华人已经逐渐进入各行各业，涵盖了从制造业到服务业的各主要行业。根据世界杰出华商协会组织评选的2006—2010年全球华商富豪500强，欧洲华商整体实力有限，上榜人数不多。2006年上榜的是英国华商叶焕荣，从事连锁超市，排名为380名。2007年有两家华商公司上榜，即英国华商叶焕荣，排名掉到500名；另一华商是法国陈克威、陈克光兄弟，从事零售、地产、文化传媒经营，排名为373名。2008年上榜的华商是陈克威、陈克光兄弟，不过排名仅为438名。而2009年和2010年均无欧洲华商上榜。①

四、非洲侨情

20世纪50年代初，在非洲的中国人仅3.7万人，60年代至70年代，前往非洲的华人中很多是香港人和台湾人。1990年后，由于中国经济发展需开拓新的市场，非洲具有巨大发展潜力，东亚快速发展及华侨华人在世界各国树立的吃苦耐劳形象，欧美国家开始实施严格的移民政策，这些因素促使中国人走向非洲。2002年，非洲华侨华人为25万人左右。2007年，高达75万中国人在非洲“超期”居住或工作。2012年，非洲华侨华人达到110万人。② 华人移民较多的15个非洲国家（地区）是毛里求斯、安哥拉、利比里亚、马达加斯加、南非、埃塞俄比亚、留尼旺、莫桑比克、喀麦隆、尼日利亚、埃及、苏丹、加纳、津巴布韦和坦桑尼亚。③

从数量上看，南非是非洲华侨华人最多、最集中的国家，2013年约为30万人。其次是安哥拉，2012年华侨华人已达26万人之多。再次是尼日利亚，2012年华侨华人为18万~20万人。以上三个国家华侨华人总数是非洲华侨华人合计数的3/4。此外，毛里求斯、马达加斯加、加纳、刚果（金）、坦桑尼亚和留尼旺的华侨华人数量也都在3万~5万。

从来源地来看，中国沿海省份，尤其是广东、浙江和福建，是非洲华侨华人的主要输出地。自20世纪90年代以来，非洲中国移民来源地有所变化，北京、天津、上海等一些大城市成为移民输出的新发源地。此外，大量移民来自东北地区及其他省份。除了直接从中国抵达非洲的移民，还有少量来自法国、意大利、

① 徐爱玲：《欧洲与美洲华商财富分布》，见贾益民、张禹东、庄国土等主编：《华侨华人研究报告（2014）》，社会科学文献出版社2014年版，第130－136页。

② 李安山：《战后非洲中国移民人口状况的动态分析》，《国际政治研究》2017年第5期。

③ 李安山：《战后非洲中国移民人口状况的动态分析》，《国际政治研究》2017年第5期。

西班牙、匈牙利等国家。[①]

中国人进入非洲的方式多种多样。少数中国专业人员和劳工移民通过政府间的协议前往，中国援非医生和农业专家顾问等参与发展援助项目的人员大多属于此列。现在，越来越多的移民是通过由政府颁发了许可证的私人雇佣机构招募过去的，这些机构帮助工人取得适当的签证。此外，还有很多独立的移民通过朋友、家人、老乡等人际关系前往非洲。

近几年，大量中国人涌入非洲经商、务工、留学等，华人数量急剧增加。2006 年，中国商人在非洲为数不少，包括华人在内，至少有 50 万人。1998 年，中国、南非正式建立外交关系，双边经贸合作和文化交流得到加强，从而为华人移民南非提供了有利的条件。随着中南经贸关系的迅速发展，越来越多的中国企业在南非投资设厂，中国大陆新移民更是蜂拥而至。2007 年 1 月，南非驻中国大使倪清阁接受采访时说："南非的中国人已经增加到 30 万以上。"南非华人主要分布在约翰内斯堡、比勒陀利亚和开普敦等地，约翰内斯堡是华人的主要聚居地，集中了南非半数以上的华侨华人。以经商为主，从事零售、批发服装和日常生活用品及进出口贸易；从事餐馆、旅游等的也为数众多。尼日利亚华侨华人也比较多，有近 5 万人，3 万多人集中于拉各斯地区。尼日利亚的老华侨大多数是香港人，新侨则以浙江、福建人居多，主要从事纺织、搪瓷、塑料、钢铁、电缆、建材、家具、金属制品、餐饮等行业。[②]

非洲华人社团主要集中在几个人口较多的国家，例如南非、马达加斯加、尼日利亚等，其中数量最多的国家南非有华人社团近百个。其他非洲国家亦存在着或多或少、大小不一的华人社团组织，其形式多样、功能齐全，类型包括宗乡组织、商业协会、宗教团体、爱国组织、兴趣协会等。

非洲也有多家华文报刊，为当地华侨华人提供有关当地社会和中国的信息。在南非，最有代表性的华文报刊主要有《非洲华侨周报》《华侨新闻报》《南非华人报》《非洲时报》等。创刊于 1994 年的《华侨新闻报》在报道中采取客观立场，全方位报道新闻，满足来自中国全体侨民的需要，既是南非第一份民营报纸，也是非洲大陆发行及广告量最大的华文报纸。2009 年在博茨瓦纳创刊的《非洲华侨周报》是撒哈拉以南地区重要的跨多国发行的华文报纸。报社拥有稳定的几十名员工，每周免费发行 1 万余份，主要版面涵盖报纸发行国的当地新闻、非洲新闻、国际新闻、中国新闻（含港澳台）等。目前，非洲华文传媒集

① 周海金：《非洲华侨华人生存状况及其与当地族群关系》，《东南亚研究》2014 年第 1 期。

② 庄国土：《华侨华人分布状况和发展趋势》，见潮龙起主编：《侨务理论研究成果集萃》，暨南大学出版社 2014 年版。

团已覆盖报纸、电视、网络、华文学校等文化传播平台，建立了合作广播电台，并积极探索影视剧作品的有效落地。每天，报社微信公众号都会准时推送非洲资讯，移动终端和大型网络阅读平台也已经上线。①

五、大洋洲侨情

根据庄国土教授的研究，大洋洲华人总数约为 95 万人，其中新移民约为 50 万人。至 2006 年 8 月 8 日，澳大利亚华人为 66.989 万人。至 2006 年底，新西兰华人数量已达 147 570 人，占新西兰总人口的 3.6%。华人新移民数量为96 567 人，占新西兰华人总数的 65.4%。在南太平洋群岛各国中，塔希提有华侨华人 3 万人，巴布亚新几内亚的华人大约 5 000 人，所罗门群岛的华人大约 1 000 人，斐济现有华侨华人 5 000 余人。②

根据澳大利亚 2016 年人口普查数据，拥有中国血统的澳大利亚居民人数已达到 120 万人，其中约有 41% 的人出生在中国大陆；澳大利亚土生华人排在第二，人数比例为 25%；紧随其后的是马来西亚（8%）和中国香港（6.5%）。老华侨囿于语言的障碍及能力和资本的限制，进入主流职场的机会微乎其微，多从事体力工作，如餐厅、清洁、劳工、零售及出租车司机等。21 世纪以来，年轻华人移民的英语水平大幅提升，越来越多的新一代移民开始在澳大利亚从事财经商业、法律政治、医疗保健、工程建筑、财务会计等职业。③

新西兰华人目前约 20 万人。其中 1/5 是本地出生的，剩下大约 4/5 是移民，其中一半以上来自中国大陆，其次分别是中国台湾、马来西亚、中国香港、新加坡。在新西兰华人中，1987 年以前祖籍广东的占了大多数，此后港澳台及大陆其他省份的移民也开始大量增加，其中有不少是来自上海、北京等大中城市的中产阶级专业人士。与老一辈华人从事体力劳动截然不同，如今的新西兰华人大部分素质较高，多从事专门性和技术含量较高的工作，很多人在律师、医师、会计师、建筑工程师、教师等专业领域发展，拥有不错的经济收入和可观的积蓄，并在新西兰社会拥有一定的社会地位。④

早在 18 世纪末，一些跟随欧洲人商船的华人厨师、木匠和水手就进入南太

① 陈奕平主编：《世界侨情报告 2014—2016》，暨南大学出版社 2018 年版，第 68－69 页。

② 庄国土：《华侨华人分布状况和发展趋势》，见潮龙起主编：《侨务理论研究成果集萃》，暨南大学出版社 2014 年版。

③ 《澳洲风韵依存，中国移民超 50 万》，https：//www.sohu.com/a/223380747_799682，2018 年 2 月 21 日。

④ 李爱慧：《新西兰》，见《海外侨情观察》编委会：《海外侨情观察（2013—2014）》，暨南大学出版社 2014 年版。

平洋群岛，斐济、萨摩亚、巴布亚新几内亚、澳大利亚和新西兰都有广东来的工人在农场或制造厂工作。19 世纪中叶以后，一些寻找檀香和海参的华商在南太平洋群岛上定居下来，形成了小型华商中心。除库克群岛和基里巴斯外，这些早期华商的后代一直繁衍延续至今，极少数的华商后代依然可以讲汉语。随着岛上中国商人的出现，1865 年以后，大量的“契约华工”来到法属波利尼西亚、德属新几内亚、德属萨摩、瑙鲁和巴哈马岛，这些华工后人和当地人完全融合。

据可查的最新数据，南太平洋群岛国家和地区约有 70 000 名华侨华人，具体分布情况如下：巴布亚新几内亚现有华人约 12 000 人，其中约 5 000 人居住在首都莫尔兹比港。斐济华人人口约为 8 000 人，多数是第二三代华裔，95% 以上已加入当地国籍，以广东籍为主，其中又以东莞（占华侨华人总数的 30%）、开平、中山、台山四地人数为最，华人主要集中在首都苏瓦（近3 000人）和劳托卡市。密克罗尼西亚联邦目前约有华人 1 000 人。在萨摩亚，纯血统的华人不足百人，混血华裔超过 3 万人，约占全国总人口的 20%，数量在外来血统中居首位。汤加约有华人 5 000 人，他们大多来自广东、福建，还有部分来自东北。瓦努阿图有 4 000 多名华人，其中 3 000 人已成为永久居民，还有 1 000 多名新移民（来自中国香港的约 200 人，来自中国内地的约 800 人）。[①]

经过 200 多年的发展融合，大洋洲华裔在商界、政界的影响逐渐增强，尤其在南太平洋群岛，斐济的大部分旅馆由华人拥有，陈仲民两度出任巴布亚新几内亚总理，汤安诺是基里巴斯现任总统。

---

① 郭又新：《南太平洋岛国华侨华人的历史与现状初探》，《东南亚研究》2014 年第 1 期。

第二章　国家留学政策与华人技术移民的流动

1978 年以来，随着中国改革开放的不断深入，国民经济的飞速发展，人民群众生活水平和教育文化程度的不断提高，出国留学人数也快速增长，这首先得益于中国政府制定和颁布一系列鼓励海外留学的政策。

第一节　改革开放与国家留学政策的走向

国内外环境的变化以及中国对外关系的调整是我国留学政策制定和实施的决定因素，特别是 1978 年召开的党的十一届三中全会，中央作出将全党的工作重点转移到社会主义现代化建设上来的决定，并确定在自力更生基础上积极发展同世界各国平等互利的经济合作、努力采用世界先进技术和先进设备的对外开放政策。在邓小平同志的领导下，中国开启改革开放历史征程，开始向海外大量派遣留学人员。

为落实邓小平同志提出的要成千成万地派留学生的意见，教育部于 1978 年 7 月向中共中央和国务院提交了《关于加大选派留学生数量的报告》，制定了一系列政策。1980 年 10 月，教育部、外交部等六部委联合召开“出国留学人员管理工作会议”。会议认为：“中央关于派出留学人员的方针是完全正确的。我国四化建设需要各类高级专门人才。为了解决科技、教育人才青黄不接的问题，缩小我国在科学技术上与西方国家的差距，并赶上世界先进水平，除主要立足国内培养人才外，应充分利用国外的有利条件，加速人才培养，这是完全必要的。”① 1981 年 7 月，《国务院批转教育部等六个部门关于出国留学人员管理工作会议情况的报告的通知》发布。该通知强调公派留学的方针仍是“争取多派”，但同时要求“突出重点，统筹兼顾，保证质量”，并明确提出单位也可派出留学人员，从而使派遣工作出现了多渠道的局面。在派出学科上，该通知提出，要以自然科学为主，适当增加社会科学的比例，在自然科学领域内则以技术科学为主。而派

① 苗丹国：《出国留学六十年——当代中国的出国留学政策与引导在外留学人员回国政策的形成、变革与发展》，中央文献出版社 2010 年版，第 188 页。

出人员应由以进修人员、访问学者为主转为以研究生为主，特别是要增加选派出国攻读博士学位的研究生。①

改革开放前，由于冷战时期中西方意识形态的对立，中国出于国家安全的考虑，严禁公民移民海外、出国留学，或者与西方社会保持联系。改革开放后，随着国际局势的缓和，中国出入境政策的松动，科教领域对外交流的扩大，有关部门也开始制定自费留学政策。1981 年 1 月，国务院批准了教育部、外交部等七个部门联合提出的《关于自费出国留学的暂行规定》，这是中华人民共和国成立以来第一个关于自费留学的政策性文件。该规定明确指出："自费出国留学是培养人才的一条渠道；自费留学人员是我国留学人员的组成部分；对自费留学人员和公费留学人员在政治上应一视同仁。"② 这一规定为中国自费留学事业的发展奠定了政策基础。1982 年，中央颁布了一些自费留学的新政策，又开始收紧自费留学政策。除了规定高校在校学生不准自费留学外，还规定自费留学的年龄限制以及对自费留学人员进行政治审查等。这一政策在社会上引起较大反响，很多人认为自费留学政策太严，不利于公民自费留学。1984 年，中央检查了几年来自费出国留学的政策和工作，提出"对自费出国留学，要坚决大胆放开"的要求，允许中国公民个人不受学历、年龄和工作年限的限制，均可申请自费出国留学。③

20 世纪 80 年代中期，随着我国改革开放方针的深入实施，经济、科技、教育和文化领域对外合作的不断拓展，引进国外资金、技术和项目等政策的不断完善，出国留学活动的不断增多，国家也相应调整留学政策。1986 年 12 月，国务院批转国家教育委员会《关于出国留学人员工作的若干暂行规定》。该规定提出"按需派遣，保证质量，学用一致"的指导方针，开始强调"学成及时回国，为祖国建设作贡献"。针对留学国别集中和学科分布不合理的问题，该规定指出，留学工作应坚持博采各国之长的原则，留学的学科应兼顾基础学科和应用学科，要以应用学科为重点，并注意发展中国职业技术的需要。该规定还将国家公派留学人员的名额，除国家统一掌握一部分外，分配到具体用人单位，并逐步实行留学人员经费包干使用的办法，由派出单位掌握。④

总的来说，1978 年至 1986 年，我国政府为适应改革开放形势的需要，逐步确定公费留学的方针、规模、办法、条件、国别、专业及管理办法等政策性规

① 程希：《改革开放 30 年中国留学生派出政策回顾》，《徐州师范大学学报（哲学社会科学版）》2009 年第 4 期。

② 苗丹国：《出国留学六十年——当代中国的出国留学政策与引导在外留学人员回国政策的形成、变革与发展》，中央文献出版社 2010 年版，第 858 页。

③ 陈昌贵：《1978—2006：我国出国留学政策的演变与未来走向》，《高教探索》2007 年第 5 期。

④ 程希：《改革开放 30 年中国留学生派出政策回顾》，《徐州师范大学学报（哲学社会科学版）》2009 年第 4 期。

定。公派留学政策的要点是："突出重点，统筹兼顾，保证质量，广开渠道，力争多派"；"探索扩大选拔派遣博士留学生的数量和途径"；"按需派遣，保证质量，学用一致，加强管理"。自费留学政策的要点是："对自费留学人员在政治待遇上与公费留学人员一视同仁，但在申请条件上有一定的限制"；"申请自费留学如手续合法则不受任何限制"。①

根据相关学者的统计，1979—1986 年间，公派留学人员平均每年 3 800 多人，超过了改革开放初期提出的每年派出 3 000 人的目标。但是，由于政策的强行规定，公派计划中存在着重理工、轻人文社会科学和管理学科的偏向。自费留学政策的调整过于频繁，缺乏稳定性。②

1992 年 1 月，邓小平发表了针对在外留学人员的重要讲话："希望所有出国学习的人回来。不管他们过去的政治态度怎么样，都可以回来。回来后妥善安排。这个政策不能变。告诉他们，要作出贡献，还是回国好。"根据这一讲话精神，1992 年 8 月 23 日和 29 日，时任国家教委主任的李铁映两次表示："面对新的形势，要有一系列。经过几年的工作，我看留学生工作、出国留学总的指导思想就是三句话：支持留学、鼓励回国、来去自由。"③"支持留学，鼓励回国，来去自由"这一留学方针的提出，标志着中国留学政策开始走向成熟。1993 年 11 月，中共第十四届三中全会《关于建立社会主义市场经济体制若干问题的决定》，首次以中共中央文件的形式，确立并肯定"支持留学、鼓励回国、来去自由"的留学政策。这一新的留学政策既适应了改革开放形势下发展和建立社会主义市场经济体制的需要，又尊重了公民留学的愿望，把握了当代中国留学活动的基本方向，使留学活动步入正常和快速发展的轨道。④

20 世纪 90 年代，我国公派留学政策和工作机制日趋完善和成熟。其政策要点和工作机制是："博采各国之长，按我之需，取人之长，精选精派，定向定人，力争保质保回"；"个人申请、专家评审、平等竞争、择优录取、签约派出、违约赔偿"。与此同时，我国政府提出"支持留学，鼓励回国，来去自由"这一方针，标志着我国鼓励留学人才跨国流动的政策体系的形成。⑤

---

① 苗丹国：《出国留学六十年——当代中国的出国留学政策与引导在外留学人员回国政策的形成、变革与发展》，中央文献出版社 2010 年版，第 216 页。

② 陈昌贵：《1978—2006：我国出国留学政策的演变与未来走向》，《高教探索》2007 年第 5 期。

③ 苗丹国、程希：《1949—2009：中国留学政策的发展、现状与趋势（上）》，《徐州师范大学学报（哲学社会科学版）》2010 年第 2 期。

④ 刘国福：《近三十年中国出国留学政策的理性回顾和法律思考》，《浙江大学学报（人文社会科学版）》2009 年第 6 期。

⑤ 苗丹国、程希：《1949—2009：中国留学政策的发展、现状与趋势（上）》，《徐州师范大学学报（哲学社会科学版）》2010 年第 2 期。

改革开放以来我国自费留学政策的变化，主要是实现了计划体制向市场体制的转变。国家自1990年起对自费留学者实行资格审核，并对大专以上学历人员收取高等教育培养费。但自1999年起，认可留学中介服务并对其进行规范，取消行政和经济上对自费留学设置的障碍，开始采用市场手段来规范自费留学市场。①

进入21世纪，我国留学政策趋于稳定和巩固阶段。与之前相比，国家级政策性文件的发布呈现少而稳定的状态。2003年，教育部制定了“扩大规模、提高层次、保证重点、增强效益”的国家公派留学工作思路，重点支持通信和信息技术、农业高新技术、生命科学和人口健康、材料科学与新材料、能源与环境、工程科学、应用社会科学与中国加入世贸组织后亟须的相关学科七大领域。2005年，教育部提出“选拔国内一流的学生，派到（海外）一流的大学和学科专业，师从一流的导师”的政策，坚持国家公派留学主要是出于培养国家急需人才的目标和原则。2007年，教育部、财政部联合发布《国家公派出国留学研究生管理规定（试行）》，设立“国家建设高水平大学公派研究生项目”，国家公派留学重点资助对象开始从进修生向学生倾斜。

2013年10月，习近平总书记在欧美同学会成立100周年庆祝大会上，明确提出“支持留学、鼓励回国、来去自由、发挥作用”的新时期留学工作方针。2016年4月，中共中央办公厅、国务院办公厅印发了《关于做好新时期教育对外开放工作的若干意见》。该意见强调，加快留学事业发展，提高留学教育质量。通过完善“选、派、管、回、用”工作机制，规范留学服务市场，完善全链条留学人员管理服务体系，优化留学服务。通过选派高等学校优秀青年教师、学术带头人等赴国外高水平机构访学交流，加快引进世界名校师资，完善教师专业标准体系，推进外籍教师资格认证，加快高水平师资队伍建设。通过加大留学工作行动计划实施力度，加快培养拔尖创新人才、非通用语种人才、国际组织人才、国别和区域研究人才、来华杰出人才五类人才。②

总的来说，公民留学活动是国家留学政策形成与变革的基本动力。国际政治格局以及中国对外关系状态是影响留学政策形成的基本条件，而留学人员的生存状况是影响留学政策调整的主要因素。及时和妥善解决留学活动中出现的各种问题，是留学政策调整的不间断性任务。③ 改革开放以来，我国根据留学活动的客

---

① 陈霓：《改革开放以来我国自费出国留学政策分析》，《大学（研究版）》2012年第4期。

② 中共中央办公厅、国务院办公厅：《关于做好新时期教育对外开放工作的若干意见》，《中国教育报》，2016年4月30日。

③ 苗丹国、程希：《1949—2009：中国留学政策的发展、现状与趋势（上）》，《徐州师范大学学报（哲学社会科学版）》2010年第2期。

观规律与留学人员的生存特点，已逐步建立起一整套与国家、社会和个人发展相适应的留学管理运行机制，国家公派、单位公派、自费留学三条渠道优势互补、相得益彰。

第二节　我国出国留学人员概况

1978 年的改革开放打开了中国通往西方国家的留学大门。特别是党和政府对教育、科技等事业的高度重视，以及一系列鼓励出国留学政策的制定，人民经济水平的不断提高，社会观念的转变，我国优质高等教育资源的相对短缺与境外高校招收国际学生的力度加大，使得我国出国人数不断增多，留学大潮经久不衰。

20 世纪 80 年代，国家公费选派的各类留学人员（本科生、研究生、进修人员或访问学者）每年总数约 3 000 人。到 20 世纪 90 年代中期，国家公费留学人员共约 5 万人，分布在世界 100 多个国家。与世界其他国家相比，中国是利用国家拨款派遣留学人员较多的国家之一。① 自 1996 年国家留学基金管理委员会成立以来，国家公派出国留学选派规模逐年增大，至 2009 年达 12 769 人，所学专业以装备制造、信息、生物技术、新材料、航空航天、海洋、金融财会、国际商务、生态环境保护、能源资源、现代交通运输、农业科技、教育、医药卫生、防灾减灾等经济社会发展重点领域和人文及应用社会科学等相关领域为主。② 据统计，国家留学基金管理委员会成立 15 年来共选派各类公派留学人员近 10 万人，到 2012 年，共有 2.37 万余名国家公派留学人员在国外学习生活。③ 其中，国家建设高水平大学公派研究生项目于 2007 年开始实施。根据项目实施方案，2007—2010 年计划每年选派 5 000 名研究生出国留学。由国家留学基金管理委员会与高校以签署协议的形式确定各高校年度选派计划。截至 2009 年 7 月，该项目共计录取 13 570 人。④

关于留学生的学习专业，根据教育部国际合作与交流司的统计，2012 年至 2017 年初，国家公派留学生共 107 005 人。其中派出访问学者 44 814 人，占派出

① 江波：《国家公费出国留学工作重大改革回顾——纪念国家留学基金委成立 20 周年》，《世界教育信息》2017 年第 2 期。

② 焦新：《2011 年国家公派出国留学选派工作会议举行》，《神州学人》2011 年第 1 期。

③ 徐妍：《为更多的出国留学人员提供更完善的服务——记 2011 年国家公派出国留学派出工作培训研讨会》，《神州学人》2012 年第 1 期。

④ 姜乃强：《加快造就国际一流创新人才——国家建设高水平大学公派研究生项目工作会议举行》，《神州学人》2009 年第 11 期。

总人数的 41.88%；博士生、硕士生和本科生共 62 191 人，占派出总人数的 58.12%。公派出国留学人员主要选择了国家发展建设急需的理、工、农、医等学科。其中攻读工科的 36.54%、理科 15.47%、医科 6.68%、农科 3.17%，人文社科专业占 38.14%。①

改革开放初期，我国自费出国人数还不算太多。1978—1984 年，自费出国人员总数约为 7 000 人；1985—1988 年，自费出国人员总数达 1.6 万人；1989 年获得签证的自费出国人员总数为 7 898 人。② 在我国经济持续发展、人民群众生活水平不断提高、教育国际化进一步扩大的态势下，自费出国留学人数屡创新高，所占出国留学人员比例不断提高。1978—1989 年，自费出国留学人数占出国留学总人数的比例为 23.96%。但在 20 世纪 80 年代后期，自费出国留学人数已超过公派留学人数。到 2001 年后，自费出国留学人数每年都占到出国留学人员总数的 90% 左右，也就是说，我国出国留学人员，绝大多数为自费。③

从 1978 年到 2016 年底，我国各类出国留学人员累计达 458.66 万人。其中 136.25 万人正在国外进行相关阶段的学习和研究；322.41 万人已完成学业；265.11 万人在完成学业后选择回国发展，占已完成学业群体的 82.23%。2016 年度我国出国留学人员总数为 54.45 万人，其中国家公派 3 万人，单位公派 1.63 万人，自费留学 49.82 万人。④

2017 年，我国出国留学人数首次突破 60 万大关，达 60.84 万，同比增长 11.74%，持续保持世界最大留学生生源国地位。相比改革开放初期出国人数每年约 3 000 人的规模来说，2017 年是前者的 202.8 倍。统计显示，改革开放 40 年来，各类出国留学人员累计已达 519.49 万人，目前有 145.41 万人正在国外进行相关阶段的学习和研究。2017 年继续保持了公派留学为引领、自费留学为主体的留学工作格局。国家公派出国留学全年派出 3.12 万人，分赴 94 个国家。其中访问学者 1.28 万人，占派出总数的 41.03%；硕博研究生 1.32 万人，占 42.31%。单位公派留学瞄准行业需求，派出人数较上一年度翻番，达到 3.59 万

---

① 教育部国际合作与交流司：《聚焦国家战略提供人才支撑留学工作取得显著成绩——十八大以来留学工作情况介绍》，教育部网站，http://www.moe.gov.cn/jyb_xwfb/xw_fbh/moe_2069/xwfbh_2017n/xwfb_170301/170301_sfcl/201703/t20170301_297675.html，2017 年 3 月 1 日。

② 于富增等：《教育国际交流与合作史》，海南出版社 2001 年版，第 227 页。

③ 苗丹国：《我国自费出国留学政策的持续性发展与趋势研究》，《江苏师范大学学报（哲学社会科学版）》2013 年第 6 期。

④ 《2016 年度我国出国留学人员情况统计》，教育部网站，http://www.moe.edu.cn/jyb_xwfb/xw_fbh/moe_2069/xwfbh_2017n/xwfb_170301/170301_sjtj/201703/t20170301_297676.html，2017 年 3 月 1 日。

人，增幅达 119.71%。自费留学共 54.13 万人，占出国留学总人数的 88.97%。[①]

从总体趋势上看，改革开放后，中国出国留学人数呈上升趋势，但是其增长率经历了几次起伏。中国出国留学人数在 1978、1985、1992 以及 2001 年的增长率达到峰值。其中，最近一次峰值出现在 2001 年，当年出国留学人数增长率达到了 115.38%。在此之后，增长率出现了短时间大幅下降后平稳回升，其变化趋势也趋于缓和。[②]

表 2-1　2016 年教育部直属高校本科毕业生出国深造率[③]

序号	学校	2012 年计划招生人数	出国深造率	出国人数
1	清华大学	3 380	27.50%	930
2	北京大学	3 515	31.86%	1 120
3	西安交通大学	3 800	15.37%	584
4	复旦大学	2 830	33.60%	951
5	上海交通大学	3 850	29.30%	1 128
6	中国人民大学	3 080	31.82%	980
7	北京邮电大学	3 380	23.28%	787
8	对外经济贸易大学	2 100	36.52%	767
9	浙江大学	5 720	25.21%	1 442
10	南京大学	3 430	23.38%	802
11	北京师范大学	2 200	17.41%	383
12	电子科技大学	5 500	15.04%	827
13	中国农业大学	4 300	17.30%	744
14	武汉大学	7 650	19.42%	1 486
15	华中科技大学	7 500	14.24%	1 068
16	北京科技大学	3 350	14.18%	475
17	南开大学	3 230	18.54%	599
18	天津大学	4 030	13.87%	559

① 《教育部：2017 我国出国留学人数首破 60 万大关》，搜狐网，https://www.sohu.com/a/227203725_558707，2018 年 4 月 3 日。

② 参见《2014 年出国留学趋势报告》，中国教育在线，https://www.eol.cn/html/lx/2014baogao/content.html。

③ 由于西北农林科技大学、河海大学、江南大学三所高校本科毕业生出国深造率不详，所以合计出国深造率不含这三所学校。

（续上表）

序号	学校	2012 年计划招生人数	出国深造率	出国人数
19	北京交通大学	3 530	14. 36%	507
20	中国矿业大学（北京）	1 350	8. 30%	112
21	中央财经大学	2 500	22. 08%	552
22	东南大学	4 030	14. 04%	566
23	中国地质大学（北京）	2 100	5. 14%	108
24	中国石油大学（北京）	2 000	10. 05%	201
25	山东大学	10 120	10. 37%	1 049
26	大连理工大学	4 800	10. 94%	525
27	北京化工大学	3 530	10. 79%	381
28	中山大学	7 730	17. 85%	1 380
29	北京语言大学	1 100	28. 64%	315
30	北京外国语大学	1 190	27. 06%	322
31	厦门大学	4 750	16. 29%	774
32	中国海洋大学	3 850	9. 12%	351
33	中央音乐学院	390	17. 95%	70
34	北京中医药大学	1 300	8. 00%	104
35	北京林业大学	3 340	13. 35%	446
36	四川大学	9 500	10. 40%	988
37	华东理工大学	4 000	14. 30%	572
38	吉林大学	10 270	6. 02%	618
39	中国药科大学	2 730	7. 80%	213
40	西北农林科技大学	5 500	不详	0
41	中南大学	8 250	6. 67%	550
42	西南财经大学	4 000	19. 95%	798
43	上海财经大学	2 000	24. 75%	495
44	中国石油大学（华东）	4 830	5. 21%	252
45	兰州大学	4 900	5. 15%	252
46	中国地质大学（武汉）	4 530	5. 01%	227

（续上表）

序号	学校	2012 年计划招生人数	出国深造率	出国人数
47	湖南大学	5 300	12. 58%	667
48	华中农业大学	4 670	4. 67%	218
49	河海大学	5 000	不详	0
50	上海外国语大学	1 500	28. 60%	429
51	南京农业大学	4 550	7. 17%	326
52	中国传媒大学	2 800	18. 04%	505
53	中南财经政法大学	5 400	16. 87%	911
54	华南理工大学	6 300	10. 40%	655
55	合肥工业大学	7 650	4. 12%	315
56	重庆大学	7 000	5. 59%	391
57	东华大学	7 120	11. 62%	827
58	东北林业大学	4 670	5. 18%	242
59	中国矿业大学	6 520	4. 27%	278
60	华北电力大学	5 380	5. 65%	304
61	西南交通大学	3 800	4. 33%	165
62	长安大学	6 040	3. 30%	199
63	华中师范大学	4 330	7. 23%	313
64	东北师范大学	3 770	3. 64%	137
65	江南大学	5 000	不详	0
66	陕西师范大学	4 530	2. 06%	93
67	西南大学	9 750	2. 34%	228
68	中央戏剧学院	350	4. 00%	14
合计		302 395	12. 40%	35 577

资料来源：2012 年本科招生人数来源于《2012 教育部直属高校招生人数排名》，http://www. jz100. com/thread－515763－1－1. html，2013 年 8 月 30 日。2016 年教育部直属高校本科毕业生出国深造率来源于《教育部直属高校本科毕业生读研深造率排行榜》，http://www. sohu. com/a/128460325_627228，2017 年 3 月 10 日。

国内本科毕业去海外或境外留学，可以进一步提升学历，开阔视野，丰富人生经历，因而成为越来越多大学生的选择。以下是广州重点高校 2015—2017 年留学人数图，从中可看出广州各大学毕业学生留学人数在逐年增加。

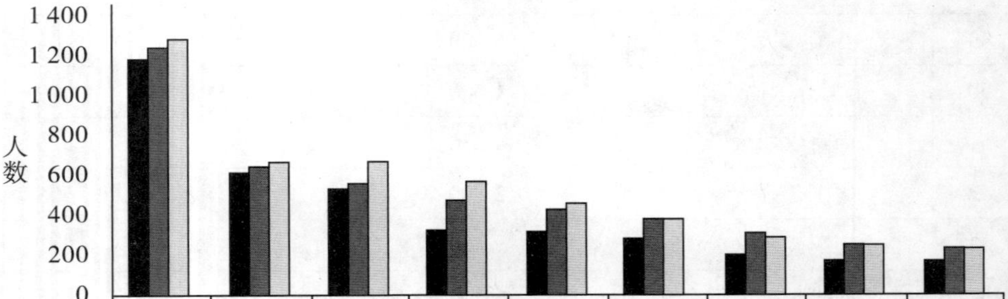

	中山大学	广东外语外贸大学	华南理工大学	暨南大学	华南农业大学	华南师范大学	广州大学	广东财经大学	广东工业大学
2015年	1 182	585	530	301	301	276	192	158	154
2016年	1 241	605	532	460	415	377	299	231	224
2017年	1 297	662	663	560	447	374	280	238	224

图 2－1　广州重点高校 2015—2017 年留学人数

资料来源：《广州高校留学人数排行！学历越高越容易出国?》，搜狐网，http：//www. sohu. com/a/259653875_239689。

从中国留学生的目的地来说，改革开放以来，中国赴美留学人数一直保持持续增长的趋势，美国也成为中国留学生的第一留学目的国，这主要归因于美国发达的高等教育、先进的产业体系和对外来人才的引进力度。从国际公认的四大世界大学国际排名情况来看，美国大学历来都表现优异。前 20 名中，美国大学占绝大多数。2018 U. S. News 全球大学排名榜中，只有英国的剑桥大学、牛津大学、帝国理工学院及加拿大的多伦多大学这四所不是美国大学，其余全是美国大学。前 50 名中，美国大学占了 32 名；前 100 名中，美国大学就有 48 名。而中国没有一所大学进入前 50，进入百强的只有 2 所大学。泰晤士高等教育 2018 年世界大学排名中，前 20 名中，美国有 15 所；前 50 名中，美国有 26 所；前 100 名中，美国有 41 所，而中国大学无一能进入前 20 名。百强榜单中，中国内地大学只有 2 所。[①]

美国世界领先的高等教育是吸引中国公民前往美国留学的重要因素。除此之

① 《2018 全球和美国大学四大排名榜汇总》，搜狐网，https：//www. sohu. com/a/200111236_668227，2017 年 10 月 25 日。

外，为了争取优秀生源，美国大学采取较为灵活的留学入学条件、录取要求逐步放宽等多种对华招生政策，也促进了中国留学生涌向美国。从 1978 年到 1997 年间，中国前往美国的留学人员共计 16.3 万人，占出国留学人员的 56%。其中国家公派留学人员 12 540 人，单位公派留学人员 49 560 人，自费留学人员 101 000 人。1997 年前后，中国在美留学人员分布在美国 1 000 多所高等院校，从事各个领域特别是自然科学领域的研究和学习。[①] 与此同时，中国留学生在美国国际留学生中的占比也不断增加。根据美国历年发布的《美国门户开放报告》资料统计，中国赴美国留学的人数一直呈上升的趋势，从 2005/2006 学年的 62 582 人增长到了 2012/2013 学年的235 597人，八年间增长了将近 3 倍。[②] 2009 年，我国首次超越印度，成为美国第一大生源国。[③] 在 2010 年的人口普查中，中国新移民中获得硕士及以上学位的人数占 26.3%，学士学位拥有者约占 23%。[④] 2013 年中国赴美读研的人数为103 427，而读本科的人数为 93 768，两者之间的差距逐渐缩小。另外，高中留学人群也开始急速膨胀。[⑤] 在 2015—2016 学年，中国在美国高等院校就读的留学生人数有 329 000 人，43% 的中国留学生是学习科学、技术、工程和数学。2016 财年，在获得 H－1B 签证身份的外国人中，9% 是中国人。51% 的中国大陆移民从事管理、商业、科学和艺术职业。[⑥]

针对日益庞大的美国留学人群，每年都会有相关的教育机构统计历年美国各大名校的录取比例以及国际学生占比。美国选校网站“大学事实”（College Factual）对美国 2015 年排名前 50 的院校学生总数、国际生人数、中国学生人数进行了汇总。

① 苗丹国：《出国留学六十年——当代中国的出国留学政策与引导在外留学人员回国政策的形成、变革与发展》，中央文献出版社 2010 年版，第 272 页。

② 《2014 年出国留学趋势报告》，中国教育在线，https：//www.eol.cn/html/lx/2014baogao/content.html。

③ 《中国公民 2010 年赴美签证率 85%　留学生数猛涨》，《新快报》，2011 年 5 月 3 日。

④ 庄国土主编：《世界华侨华人简史》，暨南大学出版社 2014 年版，第 226 页。

⑤ 《2014 年出国留学趋势报告》，中国教育在线，https：//www.eol.cn/html/lx/2014baogao/content.html。

⑥ 《大数据总结！中国移民们在美国的生存状况介绍》，搜狐网，https：//www.sohu.com/a/218814730_100091632，2018 年 1 月 27 日。

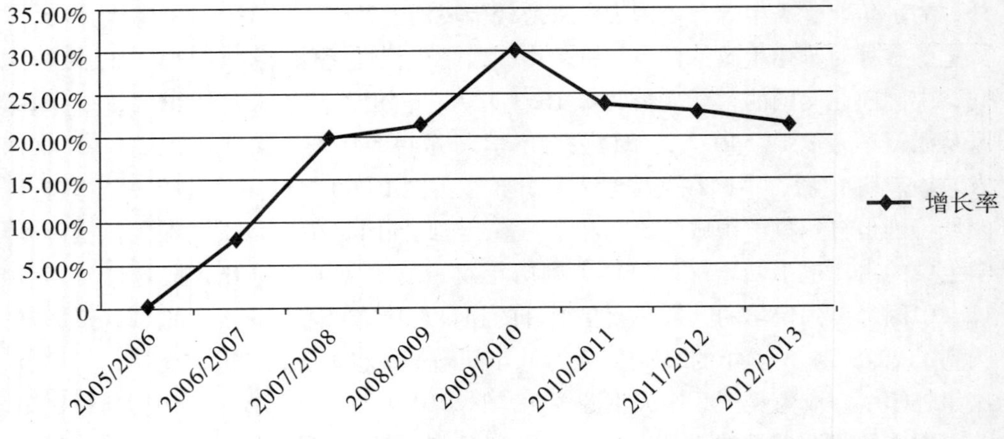

图 2-2　2005/2006—2012/2013 学年中国赴美留学人数增长率

资料来源：教育部统计数据，见《2014 年出国留学趋势报告》，中国教育在线，https：//www. eol. cn/html/lx/2014baogao/content. html。

表 2-2　美国 2015 年排名前 50 的院校中国学生人数及占国际生人数比

排名	学校中文名	2015 年中国学生人数	中国学生占学生总数比例	中国学生占国际生比例
1	普林斯顿大学	382	4.7%	22.6%
2	哈佛大学	868	3%	18.1%
3	芝加哥大学	1 093	7.2%	33.6%
3	耶鲁大学	705	5.7%	29.5%
5	哥伦比亚大学	3 433	12.4%	41.3%
5	斯坦福大学	1 062	6.3%	27.4%
7	麻省理工学院	729	6.4%	22.1%
8	杜克大学	1 200	7.6%	41.4%
8	宾夕法尼亚大学	1 536	6.2%	33.7%
10	约翰·霍普金斯大学	2 081	9.7%	55.2%
11	达特茅斯学院	256	4.1%	26.6%
12	加州理工学院	156	7.1%	25.9%
12	西北大学	1 295	6.0%	38.8%
14	布朗大学	492	5.4%	32.0%
15	康奈尔大学	1 723	7.9%	39.3%
15	莱斯大学	718	10.8%	46.1%

（续上表）

排名	学校中文名	2015 年中国学生人数	中国学生占学生总数比例	中国学生占国际生比例
15	圣母大学	415	3. 4%	34. 8%
15	范德堡大学	548	4. 3%	45. 6%
19	圣路易斯华盛顿大学	1 548	10. 8%	63. 3%
20	埃默里大学	1 104	7. 5%	46. 8%
20	乔治城大学	904	5. 1%	30. 6%
20	加州大学伯克利分校	2 349	6. 3%	38. 6%
23	南加州大学	4 254	10. 0%	43. 8%
24	卡耐基梅隆大学	2 159	17. 2%	44. 8%
24	加州大学洛杉矶分校	3 036	7. 3%	47. 3%
24	弗吉尼亚大学	932	3. 9%	46. 3%
27	塔夫茨大学	427	3. 9%	36. 3%
27	密歇根大学安娜堡分校	2 713	6. 2%	45. 1%
27	维克森林大学	314	4. 0%	64. 0%
30	北卡罗来纳大学教堂山分校	610	2. 1%	38. 1%
31	波士顿学院	543	3. 8%	38. 8%
32	威廉玛丽学院	425	5. 0%	64. 1%
32	罗彻斯特大学	1 431	12. 9%	54. 8%
34	布兰迪斯大学	736	12. 4%	53. 2%
34	佐治亚理工学院	1 613	7. 0%	32. 6%
36	纽约大学	3 882	7. 9%	33. 8%
37	凯斯西储大学	1 291	12. 0%	63. 8%
37	加州大学圣巴巴拉分校	1 138	4. 9%	64. 5%
39	波士顿大学	2 614	8. 1%	40. 8%
39	东北大学	2 337	11. 8%	42. 8%
39	伦斯勒理工学院	758	11. 1%	66. 1%
39	杜兰大学	854	6. 8%	65. 2%
39	加州大学欧文分校	2 724	9. 1%	64. 5%

（续上表）

排名	学校中文名	2015 年中国学生人数	中国学生占学生总数比例	中国学生占国际生比例
44	里海大学	727	10.2%	65.7%
44	加州大学戴维斯分校	2 167	6.3%	60.7%
44	加州大学圣地亚哥分校	3 015	9.8%	56.5%
44	伊利诺伊大学香槟分校	5 437	12.0%	54.6%
44	迈阿密大学	919	5.5%	33.5%
44	威斯康星大学麦迪逊分校	2 690	6.3%	50.6%
50	宾州州立大学帕克分校	2 842	6.0%	42.5%
50	佩珀代因大学	451	6.1%	53.2%
50	佛罗里达大学	1 442	2.9%	33.6%
50	维拉诺瓦大学	43	0.4%	12.0%

资料来源：啄木鸟教育网，《美国 TOP 50 大学中国人数及比例统计》，http://www.zmnedu.com/bk/zx/41672.html。

应该指出，表 2－2 中的中国学生人数是指中国籍国际学生人数，不包括在美国出生的华人大学生，他们不属于国际学生，而是美国国内学生。从表 2－2 中，我们可以看出美国排名前 50 的高校中，中国学生人数最多的依次是：①伊利诺伊大学香槟分校，5 437 人；②南加州大学，4 254 人；③纽约大学，3 882 人；④哥伦比亚大学，3 433 人；⑤加州大学洛杉矶分校，3 036 人；⑥加州大学圣地亚哥分校，3 015 人；⑦宾州州立大学帕克分校，2 842 人；⑧加州大学欧文分校，2 724 人；⑨密歇根大学安娜堡分校，2 713 人；⑩威斯康星大学麦迪逊分校，2 690 人。

中国学生占学生总数比例最高的大学依次是：①卡耐基梅隆大学，17.2%；②罗彻斯特大学，12.9%；③哥伦比亚大学，12.4%；④布兰迪斯大学，12.4%；⑤伊利诺伊大学香槟分校，12.0%；⑥凯斯西储大学，12.0%；⑦东北大学，11.8%；⑧伦斯勒理工学院，11.1%；⑨莱斯大学，10.8%；⑩圣路易斯华盛顿大学，10.8%。

高等教育发达的英国也是中国学生留学和学者访学的重要目标国。英国高等教育统计署（Higher Education Statistics Agency）发布的数据显示，2014 年在英的非欧盟学生人数为 310 195 人，比上年增长了 3%。其中中国学生人数最多，增长速度最快，同比增加 5%，达 88 000 人。在 2014 年，从中国赴英学习的大一新生人数为 58 810 人，同年，来自欧洲的大一新生人数仅为 57 190 人。①

英国的剑桥大学作为历史悠久的世界顶尖高等学府，虽然准入门槛很高，但每年依旧吸引着大批学生慕名申请。根据剑桥大学官方公布的《2017 年度本科招生统计数据报告》，2017 年，申请剑桥大学本科的学生总数达到 17 189 人，创历史新高，相比 2016 年增加了 2.6%。发放录取通知（包括有条件录取和无条件录取）总数为 4 485 份，比 2016 年增加 4.1%。最终共有 3 497 人成功申请并确认接受剑桥大学的录取通知，占申请总人数的 20.3%。英国国内有2 612人成功申请并确认接受剑桥大学的录取通知，其中有 278 名华人申请剑桥大学本科生，77 人成功申请并确认接受剑桥大学的录取通知，占英国国内申请人数的 2.9%。从地区分布来看，有多达 36.4% 的申请者来自英国以外的国家或地区。海外 6 251 位申请者最终有 885 人收到并确认，成功率仅为 14.2%。中国是除英国以外申请人数最多的国家，占海外申请总人数的五分之一。据统计，中国（不含香港）共有 702 人申请剑桥大学，占海外申请总人数的 11.2%，成功率为 17.2%；中国香港共有 548 人申请，占比为 8.8%，成功率为 16.6%。②

2017 年，全世界共有 19 938 人申请牛津大学本科生，该校发放录取通知总数为 3 771 份，最终共有 3 270 人成功申请并确认接受牛津大学的录取通知，占申请总人数的 16.4%。英国国内有12 583人提出申请，成功申请并确认接受牛津大学录取通知的有2 547人，占该校 2017 年招生人数的 77.9%。中国也是除英国本土以外申请牛津大学人数最多的国家。在 2015—2017 年，中国内地共有2 644人申请留学该校，最终有 267 人成功申请并就读该校；中国香港地区有1 102人提出申请，最终有 135 人成功申请并就读该校。在此三年中，牛津大学共招收 9 748名学生，而来自中国的学生就有 402 人，占该校学生总数的 4.1%。③

另据报道，2017—2018 学年，在剑桥大学学习的中国留学生中，本科生 420 人，研究生 754 人。牛津大学的中国留学生（包括香港和澳门地区在内）中，本科生 422 人，研究生 789 人，访问学生 88 人，共 1 299 人。2017 年，伦敦政治经济大学共录取 1 297 名中国学生，其中本科生 368 人，研究生 929 人。2018 年 8 月，伦敦大学学院的亚洲学生比例为 49.87%，中国留学生共有 4 767 人。2016—2017 学年，帝国理工学院录取的中国学生总数为 1 281 人，占录取总人数

① 《英国大学海外生中国留学生数占首位　同比增加 5%》，中国新闻网，http://www.chinanews.com/hr/2015/01-19/6980098.shtml，2015 年 1 月 19 日。

② Undergraduate Admissions Statistics, 2017 cycle, University of Cambridge, http://www.cam.ac.uk/news/cambridges-2017-admissions-statistics-published, May 2018.

③ University of Oxford Annual Admissions Statistical Report. https://www.ox.ac.uk/sites/files/oxford/Oxford%202018%20Annual%20Admissions%20Report.pdf, May 2018.

的 17%。①

据加拿大联邦移民部的统计，截至 2014 年 9 月，移民部共签发103 999份学生签证，比上年同期增长 11%，比 2012 年同期增长 26%，其中中国留学生数量占近三成，人数最多。2013 年赴加的中国留学生人数为29 414。②

根据教育部国际合作与交流司的统计，我国出国留学人员留学目的国相对集中。2016 年度，逾九成留学人员赴美国、英国、澳大利亚、日本、韩国、加拿大、新加坡、法国、德国和俄罗斯这十国留学，其中赴英语国家留学的人员近八成（77.91%）。③ 启德教育集团发布的《2015 中国学生留学意向调查报告》显示，美国（27.7%）、英国（19.8%）、澳大利亚（11%）以及加拿大（8.7%）是意向留学生最青睐的留学目的国。④ 根据各国驻华大使馆公布的数据，2017 年全年英国签证与移民局在中国签发了超过 88 000 份学生签证，签发量与 2016 年相比增长了 15%。根据《2017 年美国门户开放报告》，2016—2017 学年，就读于美国高等教育机构的中国学生人数增至350 755，较上一学年增长 6.8%。2016 年中国赴法国留学生人数增加到了约 4 万人，已成为法国第一大留学生群体。截至 2016 年底，中国学生赴加拿大留学人数突破 13 万，高达 132 345，占加拿大国际学生总数的 31.9%。2016 年有 38 406 名中国学生在新西兰读书，比 2015 年增加了4 429名，增长率约为 13%。2017 年中国赴爱尔兰学习签证申请人数比 2014 年增长了 64%，目前在爱尔兰学习人数为 5 726。⑤

表 2－3　2011—2012 年中国在各主要留学热门国留学的学生总数及比例

国家	中国留学生人数（万）	占该国国际学生比例
美国	19.4	25.4%
澳大利亚	11.88	29.53%
日本	8.63	62.7%
英国	7.87	14%

① 《英国 G5 招生那么严，每年多少中国学生能进?》，搜狐网，http：//www.sohu.com/a/246553422_242903，2018 年 8 月 11 日。

② 《今年加拿大留学生增加 11%　三成国际生来自中国》，《羊城晚报》，2014 年 11 月 13 日。

③ 教育部国际合作与交流司：《聚焦国家战略提供人才支撑留学工作取得显著成绩——十八大以来留学工作情况介绍》，教育部网站，http：//www.moe.gov.cn/jyb_xwfb/xw_fbh/moe_2069/xwfbh_2017n/xwfb_170301/170301_sfcl/201703/t20170301_297675.html，2017 年 3 月 1 日。

④ 《启德独家发布〈2015 中国学生留学意向调查报告〉》，启德教育网，https：//www.eic.org.cn/News/Detail/i8474hG9XEmhlpjZv9YXIg，2015 年 1 月 10 日。

⑤ 《教育部：2017 我国出国留学人数首破 60 万大关》，搜狐网，https：//www.sohu.com/a/227203725_558707，2018 年 4 月 3 日。

（续上表）

国家	中国留学生人数（万）	占该国国际学生比例
加拿大	6.7	22.04%
韩国	5.54	63.8%
新加坡	5	55.93%
法国	3.5	12.59%
新西兰	2.44	26.61%
德国	2.28	9.06%
俄罗斯	2	12.05%
意大利	0.76	10.33%

注：其中加拿大、德国、俄罗斯为2011年的相关数据，英国的国际学生总数采用的是2011年数据，其余为2012年数据，2012年在俄罗斯、新加坡留学的中国学生数量为估计数量。

资料来源：王辉耀：《海外华侨华人专业人士发展现状与趋势》，国务院侨办2013年度课题报告书。

美国国家科学基金会科学资源研究部（NSF/SRS）经常对留在美国的外籍理科与工科博士学位获得者进行统计调查，并建立了相关数据库（SESTAT）。中国留美博士生多集中在理工科领域就读。20世纪90年代在美国担任大学研究与开发（R&D）研究助手的中国研究生的人数增加较快，中国留学生获得美国理科与工科博士学位的人数也大幅增加。1986年中国留学生获得博士学位的只有200人，1996年达到近3 000人。中国留学生获得博士学位人数在1997年有所下降，但在1998年又稍稍回升。1986—1998年，共有21 600多名中国留学生获得美国大学的理科与工科博士学位。1988—1996年，中国留学生获得的理科与工科博士学位人数为16 550人，占美国大学全部理科与工科博士总数的7.5%，而在某些学科所占比例更高，如在物理学博士中的中国留学生人数占13%，数学博士中的中国留学生人数占15%。[①]

根据美国国家科学委员会（NSB）发布的“科学与工程指数2014”（Science and Engineering Indicators 2014），1991—2011年共有68 104名中国留学生在美国获得博士学位，其中93.0%（63 341人）获得的是科学与工程博士学位。而在科学与工程博士中，工程博士占32.9%（20 823人），科学博士占67.1%

① 宋卫国：《留美中国博士生的流向与就业状况》，http：//www.sts.org.cn/fxyj/zcfx/documents/bsjyzk.htm。

(42 518人)。在科学领域，按照所学人数多少排名，前五位的专业依次为：生物学（14 326 人)、物理学（11 947 人)、数学（4 068 人)、社会科学（3 497 人）和计算机科学（312 人)，其他专业的留美博士由多到少依次为：农学（1 804 人)、地理/太空/海洋科学（1 737 人)、医学/其他生命科学（1 342 人）和心理学（485 人)。①

第三节　我国的海外引才政策与工作

一、海外留学人员去留的意愿

改革开放后，我国向海外大量派遣出国留学人员，希望他们“学成及时回国，为祖国建设作贡献”，但实际上，有一些公派留学生学成后没有按期回国，一些自费留学生更是选择在当地就业。据统计，在1978—1996 年，中国出国留学人员总计 27 万余人，回国 9 万人，回归率为 33%。其中国家公派 4. 4 万人，回国 3. 7 万人，回归率为 84%；单位公派 8. 6 万人，回国 4. 8 万人，回归率为 56%；而自费留学 13. 9 万人，回国 0. 4 万人，回归率不到 3%。1992 年美国国会通过了《中国学生保护法》，其他国家也仿效之。同年，中国放宽学生出国尤其是自费留学政策限制，从而导致出国留学人数增长迅速，回归率进一步下降。②

中国留美博士生毕业后大部分选择留在美国当地就业，或从事博士后研发工作，使中国成为向美国输送高层次后备人才最多的国家。1988—1996 年，大约 85%（约 14 000 人）的中国理科与工科博士毕业生打算留在美国，48% 的中国博士毕业生在获得学位时就已经在美国找到工作，30% 以上的中国博士毕业生接受了公司资助在科学与工程领域做博士后研究，另外还有 5 000 多名中国科学家和工程师获得美国公司资助从事博士后研究工作。约有 17% 的中国留美理科与工科博士毕业生受雇在美国从事其他工作。③ 2001—2010 年，持临时签证的中国留美博士的平均滞留率为 88. 6%，较全体美国外籍博士的平均滞留率（69. 8%）高出近 20 百分点。中国留美博士的工作去向，按工作单位分类，工业/商业领域占 55. 3%，教育机构占 36. 3%，政府、非营利机构及其他占 8. 3%；按工作性质

① NSB. Science and Engineering Indicators. http：//www. nsf. gov/statistics/seind14/，2014 年 2 月 6 日。

② 曹聪：《中国的“人才流失”、“人才回归”和“人才循环”》，《科学文化评论》2009 年第 1 期。

③ 宋卫国：《留美中国博士生的流向与就业状况》，http：//www. sts. org. cn/fxyj/zcfx/documents/bsjyzk. htm。

分类，61.2%从事研究与开发工作，16.5%从事教学工作，6.3%从事专业服务工作，另有16%的人从事其他工作。①

根据我国中央人才工作协调小组2013年的报告，在科学和工程领域，中国顶尖人才滞留率平均达87%。② 根据美国政府研究机构的数据，2002年在美国拿到科学和工程方面博士学位、5年后仍然滞留在美国的毕业生中，中国博士毕业生滞留率最高，达到92%。③ 根据美国国土安全局的统计，2009年底在美国就读的中国留学生超过10万人，是美国最大的留学生群体，其中博士生占33%。而据国际经合组织统计，1990—1999年在各国经济发展最急需的科学和工程领域，非美国出生的科学与工程博士留在美国的平均比例大约47%，中国大陆留学生博士滞留美国比例却为87%，韩国只有39%。④

为什么我国有这么多留学人员完成学业后滞留海外，选择在当地就业发展，而没有选择回国？关于海外留学人员及华人技术移民回归意愿的研究，目前已有不少成果。

学者陈昌贵于1989年后两度前往美国，就“中国大陆人才外流的调查与分析”课题与美国学者崔大伟（David Zweig）进行合作，在美国波士顿、纽约、布法罗、洛杉矶、旧金山、圣地亚哥等城市，个别访问了273位我国赴美留学人员，并在国内多所高校访问了近百位已回国的留学人员。其调查结果揭示：影响留美学者去留抉择的主要因素，是留美学者在跨国的空间中对个人发展前途、经济因素、政治因素、子女教育和家庭关系、社会文化适应五个方面因素综合考虑和比较的结果。作者最后指出：出国人员是否回国，是多种因素综合作用的结果，由于时间的推移和形势的变化，各种因素的影响程度也会随之变化。⑤

Yixi Lu等人对加拿大萨斯喀彻温大学中国本科生的研究结果表明，学生的人口统计学特征、留学前的特点、在加拿大的经历、父母的期望等因素对其身份转换影响较大。除经济适应外，社会和情感的适应对于临时身份学生的去留意愿是至关重要的。此外，加拿大技术移民政策的变化，也在一定程度上影响他们的

---

① Johnson J M. Statistic profiles of foreign doctoral recipients in science and engineering: Plans to stay in the United States. http://www.nsf.gov/statistics/nsf99304/pdfstart.htm，2014年10月13日。转引自岳婷婷：《改革开放以来的中国留美博士群体研究》，《兰州大学学报（社会科学版）》2015年第2期。

② 盛若蔚：《中国科学和工程领域人才国外滞留率平均达87%》，《人民日报》，2013年6月6日。

③ 张烁：《史上最大回国潮来了？海归为什么成群结队回流?》，中国教育网，http://l.gol.edu.cn/jjhg_7556/20131010/t20131010_1026045_2.shtml，2013年10月10日。

④ 薛涌：《中国留美博士92%留在美国　高端人才流失严重》，网易教育论坛，http://edu.china.com.cn/cgym/2013-06/19/content_29165689.htm。

⑤ 陈昌贵：《我国留美学者回国意向的调查与分析（上）》，《高等教育研究》1994年第4期；陈昌贵：《我国留美学者回国意向的调查与分析（下）》，《高等教育研究》1995年第1期。

去留意愿。[1] 青年学者高子平的研究结果表明，近年海外科技人才回国发展的意愿较高，总体上达到了 68.9%，明确表态不会考虑回国发展的仅为 9.1%。其中，个体特征、留学过程、职业发展状况及与国内联系的紧密程度等因素是影响海外科技人才回流意愿的最主要变量。[2] 高子平还特别考察了美国华人科技人才的回流意愿。他认为，自身职业发展状况、所在国的人才吸引力、国际经济形势、我国经济科技发展状况是影响在美华人科技人才回流意愿的四大变量，也是我国海外人才引进政策调整的主要依据。[3] Fei Qin 从社会网络视角切入，对美国华人工程师的归国创业动机和决策过程进行了实证研究。作者认为，技术移民回归不是一个人的决策过程，而是组团回国的一群人互动的结果。海归在作出归国决策前，会与其所在的社会网络进行沟通与商讨，并受已归国创业人群或者组织的影响较大。海归或即将回国的海归非常重视在其移民过程中建立的社会关系。作者也发现，中美两国一些中介组织也积极帮助华人技术移民回归。[4]

总的来说，留学人员，包括学业完成后选择在当地就业的华人技术移民，最后是选择在海外发展还是回国创新创业，既受到中国与居住国经济发展大环境的影响，也受到来自其家庭方面的影响。从宏观层面而言，居住国的移民政策、经济发展状况、社会文化环境对留学人员及华人技术移民的去留意愿影响较大，而国内经济发展、科研平台建设、产业结构与层次也是决定他们回归意愿的重要因素。

二、海外引才政策的制定

1. 国家领导人对海外人才的重视

改革开放前，中国还没有制定真正吸引海外华人高端人才的战略及政策，前期工作主要是靠政治宣传和外交斗争争取到一部分海外科技人才回国，后期相关工作则基本停顿。1978 年后，中国全面实行经济改革和对外开放战略，把经济建设提到党和国家的中心议事日程上来，各级政府特别重视吸收和利用外部的资金、技术和管理经验，因此，作为中国和世界联系纽带的海外华人受到特别关注。随着国家侨务政策和工作的适时调整，“文革”期间一度中断的海外华人和中国的关系又得到恢复。如何利用海外华人的资金、技术和人才优势，如何发挥

① LU Y X，Li Z，Bernard S. To stay or return：migration intentions of students from People's Republic of China in Saskatchewan，Canada，Int. Migration & integration，2009（10）：pp. 283 – 310.

② 高子平：《海外科技人才回流意愿的影响因素分析》，《科研管理》2012 年第 8 期。

③ 高子平：《在美华人科技人才回流意愿变化与我国海外人才引进政策转型》，《科技进步与对策》2012 年第 19 期。

④ QIN F. Not a lonely journey：social embeddedness and the return migration of highly skilled Chinese engineers from the United States. Labor & employment relations association，2011.

华侨华人的作用，为国家的现代化建设服务，是摆在各级政府部门面前的头等大事。国与国之间的竞争，就是科学技术的竞争，说到底就是人才的竞争。作为一个发展中国家，如何引进和利用海外人才，特别是华侨华人智力资源，提升综合国力，是中国政府的一项中心工作。

邓小平同志正是根据海外华侨华人知识分子的特点，从服从和服务于我国经济建设这一根本任务出发，系统地提出了引进华侨华人智力资源的思想。早在1977年10月，他就提出："海外关系是个好东西，可以打开各方面的关系。"其后指出，"华侨华人专家是活宝贝，是一支不可忽视的力量，我国经济建设需要一大批这样的人才"①。其基本点之一是"海外几千万同胞是中国大发展的独特机遇"。对于海外华人中蕴藏的巨大智力资源，将这些热爱祖（籍）国、心怀桑梓的海外同胞视为一笔宝贵财富，并且将他们与改革开放的实践联系起来，将发挥侨力与中国现代化建设相统一，是改革开放以来侨务工作的核心。这就不仅肯定了侨务工作在我国经济建设和对外开放中的战略地位，也指明了加强国外侨务工作、发掘海外资源为国服务的路子。习仲勋同志在1984年的全国侨办主任会议上指出侨务引智的重要性、可能性和引智的形式。他说："外籍华人和我们有共同的民族感情，大多数人和我们语言、文字相通，他们来华工作有许多便利条件。我们要在完全自愿的基础上，从现在分布在世界各地的几十万华侨和外籍华人学者、专家和其他人才中，邀请其中一部分愿意回来的人来华工作。在当前，主要办法是请他们短期回国或来我国服务，如讲学、进行学术交流等。对他们要真诚相待，密切合作，提供好的工作条件，保证来去自由。"②

江泽民同志也认识到要发挥华侨华人在中国现代化建设中的独特作用。他在1993年2月与国务院侨务工作会议部分代表座谈时就讲道："几千万华侨华人，拥有雄厚的资金，大批高科技人才，遍布世界的商业网络，已经成为当今国际经济社会中具有一定实力的比较活跃的力量。"他还说："华侨华人和港澳台同胞，是我国对外开放、发展对外经贸合作和科技交流活动中，最积极热情的一部分，而且对于促进和影响外国投资者到我国投资，进行经贸合作和科技交流，发挥了带头的作用和桥梁的作用。"③ 他提出了"华侨华人是中国现代化建设的独特优势"这一论断，指出"海外侨胞作为促进我国改革开放和现代化建设、促进祖国统一的积极力量，有着独特优势"。他批评许多部门和地方存在着重资金、轻

① 《邓小平引进国外智力理论学习纲要》，中共中央党校出版社1998年版，第26页。

② 国务院侨务办公室：《侨务法规文件汇编（1955—1999）》，国务院侨务办公室1999年刊印，第24页。

③ 国务院侨务办公室：《侨务法规文件汇编（1955—1999）》，国务院侨务办公室1999年刊印，第39页。

人才的倾向，并对侨务引智工作提出了要求。他说，华侨华人“拥有的不仅是巨大的资本，还有相当的智力、人才。我希望侨务部门率先改变这种状况，把引进华侨华人人才的工作，摆到更加重要的位置上来”，“要根据国家经济、科技发展战略，会同有关部门制订引进人才、智力的规划，完善有关政策，采取切实的措施更充分地开发好这部分智力、人才资源”。[①] 江泽民同志在1999年全国侨务工作会议上再次讲道：“侨务工作有一个很艰巨的任务，就是要通过3 000万华侨华人，特别是他们中的科教工作者，促进我们科教兴国战略的实施。”[②]

党的十六大以来，胡锦涛同志、温家宝同志多次指示要求加强侨务工作。2005年2月，胡锦涛同志在全国侨务工作会议上明确提出“在凝聚侨心，发挥侨力，为实现全面建设小康社会的宏伟目标作贡献方面，侨务工作大有作为”，彰显了中国高层对侨界的高度重视，指明了侨务工作在新时期的独特作用和肩负的历史使命。2008年3月，胡锦涛同志在看望致公党、侨联界全国政协委员时指出：“我国有几千万归侨侨眷，有几千万海外侨胞。这两个几千万，既是我国的独特国情，又是我们进行现代化建设的独特优势。”以上这些为发挥“侨”的独特优势，更好地为以经济建设为中心的三大任务服务，提供了重要依据。

习近平同志关于海外人才工作发表了一系列重要讲话。2010年7月，时任中共中央政治局常委、中央书记处书记、国家副主席的习近平在北戴河看望了在当地休假的海外高层次人才引进计划（简称“千人计划”）入选专家代表，与他们进行座谈并讲话。他强调，海外高层次引进人才是中国改革开放和社会主义现代化建设不可或缺的重要人才资源。要以更大力度推进“千人计划”，更好地发挥海外高层次引进人才的作用。2013年9月30日，习近平同志主持中共中央政治局第九次集体学习时提出，要积极引进海外优秀人才，制订更加积极的国际人才引进计划，吸引更多海外创新人才到我国工作。同年10月21日，习近平同志在欧美同学会成立一百周年庆祝大会上发表重要讲话：“党和国家将按照支持留学、鼓励回国、来去自由、发挥作用的方针，把做好留学人员工作作为实施科教兴国战略和人才强国战略的重要任务，使留学人员回到祖国有用武之地，留在国外有报国之门。我们热诚欢迎更多留学人员回国工作、为国服务”；“在亿万中国人民前行的伟大征程上，广大留学人员创新正当其时、圆梦适得其势。广大留学人员要把爱国之情、强国之志、报国之行统一起来，把自己的梦想融入人民实现中国梦的壮阔奋斗之中，把自己的名字写在中华民族伟大复兴的光辉史册之上”。

---

① 国务院侨务办公室：《侨务法规文件汇编（1955—1999）》，国务院侨务办公室1999年刊印，第41页。

② 国务院侨务办公室：《侨务法规文件汇编（1955—1999）》，国务院侨务办公室1999年刊印，第50页。

2014 年 5 月 22 日，习近平同志在上海召开外国专家座谈会时指出：“不拒众流，方为江海。当今世界，经济全球化、信息社会化所带来的商品流、信息流、技术流、人才流、文化流，如长江之水，挡也挡不住。一个国家对外开放，必须首先推进人的对外开放，特别是人才的对外开放。如果人思想禁锢、心胸封闭，那就不可能有真正的对外开放。因此，对外开放要着眼于人、着力于人，推动人们在眼界上、思想上、知识上、技术上走向开放，通过学习和应用世界先进知识和技术，进而不断把整个对外开放提高到新的水平”；“中华民族历来具有尚贤爱才的优良传统。现在，我们比历史上任何时期都更需要广开进贤之路、广纳天下英才。要实行更加开放的人才政策，不唯地域引进人才，不求所有开发人才，不拘一格用好人才，在大力培养国内创新人才的同时，更加积极主动地引进国外人才特别是高层次人才，热忱欢迎外国专家和优秀人才以各种方式参与中国现代化建设。要积极营造尊重、关心、支持外国人才创新创业的良好氛围，对他们充分信任、放手使用，让各类人才各得其所，让各路高贤大展其长”。①

2. 海外引才政策的制定

改革开放以来，为了落实党和政府的人才强国战略，大力提升国家核心竞争力和综合国力，为全面建设小康社会和实现中华民族的伟大复兴提供重要保证，在国际人才竞争的环境下，各级政府、各相关部门都颁布和实施了一系列吸引留学人员回国工作和为国服务的政策，引进留学人才和技术项目，为留学人员回国创业提供直接便捷的服务。据统计，我国先后出台了 377 项涉及海外科技人才的政策（包括修订政策），其中改革开放以后制定的政策占 98.9%。从有效性看，仍然有效的政策有 238 项，占 63.1%；已失效的政策有 139 项，占 36.9%。从政策效力看，部门规范性文件、部门规章、行政法规和法律分别占 70.0%、13.5%、12.5%和 4.0%，绝大多数政策的法律效力层级较低。从政策内容看，使用政策、激励政策、引进政策、流动政策、安全政策、培养政策、保障政策、评价政策分别占 20.2%、13.0%、11.7%、10.6%、9.3%、8.8%、6.9%、2.1%，综合政策则占 17.8%。从政策专门性看，针对海外所有高端科技人才的政策、非华裔科技人才的政策、科技人才的政策、有华裔科技人才的政策、华人高端科技人才的政策分别占 27.9%、19.9%、19.6%、19.1%、13.5%。从政策对象的职业看，针对两类或两类以上科技人才的政策最多，占 62.3%，仅针对科研人才、留学生、科技教育人才、专业技术人才、科技管理人才的分别占

① 《习近平的人才观：择天下英才而用之》，人民网，http://theory.people.com.cn/n/2014/0620/c40555-25175679-4.html，2014 年 6 月 20 日。

19.4%、9.0%、4.2%、2.7%、2.4%。①

1981年2月26日，教育部发出了《关于做好留学人员回国工作的通知》。通知要求："根据出国留学人员管理工作会议精神，国内派出单位应配合使馆做好教育工作……进修人员学习期限一至两年，一般不攻读学位，不得改研究生和延长年限。学习期满后，不得申请留下工作，索取资助，应急国内工作需要之急。请派出单位与本人经常保持联系，关心他们的思想、学习和工作。有什么问题，希随时通报教育部，以便配合工作。"②

1983年7月8日，邓小平同志发表了"利用外国智力和扩大对外开放"的重要谈话，全面揭开了中国引进和使用海外智力的序幕。1983年8月，中共中央制定了《关于引进国外智力以利四化建设的决定》，提出"引进国外人才是加快我国四化建设的战略方针"，要"广开渠道，采取各种方式引进人才"，"充分发挥我国各个学术团体、科技团体和校友会等群众组织在联络和团结国外人才方面的作用。可以有计划有组织地通过我国科学家、专家、留学生、出国访问学者，去联系和物色在国外的华侨华裔老师、同行、学生和各种亲朋故旧"。此决定认为，"华侨华裔人才应当是我们引进的重点"，"引进人才要从我国现代化建设的迫切需要出发，把重点放在引进工程技术和经济管理人才方面"，正式确立了利用外国智力作为对外开放的一项长期基本政策。③

1986年5月4日，中共中央、国务院发布了《关于改进和加强出国留学人员工作若干问题的通知》。通知指出："安排好留学人员回国后的工作，以充分发挥回国留学人员的作用，是整个出国留学人员工作的重要环节，也是我国落实知识分子政策的重要方面，必须引起各有关方面的重视。今后留学人员回国后，应按学以致用的原则分配和使用。对于确属学非所用的，应该及时在本系统内，甚至跨系统进行调整。各单位在选派出国留学人员时，就要认真地细致地考虑他们回国后的工作和使用，及时准备必要的工作条件和生活条件。"④

1992年8月12日，国务院办公厅发布了《关于在外留学人员有关问题的通知》。该通知指出："留学人员短期回国，无须再履行审批手续，即可随时再出境。派出单位应加强与在外留学人员的联系，主动关心他们的工作和生活。留学人员回国后，按'双向选择'的原则，可回原单位工作或自行联系工作。要鼓

① 杜红亮、任昱仰：《新中国成立以来中国海外科技人才政策演变历史探析》，《中国科技论坛》2012年第3期。

② 何东昌：《中华人民共和国重要教育文献（1976—1990）》，海南出版社1998年版，第1908页。

③ 国务院侨务办公室：《侨务法规文件汇编（1955—1999）》，国务院侨务办公室1999年刊印，第252－253页。

④《中共中央、国务院关于改进和加强出国留学人员工作若干问题的通知》，http://www.chinalawedu.com/falvfagui/fg22598/3953.shtml，1986年5月4日。

励促使国际交流和合作，经所在单位同意，可以在国外兼职。留学回国人员较集中的地方，可由当地政府、有关部门或社会团体根据需要建立留学服务机构，帮助留学人员办理有关事宜，为他们提供各种服务。"①

2000 年，人事部发布关于印发《关于鼓励海外高层次留学人才回国工作的意见》（人发〔2000〕63 号）的通知，按照"支持留学、鼓励回国、来去自由"的方针，引导留学人员采取多种形式为国服务、回国服务，用所学本领报效祖国和人民。②

2001 年，为贯彻落实党的十五大提出的"鼓励海外留学人员回国工作或以适当方式为祖国服务"的精神，人事部、教育部、科技部、公安部和财政部联合发布《关于鼓励海外留学人员以多种形式为国服务的若干意见》（人发〔2001〕49 号），强调"在鼓励海外留学人员回国工作的同时，吸引他们以多种形式为国服务"，鼓励留学人员"以自己的专业和专业团体的优势，通过在国内兼职，接受委托在国内外开展合作研究，回国讲学、进行学术技术交流，在国内创办企业，从事考察咨询活动，开展中介服务等形式，为促进国家经济社会发展而开展的各种活动"，以充分开发海外留学人才资源。③

2003 年，在"支持留学、鼓励回国、来去自由"的留学工作方针基础上，中央又提出了"拓宽留学渠道，吸引人才回国，支持创新创业，鼓励为国服务"的要求。此后，有关部门相继出台了鼓励高层次留学人员回国工作或为国服务的政策或意见。

2007 年 2 月，为鼓励海外高层次人才为国服务，人事部、教育部、科技部、财政部、国务院侨务办公室等十六个部门签署了《关于建立海外高层次留学人才回国工作绿色通道的意见》，从重视吸引海外高层次留学人才工作、积极为他们回国工作创造良好条件、提供出入境及居留便利，以及加强对吸引高层次留学人才工作的组织领导这四个方面提出了具体的要求。

2008 年 12 月，中共中央办公厅转发《中央人才工作协调小组关于实施海外高层次人才引进计划的意见》。"千人计划"主要是围绕国家发展战略目标，从 2008 年开始，用 5 ~ 10 年时间，在国家重点创新项目、重点学科和重点实验室、中央企业和国有商业金融机构、以高新技术产业开发区为主的各类园区等，引进并有重点地支持一批能够突破关键技术、发展高新产业、带动新兴学科的战略科学家和领军人才回国（来华）创新创业。为此，中央专门成立了海外高层次人

① 何东昌：《中华人民共和国重要教育文献（1976—1990）》，海南出版社 1998 年版，第 3370 页。

② 董传杰主编：《中国涉侨政策法规文件汇编》，暨南大学出版社 2018 年版，第 294 – 297 页。

③ 董传杰主编：《中国涉侨政策法规文件汇编》，暨南大学出版社 2018 年版，第 297 – 300 页。

才引进工作小组，负责“千人计划”的组织领导和统筹协调。工作小组由中共中央组织部、人力资源和社会保障部会同教育部、科技部、国务院国有资产监督管理委员会、中国科学院、财政部、国务院侨务办公室、国家外国专家局等单位组成。中央组织部人才工作局设立了海外高层次人才引进工作专项办公室，作为工作小组的日常办事机构，负责“千人计划”的具体实施。[①]

2010 年 12 月，中央人才工作协调小组批准通过了《青年海外高层次人才引进工作细则》，“青年千人计划”正式启动。根据人才成长的一般规律，35 岁左右的青年人才是最有创新激情和创新能力的群体。为此，中央人才工作协调小组办公室决定实施“青年千人计划”项目，大力引进一批有潜力的优秀青年人才，为今后 10 ~ 20 年中国科技、产业的跨越式发展提供支撑。

2011 年 4 月，人力资源和社会保障部下发《关于加强留学人员回国服务体系建设的意见》，强调“坚持‘支持留学、鼓励回国、来去自由’的方针，按照‘拓宽留学渠道、吸引人才回国、支持创新创业、鼓励为国服务’的要求，以方便广大留学人员为基础，以服务高层次留学人才为重点，以推动留学人员回国服务政策的全面落实为着力点，为留学人员回国工作、为国服务和回国创业提供高效便捷的公共服务，鼓励和支持更多优秀留学人才为祖国的现代化建设贡献力量”，并提出以下四项主要措施，以加强留学人员回国服务体系建设：①完善留学人员回国服务政策；②推进留学人员回国服务网络建设；③加强留学人员回国服务信息平台建设；④建立完善留学人员回国服务体系运行机制。[②]

2011 年，中共中央组织部、人力资源和社会保障部下发《关于支持留学人员回国创业意见》，提出实施留学人员回国创业启动支持计划，对创新能力强、发展潜力大、市场前景好的留学人员企业，在创办初始启动阶段予以重点支持。[③] 2015 年人力资源和社会保障部下发《关于做好留学回国人员自主创业工作有关问题的通知》，明确在国外接受高等教育并获得本科以上学历的留学回国人员比照国内高校毕业生，享受高校毕业生自主创业优惠政策。同时，进一步加强留学人员创业园建设，全国已建成各级各类留学人员创业园 321 家，北京、上海、天津、杭州等国家级留学人员创业园孵化出了一批具有全球竞争力的科技企业。海外留学人员回国创业政策体系正在持续优化。

据不完全统计，截至 2013 年，从中央到部委，从省、直辖市、自治区到各

① 董传杰主编：《中国涉侨政策法规文件汇编》，暨南大学出版社 2018 年版，第 288 - 291 页。

② 《关于加强留学人员回国服务体系建设的意见》，人社部发〔2011〕46 号，人社部网站，http://www.mohrss.gov.cn/gkml/xxgk/201407/t20140717_136305.htm。

③ 董传杰主编：《中国涉侨政策法规文件汇编》，暨南大学出版社 2018 年版，第 312 - 317 页。

地市、区，已有500多个有关海外人才引进的政策发挥着或大或小的作用。[①] 十八大以来，中国已出台和落实《关于深化人才发展体制机制改革的意见》等60多项文件，初步完成留学人员回国的政策体系构建。[②] 国家"千人计划"、教育部"长江学者奖励计划"、中国科学院"百人计划"、国家自然科学基金委员会"国家杰出青年科学基金"、人力资源和社会保障部等七部委"百千万人才工程"等，都已成为广纳人才的品牌项目。

为吸引更多的外籍人士来华或回国工作，国家和地方相关部门不断调整对外籍华人的身份认定和出入境手续方面的政策规定，以便利外籍华人通关。早在2004年，中国就仿照美国等国家推出了自己的"绿卡"制度，但因严格的限制条件，2011年底批准的人数仅4 752，而同期常居中国的外国人数量近60万。2012年新的《中华人民共和国出境入境管理法》出台，在签证中增设了"人才签证"，为进一步引进海外人才建立了绿色通道。同年9月，中共中央组织部、人力资源和社会保障部等25部门联合下发了《外国人在中国永久居留享有相关待遇的办法》，规定持有永久居留证的外籍人员除政治权利和法律法规规定不可享有的特定权利和义务外，原则上和中国公民享有相同权利，承担相同义务。2013年起，中国开始放宽外籍人员来华政策，出台了《外籍高层次人才来华提供签证及居留便利有关问题的通知》，对于无法在中国申请"绿卡"的人员，可办理2~5年有效的外国人居留证件。到2015年，上海、北京、广州、福建开始了新一轮的"绿卡"制度改革，如北京中关村示范区出入境20条、上海科创中心出入境政策"新十条"、广东自贸区16项出入境措施等。其他省市也就京、沪、粤试点经验进行推广复制。其中，外籍华人获得专属条款，为其归国创新创业提供了突破性的出入境和永久居留便利。如北京、上海对具有博士学历的外籍华人提供永久居留渠道，广东对广东籍外籍华人提供5年多次出入境签证等。此后一年，中国"绿卡"获得人数大幅提高。公开数据显示，2016年公安部批准1 576人获得中国"绿卡"，和2015年相比增加了163%。截至2016年，中国"绿卡"获得者人数破万。从2017年6月16日起，中国公安部签发新版中国"绿卡"，将原有的"外国人永久居留证"更名为"外国人永久居留身份证"，凸显身份证明功能。总的来说，中国在严堵双重国籍的同时，对外籍人员居留问题的管理手段也日渐科学。随着这些便利措施的不断推进，华人"回家"之路更

① 范巍、蔡学军、李倩：《留学人员回国创业政策比较研究》，见王辉耀、苗绿编：《中国海归发展报告（2013）》，社会科学文献出版社2013年版。

② 《十八大以来我国海外人才引进工作取得重要进展》，搜狐网，https://www.sohu.com/a/238158830_661347，2018年6月27日。

加顺畅。①

为配合我国经济发展，加快创新型国家建设，中央和地方各级侨务部门通过上下联动和统筹协调的方针，制定有关引智政策，举办各类引智活动，搭建引智平台。2005年初，国务院侨务办公室特别下发了《关于在全国侨办系统实施"海外人才为国服务计划"的通知》，启动实施"海外人才为国服务计划"。该计划旨在围绕国家科教兴国、人才强国战略和地方政府科技、经济发展战略，根据国家对高层次人才、紧缺人才的需求和华侨华人专业人士实现抱负、成就事业的需要，发挥侨务部门资源优势，积极引进人才，多形式推动海外专业人才为国服务。②

在国家引智政策和重大人才工程的示范带动下，各省区市纷纷制订并实施各具特色的海外人才引进计划和工程，部分中心城市、东部沿海地区经济发达的市县也制订实施了类似的引才计划。目前，以引进海外人才回国创新创业推动经济结构转型升级的热潮正在兴起，各省区市、高校、大型企业及社会组织的"海外引才计划"正在全速推进。

2008年，广东省提出"珠江人才计划"，预计用5～10年时间，全省引进100个居国际国内先进水平的创新科研团队和100名带动新兴学科、发展高新产业、引领先进文化的领军人才，1 000名掌握核心技术的紧缺人才和战略性新兴产业急需人才，10 000名优秀留学人员来粤创新创业。2009年，广东省提出创新科研团队和领军人才引进计划，对每个入选团队予以1 000万元至8 000万元的经费支持，最高可达1亿元。对入选的领军人才，省财政资助每人500万元的专项工作经费和100万元补贴。2011年，广东省又提出留学人员来粤创业服务计划，进一步办好"中国留学人员广州科技交流会"（简称"留交会"）、深圳"高交会"和国际人才交流大会以及各类留学人员创业园，拓宽引才引智渠道。2016年，广东省启动"广东特支计划"。该计划面向全省遴选支持一批自然科学、工程技术和哲学社会科学领域的高层次人才，并为"国家特支计划"选拔后备人才。"广东特支计划"包括三个层次九类人才：第一层次为杰出人才（南粤杰出人才）；第二层次为领军人才，包括科技创新领军人才、科技创业领军人才、宣传思想文化领军人才、教学名师、百千万工程领军人才；第三层次为青年拔尖人才，包括科技创新青年拔尖人才、青年文化英才、百千万工程青年拔尖人才。

为推动海外引才计划和工程的实施，广东省也出台相关政策，鼓励海外人才

① 《虽然严查双重国籍，但便利措施表明，华人回家之路仍然可以很顺畅》，网易，http://dy.163.com/v2/article/detail/DBSSBG140514DTKM.html，2018年3月2日。

② 王凯：《国侨办召开会议提出　强化侨务引智吸引海外人才》，《人民日报·海外版》，2007年3月2日。

回国创新创业。早在 1999 年 5 月，为实施“科教兴粤”战略和《广东省“九五”及 2010 年人才规划纲要》，鼓励出国留学高级人才来粤创业，广东省人民政府出台《关于鼓励出国留学高级人才来粤创业的若干规定》，规定来粤创业的留学高级人才的资助条件，来粤创业方式，各种优惠和扶持政策等。[①] 2008 年，广东省委省政府颁布《广东省加快吸引培养高层次人才的意见》，提出用世界眼光谋划吸引培养高层次人才的新思路，实施人才强省战略，围绕推进产业和劳动力“双转移”、建设现代产业体系和创新型广东等重大战略部署，紧跟世界发展趋势，紧贴全省发展目标，紧盯科技发展前沿，站在全局和战略的高度，不断优化创业环境、改善生活环境、提升人文环境、创新制度环境，努力把广东省建设成为高层次人才施展才华的首选区、安居乐业的目的地、实现人生价值的大舞台。进一步办好广州“留交会”、深圳“高交会”和国际人才交流大会以及各类留学人员创业园，拓宽引才引智渠道。[②] 2010 年，广东省委组织部、省人社厅等 18 个省直及中央驻穗部门出台《广东省引进高层次人才“一站式”服务实施方案》。该方案提出，用人单位或来粤工作的高层次人才只要把有关的申请材料提交给“一站式”服务专区，就有专人负责受理，承办和代办 23 个项目的有关手续，实行“一站式受理、一次性告知、一条龙服务”。

作为中国创新创业的明星城市，深圳始终大力推进实施人才强市战略，不断健全完善人才政策体系，为人才在深圳创新创业提供全方位、大力度支持和扶持，先后出台中长期人才发展规划纲要、高层次专业人才的“1 + 6”政策，引进海外高层次人才和团队的“孔雀计划”、促进人才优先发展的《若干措施》、“十大人才工程”，实施全国首个人才条例《深圳经济特区人才工作条例》，建成全国首个人才公园、人才研修院，将 11 月 1 日确定为深圳首个法定“人才日”。强有力的人才政策和环境支撑使得各类人才快速增长，高层次人才加快集聚。2018 年以来，深圳市对人才政策进行了系统性的重构优化。重构优化后的人才政策体系分为四个层次：第一层次是顶层法规文件，包括《关于加强党对新时代人才工作全面领导进一步落实党管人才原则的意见》和《深圳经济特区人才工作条例》。第二层次是综合政策措施，即聚焦人才培养、激励、服务和体制机制改革的“鹏城英才计划”和聚焦海内外引才的“鹏城孔雀计划”。第三层次是配套实施办法，包括加强柔性引才用才、促进金融人才优先发展等政策措施。第四层次是具体操作规程，包括高层次人才管理办法、产业发展与创新人才奖实施办

---

① 《印发关于鼓励出国留学高级人才来粤创业若干规定的通知》，广东省人民政府网站，http：//www. gd. gov. cn/govpub/zfwj/zfxxgk/gfxwj/yf/200809/t20080916_67441. htm，1999 年 5 月。

② 《中共广东省委省人民政府关于加快吸引培养高层次人才的意见》，http：//tejh. huizhou. gov. cn/n21c22. shtml。

法、人才伯乐奖实施办法等，每年都将对人才政策进行调研和评估，及时废止不合时宜的政策，修订失去比较优势的政策，创建确保人才优先发展的政策，并适时重编深圳市新版人才政策，形成人才政策体系有计划有节奏地系统创新、滚动发展的弹性机制，从根本上解决个别政策更新修订造成体系混乱、互相矛盾等问题。①

此外，北京、上海、四川、甘肃、吉林等地也纷纷推出了各自的引进海外高层次人才计划。②

三、海外引才工作实践——以广州市侨务引智为例

在中央政策引导下，各地各部门也积极探索多种形式的招才引智工作，不断创新引才工作模式。国务院侨务办公室除下发引智通知、制定引智政策外，还与地方政府共同举办了一系列科技经济专题活动，如“海外人才为国服务济南行暨中国济南海外创新项目交流会”“中国·海峡项目成果交易会”“华侨华人创业发展洽谈会”等。

地方各级侨办根据国务院侨务办公室的引智精神，紧紧围绕地方经济建设，把实施“海外人才为国服务计划”摆在各级侨办工作的突出位置；因地制宜，提出实施“海外人才为国服务计划”的具体措施；务实创新，积极探索侨务引智工作好经验、好做法；增强服务意识，不断提高侨务引智工作水平。以广州、深圳为代表的作为我国改革开放的前沿阵地，深受世界经济的影响。在新一轮全球化的竞争中，也最迫切需要在创新中打造发展新引擎。21 世纪以来，珠三角地区如何保持经济持续健康发展，以及侨务部门如何服务地方经济发展大局，发挥侨务部门的优势，开展侨务引智工作，推动地方创新驱动战略的实施，已成为侨务部门的一项中心工作。

以下以广州为例，探讨近年来广州市侨办如何围绕地方经济转型升级、创新驱动的需要，开展招才引智工作。

1. 21 世纪广州经济发展战略与人才政策

2006 年的《广州市国民经济和社会发展十一五规划纲要》提出，要从构建现代产业体系、加快发展现代服务业等方面推动经济结构优化升级。构建现代产业体系主要包括三个方面：跨越式发展高新技术产业、做大做强支柱产业群和改

① 《深圳宣布高层次人才突破 1 万人》，《深圳特区报》，2018 年 6 月 20 日。

② 范巍、蔡学军、李倩：《留学人员回国创业政策比较研究》，见王辉耀、苗绿编：《中国海归发展报告（2013）》，社会科学文献出版社 2013 年版；彭伟、符正平：《基于内容分析法的海归创业政策研究：以长三角地区为例》，《科技进步与对策》2015 年第 15 期。

造提升传统优势工业。该纲要指出，构建现代产业体系，要坚持走新型工业化道路，强化自主创新和科技进步的推动力，促进产业链条集聚从工艺性向价值性转变；遵循产业发展内在规律，促进产业集群化，打造区域优势产业和区域品牌；抓住技术和产业升级机遇，大力推动产业融合发展，尤其是先进制造业和现代服务业的融合，积极培育新的经济增长点；构建以高新技术产业为龙头，重化工业、装备工业和传统优势产业为主体，现代服务业为支撑，与都市型农业相协调，与现代化大都市发展相适应的现代产业体系。具体的做法包括以下几个方面：集中力量在软件、生物技术、新材料、环保新能源和数字内容等重点领域取得突破性进展；积极提升高新技术产业园区发展水平，形成具备高水平研发能力、大规模生产能力和高成长能力，在国内具有相对领先优势的高技术企业集群；鼓励优势高新技术企业实施跨地区、跨所有制的资产重组，加快资本集中，培育一批拥有自主品牌、自主知识产权的大型高新技术企业集团；充分发挥产业集聚区和核心企业的带动作用，促进产业升级和产业链延伸，打造具有强大竞争力的汽车、石油化工、电子信息制造和生物医药四大支柱产业群；加强技术创新，积极运用高新技术和先进适用技术提升有市场前景、有品牌优势的传统工业等。①

2015 年 9 月，国务院批复，将珠三角国家自主创新示范区建设成为国际一流的创新创业中心作为总发展目标。根据批复意见，国务院要求珠三角地区发挥产业优势和创新资源优势，积极开展创新政策的先行先试。2016 年 4 月，广东省政府研究出台了《珠三角国家自主创新示范区建设实施方案（2016—2020 年）》。方案指出，要形成以深圳、广州为龙头，珠三角其他 7 个地市为支撑的“1 + 1 + 7”珠三角国家自主创新示范区建设格局。为贯彻落实中央和广东省委省政府、国务院关于深化体制机制改革、加快实施创新驱动发展战略的精神，中共广州市委、广州市人民政府也颁布《关于加快实施创新驱动发展战略的决定》，深化科技体制改革，提升广州市科技创新能力。②

2016 年 2 月，国务院批复广州市城市总体规划，将广州的城市定位明确为“广东省省会、国家历史文化名城，我国重要的中心城市、国际商贸中心和综合交通枢纽”。2016 年 8 月，中共广州市委十届九次全会提出，广州要不断深化和提升城市发展战略，建设枢纽型网络城市：立足南沙新区、广州港，建设国际航运枢纽；基于白云国际机场、空港经济区，建设国际航空枢纽；立足城市科技创

① 《广州市国民经济和社会发展十一五规划纲要》，http：//www. gd. gov. cn/govpub/jhgh/sywgy/200607/t20060703_3484. htm，2006 年 6 月 30 日。

② 中共广州市委、广州市人民政府：《关于加快实施创新驱动发展战略的决定》，广州市科技创新委员会，http：//www. huadu. gov. cn/gkml/HD18/201509/t20150902_256359. html。

新走廊，建设国际科技创新枢纽。广州实施“枢纽”战略，举全市之力建设三大枢纽，面向海内外，增强产业、人才、资本、技术等高端要素的强大吸附器和辐射源，形成新的发展动力源和增长极。①

2018 年 3 月，为把握全球新一轮科技革命和产业变革机遇，瞄准未来经济爆发点和人文契合点，主动抢抓新一代信息技术、人工智能、生物科技（Information、Artifical、Biology，简称“IAB”）等战略性新兴产业发展的黄金期、窗口期、机遇期，广州市人民政府印发了《广州市加快 IAB 产业发展五年行动计划（2018—2022 年）》，提出到 2022 年，全市 IAB 产业规模超 10 000 亿元，成为影响全球、引领全国的 IAB 产业集聚区，建成“世界显示之都”、“国际软件名城”、国际一流的人工智能应用示范区和具有全球影响力的生物医疗健康产业重镇。报告中提到：“鼓励国内外创新成果到产业技术研究院进行二次开发、转移转化，支持新型研发机构开展面向 IAB 产业的研发、技术转移及成果孵化服务和工程化示范推广”；“积极推动华南（广州）技术转移中心建设，建立国际化的 IAB 领域科技成果转化信息库”；“鼓励 IAB 领域创新主体通过人才引进、技术引进、合作研发、委托研发、参股并购、专利交叉许可等方式开展国际创新合作，搭建一批国际研发创新合作平台，引进一批世界一流大学科研中心、实验室等国际高端研发机构，吸引海外 IAB 项目研发团队落户广州”；“建立企业广泛参与的政府间合作创新机制，在美国硅谷、波士顿和以色列特拉维夫等地设立驻海外办事机构，推进广深、穗港澳创新交流合作。支持大型企业设立海外研发机构”。②

布局全球前沿的新兴产业需要全球的高端人才，而全球的高端人才也需要“高精尖”的产业发展平台。为加快建设广州市现代产业体系，强化企业创新的主体地位，增强广州产业竞争力，促进广州市经济发展方式转变，进一步加快国家中心城市建设，广州市高度重视人才工作，以加强人才创新能力建设为核心，以培养和引进高层次人才为重点，把引进高端人才特别是海外高层次人才作为一项长期战略来抓。2008 年底专门出台了《关于鼓励海外高层次人才来穗创业和工作的办法》，规定了海外高层次人才的基本条件，提出了为广州经济社会发展服务的方式、资金支持力度及其他方面的保障措施。③

2010 年 7 月，中共广州市委、广州市人民政府出台《关于加快吸引培养高

① 《国家重要的中心城市　建设枢纽型网络城市》，《广州日报》，2016 年 8 月 8 日。

② 《广州市人民政府关于印发广州市加快 IAB 产业发展五年行动计划（2018—2022 年）的通知》，http：//www. gz. gov. cn/gzgov/s2811/201803/26f4989a739547d28ae873cd95bf5834. shtml，2018 年 3 月 28 日。

③ 中共广州市委、广州市人民政府：《关于鼓励海外高层次人才来穗创业和工作的办法》，http：//www. hrssgz. gov. cn/rcyj/zcfg/200812/t20081231_89610. htm。

层次人才的意见》，此意见提出要加大海外高层次人才引进力度。具体内容是：加强人才和人才开发国际交流合作，积极引进海外人才和海外智力。抓紧实施广州市“创新创业领军人才百人计划”，用 5 ~ 10 年时间，面向海内外并重点面向海外，依托广州市科技重大专项计划、市级以上重点学科和重点实验室、市属企业和在穗金融机构、以高新技术产业开发区为主的各类园区等平台，引进扶持 300 名左右创新创业领军人才来广州市创业发展。扎实推进国家海外高层次人才创新创业基地建设工作，鼓励和支持有条件的单位、机构和园区，抓紧建立 15 ~ 20 个市级人才基地，探索实行国际通行的科学研究和技术开发、创业机制，集聚一批高层次创新创业人才和团队。切实发挥中国留学人员广州科技交流会作用，通过与我驻外使（领）馆、华侨华人专业人士社团、留学人员社团和海外著名猎头公司建立密切合作关系，聘请专、兼职引智专员等多种形式，进一步拓展海外高层次人才联系渠道。建立健全海外高层次人才信息库，编制我市高层次紧缺人才开发目录，定期向海内外发布需求信息，引导供需对接。①

2016 年，为贯彻落实中央和省关于加快实施创新驱动发展战略的决策部署，大力实施人才强市战略，充分发挥产业领军人才在集聚中高端产业、实现经济中高速发展等方面的引领作用，加快推动广州三大战略枢纽、“三中心一体系”和国家创新中心城市建设，打造高端高质高新现代产业新体系，中共广州市委、广州市人民政府颁布《关于加快集聚产业领军人才的意见》，形成一个总体文件和广州市产业领军人才奖励制度、广州市人才绿卡制度、羊城创新创业领军人才支持计划实施办法、广州市领导干部联系高层次人才工作制度等扶持体系，为促进留学归国人才来广州创新创业创造了优越的环境和便利的条件。②

广州市还于 2017 年颁布《关于实施鼓励海外人才来穗创业“红棉计划”的意见》，正式实施“红棉计划”。此意见提出，将紧紧围绕广州“IAB 计划”、“NEM 计划”（发展新能源、新材料产业计划）以及其他重点产业领域，从 2018 年起 5 年内每年引进并扶持不超过 30 个海外人才来穗创业项目，集聚一大批具备较高专业素养和丰富海外工作经验，掌握先进科学技术、熟悉国际市场运作的海外创业人才；培养和孵化一批创新型企业集群，打造高端、高质、高新的现代产业新体系，推动新常态下广州产业转型升级，打造海外人才创新创业集聚高地。此意见提出，持有“广州人才绿卡”的海外人才创办企业，可以人才绿卡作为投资身份证明，依法申办工商营业执照。探索建立海外人才离岸创业基地。

---

① 中共广州市委、广州市人民政府：《关于加快吸引培养高层次人才的意见》，《广州政报》，2011 年 2 月 19 日。

② 中共广州市委、广州市人民政府：《关于加快集聚产业领军人才的意见》，http：//rencai. gov. cn/Index/detail/7447，2016 年 3 月 1 日。

加强与美国硅谷等全球科技创新先进地区的技术交流，探索建立南沙自贸试验区、广州经济技术开发区海外人才离岸创新创业基地，为海外人才提供区内注册、海内外经营的载体；创造低成本、便利化、全要素、开放式、高起点配套的空间环境，构建具有引才引智、创业孵化、专业服务、政策保障等功能的国际化在岸与离岸相结合的创业平台。①

2018年5月，广州制定出台了《珠三角国家自主创新示范区（广州）先行先试政策意见》，旨在推动广州成为创新驱动发展引领区、自主创新核心区和国际创新要素集聚区。在20条先行先试的政策意见中，重点提出了引进和激励海外高层次人才，突破每年在穗累计工作时间要求，探索建立海外人才柔性引进政策，支持和鼓励外籍学生和毕业生在广州创新创业，示范区（广州）将争取中国（广东）自由贸易试验区高层次人才签证及居留政策，区内海外高层次人才在签证、居留、出入境等方面同等享受中国（广东）自由贸易试验区的相关便利政策。在国内高校取得本科及以上学历且在珠三角国家自主创新示范区（广州）和中国（广东）自由贸易试验区广州南沙新区片区（简称“双自”）域内就业的外国留学生，经“双自”机构出具证明后，可直接申请办理外国人就业手续和工作类居留许可。与此同时，该政策意见也允许港澳地区高校毕业生直接向珠三角国家自主创新示范区（广州）园区或中国（广东）自由贸易试验区广州南沙新区片区管理机构申请在“双自”区域就业创业。珠三角地区是岭南文化的一个重要承载地，发挥文化资源的优势，可以吸引广府文化所联结的海外华侨华人，引进一批具有全球视野的乡贤。珠三角国家自主创新示范区（广州）将进一步优化科研人员和企业管理人员赴港澳管理操作办法，实行科研人员和企业管理人员赴港澳“一签多行”政策，为开展科技和经济交流与合作提供便利化服务。②

科技工作是广州市侨办的一项重要工作，主要是围绕广州市发展战略，发挥侨务部门的优势，为广州经济转型和产业升级招才引智。改革开放以来，广州市侨办充分发挥侨务优势，不断加强与海外华侨华人、港澳台同胞及高端技术人才的交流与合作，推介广州市的投资环境、人才引进政策，为各界人士来广州创新创业提供服务。

2. 侨务引智工作机制化

2001年，中国顺利加入世界贸易组织，与世界的经济交流合作越来越紧密。在新的经济形势下，广州市的社会经济发展对科学技术、人才资源和资金的需求

---

① 《广州开始实施“红棉计划”招揽海归来穗创业》，《广州日报》，2017年12月20日。

② 《打造珠三角创新龙头　广州人才战略先行》，《时代周报》，2018年5月8日。

也越来越迫切。2001年以来，广州市侨办及时把握世界发展的大趋势，将侨务引智工作提上工作日程，积极制定相关政策、法规及工作流程，促使引智工作机制化。2005年，作为广州市人才工作协调小组成员，市侨办根据广州市社会经济发展的情况及侨情特点，制订了《实施海外专业人才为我市经济建设服务工作计划》，确立“积极推荐、引进各类华侨华人高层次人才和紧缺人才，鼓励他们以多种形式为我国经济社会和谐发展和科技创新提供人才和智力支持；联络海外经济团体及华侨华人专业人士，促进其与国内的经济合作和科技信息交流，不断提高利用侨资、侨智的质量和水平”的工作目标和思路。①

2007年，广州市各级侨办注意发挥“侨”的优势，大力推动侨务引智工作，为广州市新一轮经济社会大飞跃而积极出谋划策。根据上级侨办和广州市人才工作的要求，市侨办制订了“海外人才为国服务计划”实施方案，积极做好海外人才引进和服务工作。萝岗、南沙两区充分利用区域优势，积极开展国侨办“实施海外人才为国服务计划”重点联系单位的申报工作。萝岗区侨办还根据区内留学人员较多的特点，组织召开区、县华侨华人和留学回国创业高层人士座谈会，编印《常用侨务政策法规及基层工作100问》手册，全面收录国家、省、市有关吸引留学人才回国工作的优惠政策，为留学人员和海外专业人士回国创业提供周到的服务和指引。②

广州市侨办注意在活动中收集华侨华人专业人士的意见和建议，及时向有关领导和部门反映情况。2010年，市侨办积极参与制定《广州市中长期人才发展规划纲要》《广州市人才工作要点》《关于加快吸引培养高层次人才的意见》等相关政策，创造条件开展海外高层次人才的联络和引进工作，扩展海外专业人士社团的联络渠道，促使广州市的引智工作有章可循。

2012年，广州市侨务部门积极利用“千人计划”“国侨办重点华侨华人创业团队”等平台，与海外30多个华侨华人科技专业团体和近100名科技人才建立了常态化联系机制，加强了广州市与海外高端技术人才的交流与沟通，为吸引海外留学人才来广州创新创业创造了机会和条件。③

广州市侨办一方面注重海外人才的引进，另一方面也不断探索工作体制机制，让这些海归或归侨留得住，发挥他们的作用，为广州经济建设作出贡献。在归侨和海归云集的社区，广州市侨办以创建全国社区侨务工作“明星社区”“示范单位”为契机，推动全市社区侨务工作持续深入开展。通过“明星社区”和

---

① 广州市侨办：《市侨办加大侨务引智工作力度为我市自主创新发展服务》，2008年。

② 广州市侨办：《2007年广州市侨务工作总结》，2008年。

③ 广州市侨办：《2012年广州市侨务工作总结》，2013年。

“示范单位”的典型引领作用，有效带动各区积极开展社区侨务工作，营造尊侨、爱侨、护侨的良好氛围，全市社区侨务工作呈现生动活泼的局面，基层社区已成为广州市健全为侨公共服务体系的“第一线”。天河区石牌街把社区服务领域拓展到辖区内高校、科研机构和高新技术试验区，加强与暨南大学校董会、统战部、侨联的联系，选聘暨南大学的归侨教授、博士担任社区居委会和侨联骨干，通过他们联系大批高学历的归侨侨眷知识分子参与社区服务，承担与社区发展相关的研究项目，提高社区管理研究的层次和水平。

3. 侨务引资引智工作实践

21 世纪以来，广州市侨办通过参加或举办一系列座谈会、科技交流会、创新创业项目推介会等活动，大力推介广州市的引资引智政策，宣传广州市的惠侨政策，鼓励华侨华人、港澳台同胞及高端技术人才来广州创新创业，积极为回国创业人士寻找市场，促进广州市产业转型升级。主要做法有以下几点：

第一，积极利用“走出去，请进来”的机会，推介广州市的发展战略、营商环境与人才政策。

一方面，广州市侨务部门主动“走出去”，深入海外侨社和侨团，介绍广州发展的新方向，宣传广州法治环境，开展侨务引智政策咨询，听取华侨华人的意见，加强交流合作。如 2002 年 9 月，以吴木宏副主任为团长的广州市侨务访问团对日本和加拿大进行访问，向华侨华人介绍广州经济政策，听取华侨华人对广州市侨务工作和家乡建设的建议，共同研究经贸、科技和文化等方面的交流合作，并拜访加拿大中国高等院校校友联合会等侨团。2015 年 7 月，广州市侨办主任冯广俊率侨务访问团深入华侨华人聚集地区开展考察，了解了当地的基本侨情，广泛接触了东欧匈牙利、捷克、波兰三国的华侨华人社团和侨领，及时解答侨胞关心的问题，并实地考察了知名侨领创办的企业。冯广俊结合“一带一路”倡议，宣传广州的经济社会建设情况及引资引智政策，大力推介广州南沙自贸区建设情况，向侨胞发出《共建“一带一路”引资引技引智倡议书》《广州招商引资引智政策指引》等材料 300 多份，与华侨华人企业进行项目对接，引导侨胞到广州投资创业发展，加强经贸合作交流，推动双方共赢发展。①

另一方面，广州市侨办也积极邀请海外华人专业人士及留学生到广州考察，介绍广州市的营商环境和政策，让他们亲身感受广州市的创新创业氛围。2002 年 12 月，广州市侨办参加“第五届留交会”，并安排相关人员为留学人员提供侨务政策咨询服务，加深海外留学人员对广州市引智政策的了解，加强广州市与留学归国人才的交流与沟通，鼓励高端技术人才来广州创新创业。2004 年 8 月，广

① 广州市人民政府侨务办公室秘书处：《2016 年广州市海外侨情报告会出访报告汇编》，2016 年。

州市侨商会联合广州留学人员商会、广东留学博士创业促进会、广州市风险投资促进会在广东国防教育训练基地召开以“海外留学人员回国创业的选择”为主题的研讨会，并就海外留学回国人士的发展问题等开展交流与探讨。2007 年，为加强广州市与华侨华人及回国创业人士的沟通联系，广州市侨办主办了“海外人才回国就业国民待遇问题”研讨座谈会，邀请部分留学高管人士参与讨论交流，并协助萝岗区侨办等单位举办“广州开发区、萝岗区华侨华人专业人士代表”座谈会，[①] 促进广州市与华侨华人专业人士的合作交流，宣传推介了广州市的引资引智工作以及惠侨政策。2014 年 7 月，广州市侨办邀请广州市荣誉市民、世界著名数学家丘成桐先生所领衔的广州研究团队一行 7 人考察中国超级计算机广州中心，并就其研究的世界最先进 3D 扫描技术运用与广州动漫产业及天河二号超级计算机的结合利用，与广州超级计算机中心有关负责人交换合作意见和建议。[②] 2015 年，广州市侨办以海外华人高层次人才“智汇广东·才聚广州”项目对接会、海外华裔青年企业家中国经济高级研修班等活动为平台，接待海外华人高层次人才代表 60 多人次，并为他们介绍广州市的社会经济发展情况，推介广州市的人才引进政策。[③]

第二，组织或参与主办“留交会”“智汇广东”“华创会”之类的引才活动，为海外人才来广州创新创业搭建平台。

自 1998 年起，广州市侨办就积极参加教育部、科技部、人事部、中科院和广州市人民政府共同举办的留交会，既邀请海外人才携项目来广州参会，寻求合作商机，也组织广州相关企业寻找技术和人才，促进高新技术项目与资本的结合，加速高新技术实现产业化。如 2004 年 12 月 28 日，广州市侨办会同广州市侨商会组织 20 多家广州市侨界企业参加第 7 届“留交会”，[④] 实现侨界企业与海外资金、技术、人才对接，并为企业形象宣传开辟新的服务渠道，深受侨商会会员企业和留学人员的欢迎。2011 年 12 月，第 14 届“留交会”在广州举行，市侨办充分发挥侨务优势，邀请近 200 位留学人员、海外嘉宾出席，积极推介引导部分海外留学人员项目落户广州。[⑤]

“海外华人高层次人才智汇广东”是广东省侨办自 2011 年开始着力打造的一个引智平台。为充分发挥侨务部门优势，更好地利用华侨华人高层次人才资源为广州经济建设和转型升级提供智力支持、推动广州创新发展，广州市侨办积极参

① 广州市侨办：《2007 年广州市侨务工作总结》，2008 年。
② 广州市侨办：《经济科技处 2014 年工作总结》，2015 年。
③ 广州市侨办：《2015 年广州市侨务工作总结》，2016 年。
④ 广州市侨办秘书处：《工作亮点》，2004 年。
⑤ 广州市侨办：《2011 年广州市侨务工作总结》，2011 年。

与打造该品牌活动。2011 年，在广州市侨办的精心组织下，来自中国旅美科技协会的 16 名博士，包括 2 名入选中组部“千人计划”的学者、4 名美国知名大学教授和 5 名世界 500 强企业研发人员等，携电子信息和半导体照明等 10 多个高科技项目，参加“海外华人高层次人才智汇广东”广州交流对接会，与广州市 51 家企业进行交流和对接。① 2012 年 7 月，广州市侨办联合广州市科信局、萝岗区政府举办“2012‘智汇广东’海外人才为国服务博士团广东行——广州高新技术项目交流对接会”和“2012 海外华侨华人高层次人才广州生物医药科技交流对接会”。在广州高新技术项目交流对接会上，新加坡中国科技交流促进会、新加坡创业创新协会、新加坡学者学生联合会这三大华人科技社团的主要负责人和骨干成员 35 人，带来了涉及电子信息、生物医药、新材料、高端装备以及投融资等领域的 40 多个高新科技项目。在“2012 海外华侨华人高层次人才广州生物医药科技交流对接会”上，美国华人生物医药科技协会的 13 名成员带来的项目包括新药研发、生物医学研究、医药管理审批、生物医药行业专利与技术转让和风险投资等。为办好项目交流对接活动，广州市侨办会同广州市科信局、萝岗区政府，邀请了广州市 40 多家高科技企业、科研院所的 60 多名企业负责人参加本场对接会。活动初步建立了政府、企业与华侨华人高层次人才的长效合作机制，为广州市转型升级和新兴产业发展提供了良好的平台。②

广州市侨办还组织海外人才参与国内其他地方举办的人才和技术交流会。如 2010 年 7 月，市侨办组织广州侨资企业代表团一行 15 人参加武汉“华侨华人创业发展洽谈会”。代表团携带国际先进的高效厌氧垃圾处理技术、基因抗癌以及新细胞技术等技术项目参展，③ 受到各地专业人士和团体的青睐。2011 年 6 月，市侨办组织了包括广州市侨商会、留学人员商会和美国华商在内的 18 人赴武汉参加第 11 届华创会，现场签订了 3 200 万美元的投资项目。④

第三，大力开展社会调研，了解海归创新创业困难，并向有关部门反映，寻求政策的改进和完善。

根据广州市的实际情况和需要，广州市侨办还从大侨务的角度，进一步加强与广州市人事、科技、教育和经贸等部门的联系，共同做好引资引智工作，为在广州就业创业的华侨华人专业人士提供便利。2007 年，广州市侨办联合广州市人事局、科技局、社保局、公安局出入境管理处等有关部门，相继举办“留学人

---

① 广州市侨办：《广州市海外交流协会第四届理事会工作报告（审议稿）》，2011 年。

② 广州市侨办秘书处 ：《关于海外华侨华人高层次人才为国服务博士团广州高新技术及生物医药交流活动的情况报告》，2012 年。

③ 广州市侨办：《2010 年广州市侨务工作总结》，2011 年。

④ 广州市侨办：《2011 年广州市侨务工作总结》，2011 年。

员高级管理人才座谈会”和“海外人才为国服务座谈会”,[①] 与各界人士共同探讨引资引智、争取海外人才回国就业以及为在广州创业人士提供服务等问题，听取海外专业人士的意见和建议，进一步加强了政府相关部门与华侨华人科技人才之间的交流与沟通。

为贯彻落实“广州市十届三次全会”和“全省聚侨引智工作交流会”精神，发挥侨务部门优势，加大招才引智工作力度，2012 年，广州市侨办负责撰写了《广州侨务引智的现状与发展对策研究》的报告，报送广州市领导参阅。2013 年 7 月，广州市侨办牵头召集市人才工作局、市发改委、市经贸委、市科信局等 14 个相关部门开会，听取各单位意见并研究未来推进侨务引智工作的具体措施，并在此基础上形成了《关于发挥侨力资源优势，搭建招才引智平台，为广州经济社会发展服务的情况报告》。

4. 增城“侨梦苑”建设

2014 年，国务院侨务办公室着手与部分省市合作共建“侨梦苑”平台，有序引导海外高层次创新创业人才入驻园区，助推产业转型升级。2015 年 12 月 22 日，广州市侨办与增城区政府、增城开发区管委会在增城开发区共同举办以“四海侨心、合力圆梦”为主题的增城“侨梦苑”揭牌仪式暨首届“侨梦苑”创新创业交流会系列活动，邀请几十名海内外高层次创新创业人员参加此次活动，并就如何在新形势下充分发挥海外华侨华人及港澳台同胞的独特优势，构筑“开放、共享、协同、创新”的合作平台开展交流与探讨，为增城“侨梦苑”的规划发展出谋划策。自此，广州市增城开发区成为全国第五个国家级侨商产业聚集区。[②]

广州增城“侨梦苑”是由国务院侨办、广州市政府、广州市侨办以及增城区共同打造的国家级侨商产业聚集区和海归人才、海外高端人才聚集区，是华侨华人、港澳台同胞以及海内外高科技人才回国创新创业的重要平台。广州市增城开发区位处珠三角东岸，历史悠久，地理位置优越，交通便利，生态环境优美，制造业发达，有着比较成熟的生产、销售网络系统，有利于招商引资。自从 2010 年升级为国家级开发区以来，增城开发区全力打造国家级“侨梦苑”、广州国际汽车零部件产业基地、中小微金融服务区等重大发展平台，已形成汽车及零部件产业、高端装备制造产业和战略性新兴产业等多个产业集群，成为世界著名的先进制造业基地。据不完全统计，截至 2016 年，增城有侨胞 20 万人，侨资企业

① 广州市侨办：《2007 年广州市侨务工作总结》，2008 年。
② 增城开发区管委会：《增城侨梦苑建设总结报告》，2016 年。

352 家，2015 年实现产值约 236 亿元，税收约 17 亿元。①

广州市侨办高度重视增城“侨梦苑”的建设工作，并在建设“侨梦苑”的过程中不断总结经验、开拓创新，形成别具特色的工作方法与机制。

（1）双管齐下，协调统筹。增城“侨梦苑”的建设离不开广州市侨办与增城开发区的共同努力。广州市侨办成立“侨梦苑”专项工作小组，在增城“侨梦苑”项目的筹划、入驻以及引资引智等具体工作方面与增城开发区形成“双管齐下，协调统筹”的互动机制。增城“侨梦苑”的落户与发展对于促进增城开发区以及整个广州市的发展都具有积极作用。在增城“侨梦苑”的建设过程中，广州市侨办还充分调动暨南大学、广州市发展改革委、广州市知识产权局及广州市人力资源和社会保障局等有关部门及单位的力量，在招商引资、制度建设、知识产权保护和人才引进等方面对增城“侨梦苑”的建设提供意见及建议。在引资引智方面，广州市侨办积极邀请华侨华人、港澳台同胞及国外友好人士来增城“侨梦苑”考察访问，推介增城“侨梦苑”的投资环境和招商引资政策。在广州市侨办的引荐下，多位澳大利亚高层次创新创业人士携石墨烯、智能机器人等项目落户增城开发区，挂牌前已有 10 个创新创业项目抢先入驻。② 广州市侨办和增城开发区“双管齐下，协调统筹”的工作机制和办事方法，促进了人力资源的有效配置，有利于增城“侨梦苑”朝着更加合理、规范的方向发展。

（2）落实政策，诚心惠侨。增城“侨梦苑”建设的初衷是要吸引越来越多的海外侨胞、港澳台同胞以及各类高端人才来增城创新创业，并成为广州市开展引资引智工作的一个重要平台。为了尽快建设好增城“侨梦苑”，广州市侨办和增城开发区积极落实各项侨务政策、招商政策以及人才引进政策，为侨胞们来增城投资创业、开展合作交流活动做好服务工作，并提供项目对接、签约落地、创业培训、政策支持、人才支援、市场开拓、融资保障等全链条服务。广州市侨办联合增城开发区积极建设华侨华人知识产权综合服务及保护中心、国际华侨华人技术成果交易中心、国家知识产权投融资服务试点区、全球华侨华人资源大数据中心、国际知识产权服务超市、侨创会六大战略性发展平台，推动增城“侨梦苑”建设更加完善。在后勤保障方面，广州市侨办和增城开发区还积极建造“侨梦苑”人才公寓，打造幽雅的居住环境，为招商引资、人才引进提供生活保障。③

（3）科学布局，积极宣传。增城“侨梦苑”在建设过程中坚持科学布局，

① 广州市侨办：《蔡朝林副市长参加推进侨梦苑建设工作交流会参阅材料》，2016 年。

② 增城开发区管委会：《增城侨梦苑建设总结报告》，2016 年。

③ 增城开发区管委会：《增城侨梦苑建设总结报告》，2016 年。

在规划建设、政策制定和功能定位等方面精益求精，严格做到科学布局，明确“侨梦苑”科技创新、创业服务、成果转化、合作交流四大核心功能定位，科学布局“侨梦苑”创新中心，创业梦工厂、国际众创空间和产业承载区，打造集“苗圃—孵化—加速—产业化”于一体的全链条创新创业服务平台。在对外宣传方面，广州市侨办借助第17届“留交会”的契机，努力争取将增城“侨梦苑”的建设发展纳入“留交会”的议程，并在“留交会”开幕式上由国务院侨办副主任谭天星“郑重宣布增城区建设打造侨商高端产业集聚区和华侨华人创新创业基地——‘侨梦苑’”。[①] 为了推介增城“侨梦苑”，吸引更多的海外华侨华人、港澳台同胞及各类高端技术人才来增城开发区投资创业和交流合作，广州市侨办会同增城开发区积极加强新闻宣传工作，通过制作宣传视频、宣传册等方式展示增城“侨梦苑”的建设发展情况，吸引海内外人士的关注，并为增城“侨梦苑”的引资引智工作树立良好的形象。

作为国家和地方共建共管的经济园区，增城“侨梦苑”结合自身的侨务资源优势，坚持以“以侨为桥，跨界合作，创新先导，市场运作”为基本思路，大力支持创新创业，为创新科研团队提供资金支持；实施人才安居工程，认真落实高层次华侨华人的后勤保障工作；通过参加或举办一系列活动，积极宣传广州市增城区和增城“侨梦苑”的投资环境，鼓励华侨华人、港澳台同胞以及海内外各类高科技人才创新创业，打造华侨华人回国创新创业高地。[②] 2015年12月，增城“侨梦苑”以揭牌为契机，成功签约“阿里云”国际众创中心、中澳石墨烯超级电容产业化基地、中国—以色列生命科学中心、中国—英国科技创新中心等12个项目，包括新材料、生物医药、互联网和高端装备制造等多个领域的高新技术产业。金鉴检测LED材料表征分析服务外包中心、绿色科技创新健康产业园等一批华侨华人高端项目的成功落户，反映了增城“侨梦苑”对于高新技术人才的吸引力，对增城区的产业布局合理化、规范化以及产业升级均起到促进作用。[③]

增城“侨梦苑”的揭牌，吸引了很多海内外专家学者、高校教授以及留学人员携带项目来增城开发区进行考察访问，投资创业。2016年，增城“侨梦苑”邀请国务院侨务办公室“海外专家咨询委员东南行”、中国侨商会科创委、海外华裔青少年企业家中国经济高级研修班、港澳侨界青年企业家广州行、美国国际华人科技工商协会等考察团来“侨梦苑”参观考察，推介增城开发区和“侨梦

① 增城开发区管委会：《增城侨梦苑建设总结报告》，2016年。

② 广州市侨办：《蔡朝林副市长参加推进侨梦苑建设工作交流会参阅材料》，2016年。

③ 增城开发区管委会：《增城侨梦苑建设总结报告》，2016年。

苑”的投资环境及侨务政策，洽谈建立芯片研究院、精准医疗研究院、三维立体消防灭火技术等项目对接事宜，吸引海外侨胞和兄弟省市来访考察，收到海外侨胞咨询电话 326 个，电子邮件 504 件，国内外媒体报道 117 次，外出参会推介 15 次。①

总体而言，2001 年以来，广州市侨办整合多方力量，建立政府公共服务平台，构建海外高层次人才服务体系，通过创新工作机制、参加或举办各类活动、推动落实人才、投资以及技术等项目，加强了海外专业侨社团及华侨华人高层次人才与广州市的联系与交流，宣传了广州市的社会经济发展情况，推介了广州市的投资环境、人才引进政策和侨务政策，为广州市开展引资引智引技工作创造了良好的环境。广州市侨办的引资引智工作也取得了一系列成就，精心组织海外高层次人才 1 000 多人次回穗考察，达成合作项目意向 100 多项；21 家企业获评国侨办“重点华侨华人创业团队”。截至 2017 年，广州市内 4 家企业获评全国和全省“明星侨资企业”、11 名入选广东省领军人才、24 名入选市“创新创业领军人才百人计划”。据不完全统计，增城“侨梦苑”成立以来，已对接华侨华人 130 余批约 1 500 人次，成功引进高层次华侨华人 26 人（国家“千人计划”6 人，国家青年“千人计划”1 人，长江学者、国家杰出青年科学家 1 人），入驻创新创业项目 17 个（预计建成投产后可实现产销额 850 亿元，税收 44 亿元）。②

第四节　海外华人高层次人才的回流和环流

随着中国经济的快速发展，以及中国对海外华人人才和留学生回国创业的优惠政策和措施的制定和实施，越来越多的海外华人人才和留学生选择回国工作或创业，逐渐改变我国自 1978 年以来的人才流失趋势，在 2000 年前后中国开始成为世界最主要的“人才回流”和“人才环流”接纳国。

一、海外华人高层次人才的回流

21 世纪以来，随着我国经济的快速发展，国家与社会对人才的重视，科教机构不断发展壮大，各种创新创业平台不断完善，经济结构加快转型升级，政治局势不断稳定，海外技术人才回归率逐步提高。教育部留学服务中心研究表明，

① 广州市侨办：《蔡朝林副市长参加推进侨梦苑建设工作交流会参阅材料》，2016 年。

② 广州市侨办：《新时代广东侨务工作要有新气象新作为专题调研材料汇编》，2017 年 11 月 20 日。

我国正从“智力流失期”向“智力回流期”过渡。

近年海外学者和留学人员回国就业创业人数的急剧增长，是其居住国或留学所在国的推力与中国的拉力共同作用的结果。一方面，2008 年国际金融危机爆发后，在我国留学生聚集的欧美、澳大利亚、新西兰、日本等地区，经济不景气持续多年，留学人员学成后难以在当地找到合适满意的工作，这样形成居住国的推力。金融危机以来，经济不景气导致欧美等发达国家很多公司纷纷裁员，外籍科技人才最容易受到冲击。从美国来看，2008 年爆发金融危机以来，美国经济反反复复，持续的经济低增长和居高不下的失业率，不仅影响着美国社会与政治，也对当地华人经济造成了很大的冲击。由哈佛大学、杜克大学和纽约大学共同发表的研究报告指出，由于移民政策的限制，外国高科技人才留在美国更加困难，大约 1/5 的外国人才已经考虑离开美国，大量科技人才试图在印度、中国、巴西等新兴国家寻找工作。调查显示，越来越多的科技人才选择回国发展，其中尤以来自中国及印度的人才最为急切。[①] 从地区来说，华人科技人才集中的加利福尼亚州，2009 年 1 月以来失业率一直维持在 10% 以上，高于全国水平。从行业来说，华人科技人才聚集的信息产业、金融业等，是裁员最严重的行业。与其他华人主要在唐人街的华人经济圈就业不同，华人科技人才与各类专业人才多在唐人街以外的欧美企业工作，由于语言和种族等因素的影响，他们的失业率比行业平均水平要高。《2008 年世界华商发展报告》认为，金融风暴前，在华尔街公司工作的华人近 2 万人，约占华尔街总人数的 10%。金融风暴之后，华尔街华人雇员中至少有 15% 失业。[②]

硅谷科技公司普遍存在的因族群因素导致在招聘就业、安排使用、职位升迁等方面的不平等现象，制约硅谷华侨华人进一步发挥自身的聪明才智。以谷歌公司为例。谷歌公司虽然在硅谷率先标榜其多样性员工招聘和使用安排，但是数据显示，其公司内部仍然存在族群差异现象。谷歌员工基数中白人占 53.1%，亚裔占 36.3%，但是在谷歌公司管理层中白人占到总人数的 66.9%，亚裔只占 26.3%。[③] 硅谷科技公司普遍存在的女性员工相对薪酬低、职位低、升迁慢等现象，制约硅谷华侨华人女性科技工作者的作用发挥。仍以谷歌公司为例。虽然谷歌公司重视女性员工的招聘、使用和提拔，女性职员在谷歌全球员工总数中所占比例为 31%，但是谷歌公司并没有实现男女员工同工同酬。《纽约时报》记者曾经对谷歌公司员工提供的 2017 年 1 200 名员工的薪资和奖金信息数据进行整理

① 杨晴川：《移民人才没有未来　美国遭遇史上第一次人才逆流》，《出国与就业》2008 年第 1 期。

② 廖小健：《金融危机对美国华侨华人专业人士的影响》，《八桂侨刊》2011 年第 3 期。

③ 《谷歌员工多样性报告出炉：白人男性依旧掌控管理层》，腾讯科技，http：//tech. qq. com/a/20180615/027114. htm，2018 年 6 月 15 日。

分析，结果显示，谷歌内部大多数工作岗位上，女性雇员薪酬普遍低于男性雇员薪酬，尤其是中级职位，并且男女薪酬差距随着职位的升高而愈发扩大。[①]

随着我国经济几十年的平稳发展，日益改善的工作和生活环境也对吸引人才回流起到作用。我国从中央到地方制定和实施了一系列鼓励海外人才及留学生回国创新创业的政策，各地留创园形成了较为成熟的政务、商业、市场、融资等支持创业的基础服务体系，大力推动项目落地，这些成为我国吸引海外留学人员回国创业的拉力。陈程、吴瑞君基于上海市侨务资源抽样调查，通过对在沪工作和创业的华侨华人及归国留学人员留沪发展意愿及其影响因素进行分析，得出以下结论：近四成回流移民留沪发展意愿强烈；学历和职业等人力资本因素，以及人才计划、子女教育政策、社会保险政策、人才扶持政策和预期目标实现情况等显著影响留沪发展意愿。[②] 毕业于日本东京大学的郝磊，提及选择回国创业的原因时说："在日本多年，我对国外的创业环境还算了解。了解到国家给我们这样的初次创业者提供机会和可能，我觉得回国发展更有前景，能做出更好的成绩。国家给我们的优惠政策还是挺多的，比如北京市设置留学人员创办企业开办费资助资金，海归可申报获得资金支持。另外，对于优秀留学人员也有落户、购车等方面的福利政策。"[③]

事实上，中国巨大的市场和多达 7.51 亿的网民，能带来海量的数据和市场需求，这是任何一个国家都无法比拟的。中国市场不但催生了像腾讯和阿里巴巴这样全球市值排名前十的科技巨头，还孕育了大量"独角兽"公司。此外，正因为中国的新经济处于高速发展的红利期，中国公司给出的薪酬也超过了美国同行。[④] 在当前中国经济稳健发展的背景下，一些华人技术移民和留学人员善于将其留学国与中国的资源进行整合，充分发挥其跨国优势，在技术、市场、资金、人脉等方面进行跨国性安排。这正如美中硅谷协会会长王旸所言，尽管硅谷已经聚集了美国约 40% 的资本，但对于在硅谷创业的中国人来说，中国市场非常有吸引力，留学归国人员开拓中国市场相比国外创业者有更多优势，他们既可以从中国获得投资，又可以同时发展美国市场，采用"两条腿"走路。[⑤] 国家"千人

① 张癸：《硅谷华侨华人的融入与发展——以谷歌公司为例》，《2018 全球人才流动、移民与移民法研讨会论文集》，北京理工大学，2018 年。

② 陈程、吴瑞君：《海外回流移民留沪发展意愿及其影响因素分析》，《上海经济研究》2015 年第 10 期。

③ 吴天琪：《国家为人才发展提供沃土　海归在社会各领域发挥作用》，《人民日报 · 海外版》，2018 年 8 月 28 日。

④ 《大批华人纷纷从美国回国，原因却令特朗普无比心塞》，https：//www. sohu. com/a/239519298_788379，2017 年 7 月 5 日。

⑤ 张玮：《深圳与硅谷"直通"更便捷》，《南方日报》，2014 年 12 月 25 日。

计划”专家、绚图新材科技有限公司董事长林海晖认为：“全球最活跃的材料化工市场在中国而不是美国，在国内创业可以更近距离接触到应用端，再者中国还没有像杜邦与陶氏这样的超大材料企业的存在，这给了中小企业和创业企业生存的空间。作为一名科技研发人员，我有自己的‘技术梦’。但美国目前工业体系固化、市场僵化，在这种大环境下，一些企业逐渐减少研发投入，转向资本化运作。这与我的理念不一致，工作就不会太愉快。”①

海外华人专业人士和留学生回国发展各有不同诉求，归结起来有三种情况：第一种是功成身就者，来华进行二次创业发展。特别是部分专业人士在当地利用自己的技术创业成功，具备一定的经济实力，并有较好的发展前景，他们希望通过来华创业合作，利用国内的低成本扩大生产，或打进国内市场。第二种是有科技优势者，希望来华创业发展。其中的高级科技人才希望利用自主专利来华合作创业，寻求低成本国内转化；管理软科学人才希望通过学术交流等寻找合作机会；特别是金融方面的高级人才，希望能参与国内的银行管理、风险投资、证券、保险、信用卡等方面的业务。第三种是有知识优势者，希望回国就业，寻找发展出路。尤其是自费出国留学成为一种投资并蔚然成风后，这个庞大群体看重的是随之而来的经济回报：他们学有所成，但并没有发明创造，希望利用自己的“留洋”经历和知识优势在国内寻找到理想工作。此外还有一些行业人才在美过剩，难以找到合适工作，所以选择来华就业。②

随着当今信息和交通技术为代表的科学技术的发展，世界范围内人员、资金、物品、信息、观念等流动的规模扩大、速度加快，海外华人跨国流动的频率日益增强。作为“高技术携带者”，华人技术移民越来越多地建构并通过各种跨国网络，生活于居住国与祖籍国之间，形成一种超越民族国家边界的跨国社会空间。这种跨国社会空间包含着以华人技术移民为中心的五种行为体，即华人技术移民、中国政府、中国技术社区、居住国政府与居住国技术社区。海外华人人才的跨国网络如下图：

① 林海晖：《全球最活跃的材料化工市场在中国而不是美国》，千人计划网，http：//www. 1000thinktank. com/zxqrjh/22935. jhtml，2017 年 8 月 11 日。

② 林琳、段燕：《美国新华侨华人专业人士群体初探》，见吕伟雄主编：《海外华人社会新观察》，岭南美术出版社 2004 年版。

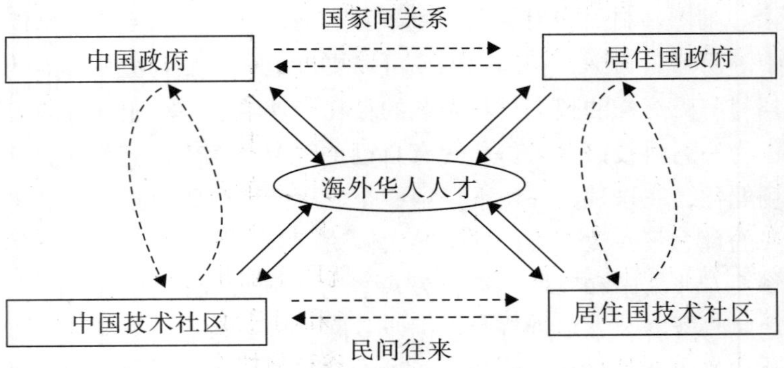

图 2－3　海外华人人才的跨国网络

跨国主义理论学者尼娜·戈里珂·席勒（Nina Glick Schiller）等人认为，当代全球化经济中有三个相互关联的潜在因素导致当今移民定居在全球化资本主义中心的国家，但又过着跨国的生活。这些因素是：①以资本积累的变化形式为基础的全球资本的重构导致劳工输出国和接收国社会和经济环境的恶化，以致没有哪一国是可供安全居住的地带；②美国和欧洲的种族主义引起了新移民及其后代经济和政治的不安全；③移民输出国和接收国都要移民对其国家效忠。①

对于欧美发达国家的华人高技术移民来说，经济全球化对他们的影响也是如此。不同于历史上的华侨，也不同于冷战期间的华人，华人高技术移民不再是落叶归根、衣锦还乡，也不再是落地生根、完全同化或融合到居住国社会，而是表现为一种跨国形态。作为跨国移民，他们使用两种或更多的语言，在两个或更多的国家拥有直系亲属、社会网络和事业，持续的、经常性的跨界交往成为他们谋生的重要手段。② 这些被称为“海鸥”的华人高技术移民安家国外，经常往返于中国和居住国之间，通过环流的方式参与中国的经济活动。美国加州大学伯克利分校的安娜李·萨克森宁（AnnaLee Saxenian）教授在对硅谷的印度、中国台湾和中国大陆技术移民进行深入研究后认为，这些技术移民经常往返于硅谷与新竹（中国台湾）、中关村（中国北京）、班加罗尔（印度）之间，导致这些地方的产业升级，在此研究基础上提出了人才环流（Brain Circulation）理论，用以分析跨国技术社区中技术移民的双向流动。她在一篇经典性文章中指出，来自印度和中国台湾、中国大陆的受过美国教育的硅谷工程师正在改变以前边缘地区的发展机

① SCHILLER N G, BASCH, LINDA, BLANC C S. From immigrant to transmigrant: Theorizing transnational migration. Anthropological quarterly, 1995 (1): pp. 48 – 63.

② 刘宏：《战后新加坡华人社会的嬗变：本土情怀·区域网络·全球视野》，厦门大学出版社 2003 年版，第 215 页。

会，因为他们建立了与祖国的专业和商业联系。在一个更类似于“人才环流”而不是“人才流失”的过程中，这些工程师和企业家在数字化的低交易成本助推下，比大多数跨国公司更快、更灵活地在遥远区域经济间转让技术和知识。①

实际上，海外华人技术移民从事的跨国实践对其回国创业有较大影响。从华人技术移民回归过程来看，他们在其回国前与中国的跨国联系有助于其回国迁移及其后的融入和发展。如在广州创办威格林环保科技有限公司的范群博士，在20世纪80年代出国赴美留学，博士毕业后就职于加州硅谷的西米克斯高科技公司（Symyx Technologies），先后担任技术职务和副总裁。从1999年开始，利用业余时间服务于硅谷当地社区，担任过美国硅谷科技协会理事长、美国华美半导体协会秘书长，为中美技术交流、招商引资、招才引智等做了大量工作。他带领一批批硅谷华人科技精英——科学家、工程师、企业家和投资家等组团回国，参加深圳“高交会”和广州“留交会”，并到全国各地去考察访问。通过这样的考察访问、科技交流，很多人或者在中国落户创业，或者将在美国的企业业务拓展到祖国，或者在中国内地建立分公司。十多年来，范博士带领的海外精英组团回国累计达到七八百人次，其中有超过十人获选国家“千人计划”特聘专家。他还经常协助或承办国内各省市到硅谷的招商引智推介活动。② 他本人及其所在的社团在国外就与中国形成密切的互动，对中国的政策较为熟悉，认识了中国政府和企事业单位的相关人士，积累了相当的人脉，这为他们日后回国创业打下了基础。

根据教育部的统计，2016年度我国出国留学人员总数为54.45万，留学回国人员总数为43.25万，与2015年度的统计数据相比较，留学回国人数增加2.34万，增长了5.72%。随着年度回国人数与出国人数的增长，两者之间的差距呈逐渐缩小趋势。③ 2017年，我国出国留学人数达60.84万，同比增长11.74%，同年留学人员回国人数较上年增长11.19%，达到48.09万，其中获得硕博研究生学历及博士后出站人员达到22.74万，同比增长14.90%。④ 2017年度，我国留

① ANNA LEE S. Local and global networks of immigrant professionals in Silicon Valley San Francisco. CA: Public Policy Institute of California, 2002; Silicon Valley's New Immigrant Entrepreneurs; From brain drain to brain circulation: Transnational communities and regional upgrading in India and China. Studies in comparative international development, Vol. 40, No. 2, Summer 2005; Transnational communities and the evolution of global production networks: Taiwan, China and India. Industry and innovation, Vol. 9, No. 3, 2002, etc.

② 《科技报国领军人——访范群博士》，《广州华声》2013年第1期。

③ 《2016年度我国出国留学人员情况统计》，中华人民教育部教育部网站，http://www.moe.edu.cn/jyb_xwfb/xw_fbh/moe_2069/xwfbh2017n/xwfb_170301/170301_sjtj/201703/t20170301_297676.html，2017年3月1日。

④ 《教育部：2017我国出国留学人数首破60万大关》，搜狐网，https://www.sohu.com/a/227203725_558707，2018年4月3日。

学生出国学习、回国服务规模双增长，与国家战略、行业需求契合度不断提升，发展态势持续向好。

改革开放 40 年来，各类出国留学人员累计已达 519.49 万人，目前有 145.41 万人正在国外进行相关阶段的学习和研究。以 2017 年为例，我国出国留学人员目的地仍相对集中，多数前往欧美发达国家和地区求学，“一带一路”沿线国家成为新的增长点。2017 年赴“一带一路”沿线国家留学人数为 6.61 万人，比上年增长 15.7%。从 1978 年到 2017 年底，留学回国人数稳步提升，高层次人才回流趋势明显，共计 313.20 万名留学生在完成学业后选择回国发展，占已完成学业留学生人数的 83.73%。仅十八大以来，已有 231.36 万人学成归国，占改革开放以来回国总人数的 73.87%。[①]

表 2－4　1996—2016 年中国累计出国留学人数与累计回国人数比较

年份	累计出国人数（万）	累计回国人数（万）	回归率（%）
1996	27	8.9	33.0
1997	29.6	9.6	32.4
1998	30.2	9.9	32.8
1999	32	11.2	35
2000	34	13	38.2
2001	46	13.5	29.3
2002	58.5	15.3	36.2
2003	70	17.8	25.4
2004	81.4	19.8	24.3
2005	93.3	23.3	25.0
2006	106.7	27.5	25.8
2007	121.17	31.97	26.4
2008	139	39	28.1
2009	162	49.7	30.7
2010	190.54	63.22	33.2
2011	224.51	81.84	36.5
2012	265.47	109.12	41.1

① 《教育部：2017 我国出国留学人数首破 60 万大关》，搜狐网，https：//www.sohu.com/a/227203725_558707，2018 年 4 月 3 日。

（续上表）

年份	累计出国人数（万）	累计回国人数（万）	回归率（%）
2013	305.86	144.42	47.2
2014	351.84	180.96	51.4
2015	404.21	221.86	54.9
2016	458.66	265.11	57.8

资料来源：据1996—2007年各年的《中国统计年鉴》及中国教育部公布的数据综合统计制作。

田芳萌对英语世界全球顶尖的451名华人科学家的简历进行随机调查，分析了1998—2006年海外华人科学家的移民模式及人口特征。研究表明，这些中国科学家与西方学术界保持紧密的学术联系，是西方国家前沿知识的传导者，对中国及其所在国的科学发展贡献很大。这个阶段获得海外学位的学者的回归率较低，但回国留学生人数在不断增长。同时国内一些没有海外经历的学者也较大规模到西方国家大学交流或访问，并按时回国，因此这个阶段就出现一种主要的华人技术移民模式，即同时存在人才流失和人才循环现象。①

随着国内经济的不断发展，国际化进程的逐步扩大，以及国内对于海归的诸多优先政策，越来越多的海外留学人员选择回国。2018年6月14日，领英（LinkedIn）在北京举行2018全球化人才战略论坛暨领英《中国海归人才吸引力报告》发布会。报告显示，2011—2017年，人才归国呈现逐年上升趋势，20～29岁的年轻人仍然是海归人才的主力军，但这部分人群占海归人才总体的比例已经从2013年的79.7%下降到2017年的52.2%。与此同时，30～40岁海归的占比从2013年的16.5%激增至2017年的30.6%。从2015年以来，30～40岁的成熟职场人才回国比例有极为明显的攀升。这一群体多在海外工作多年，有着丰富的阅历，对海内外的职场文化也有着充分的认知和理解。他们回国后多担任企业的高级职位，负责重要业务。在海归人员中，来自美国、英国和澳大利亚三国的海归数量占全部海归的75%以上。②

为充分了解留学归国青年就业与创业状况，笔者与共青团广东省委青年发展部共同设计调查问卷，于2017年5月25日在该部微信群里通过微信小程序“文

① TIAN F M. Skilled flows and selectivity of Chinese scientists at global leading universities between 1998 and 20C6. Journal of science and technology policy in China, Vol. 4, Iss 2, 2013: pp. 99 - 118.

② 《2018〈中国海归人才吸引力〉报告》，http://www.sohu.com/a/237877534_100012529，2018年5月26日。

曲星”向该部海归成员发布，共收到有效问卷186份。这186名海归中：男性79人，占总人数的42.47%；女性107人，占总人数的57.53%。他们的年龄分布如下：25岁以下17人，占9.14%；25~30岁132人，占70.97%；31~35岁29人，占15.59%；35岁以上者8人，占总数的4.3%。调查对象中，自费留学占了很大比重，共有181人，占97.31%，其余5人为国家公派或单位公派。就婚姻状况来看，已婚者34人，占18.28%；单身者152人，占81.72%。调查对象工作所在地区主要是珠江三角洲，共156人，占总数的83.87%；另有25人在粤东、粤西工作，还有5人在其他省市工作。

根据我们的问卷调查，海归回国的原因主要如下：想和亲人团聚的有130人，占总数的69.89%；觉得在粤事业发展潜力大的有84人，占45.16%；认为在粤生活环境好的有68人，占36.56%；有志于报效祖国的有36人，占19.35%；认为国外生存就业难的有27人，占14.52%。中国与全球化智库的调查报告也指出海归回国的原因主要如下：“方便与家人、朋友团聚”继续成为海归群体选择回国发展的首要原因，有67%的海归选择了这一选项；其次，“国内经济发展形势较好”以40%的比例位居第二。在逆全球化势力加剧和国际政治经济局势动荡的背景下，因“国外的经济、政治或社会环境不利于留学生发展，如工作和移民政策”选择回国的海归占比达到27%。此外，“对中国文化和美食的眷恋”（23%）、“所学专业在国内具有良好的发展前景”（14%）、“在国内具有良好的发展基础”（13%）、“具有为国奉献的意愿”（12%）、“国内人才政策具有吸引力”（12%）和“国内拥有良好的创新创业环境”（9%），也对留学生选择回国发展起到一定的影响。从性别差异来看，选择“方便与家人、朋友团聚”的女性海归（75%）多于男性海归（58%），而与女性海归（35%）相比，则有更多男性海归（47%）因“国内经济发展形势较好”回国。①

北京、上海、广州、深圳这四大一线城市因其成熟的经济氛围和便利的政策，是海归人才就业的首选城市，而以杭州和成都为代表的新一线城市的吸引力在逐年上升。从海归的职业选择来看，在2017年海归人才就业前十大行业排名中，金融业和高科技行业分别占据了前两位。从海归留学生的教育背景上来看，从2011年到2017年，拥有工商管理专业学历的人才数量几乎没有变化，而计算机科学、金融专业的归国留学生数量则增长了两倍多，这也从另一个侧面表明了互联网行业、金融专业对高端海归人才的需求，特别是云计算、人工智能、区块链等高科技行业已成为中国企业争夺海外人才的焦点。在选择就职公司时，海归

① 中国与全球化智库：《2018中国海归就业创业调查报告》，《CCG研究报告》No.24，2018年8月19日。

人才对大中型民营企业的兴趣正迅速增长，创业型企业产生的影响力也日益扩大，有50%的受访者表示愿意前去工作。①

在美国精英大学接受教育、毕业后留在硅谷科技公司工作的中国科技人才，有很多人正返回中国工作或者创业。这些硅谷精英回国后纷纷进入腾讯、今日头条和百度等公司任职。② 曾经许多留学生都渴望拥有一份享有声望的海外工作和外国公民身份，而如今许多人都倾向于在国内获得就业机会，因为中国的风险资本充足，政府也在为尖端研究提供财政激励。2017 年，中国与全球化智库联合智联招聘对 1 821 人进行的一项调查显示，科技行业已经取代金融行业，成为中国海归的最大吸引力，占到所有归国留学生的 15.5%。中国的互联网空间正在蓬勃发展，薪酬有时甚至超过美国同行。越来越多在硅谷工作了一段时间的中国工程师最终发现，加入一个快速崛起的中国公司对他们来说更有利可图。③

值得一提的是，近年来，在国家引才政策的驱动下，海外华人高层次人才出现了回国热现象。2015 年，境外来我国大陆工作的专家数量达到 62.35 万人，其中港澳台以外的外国专家 50.05 万人，有博士学位的专家达到 2.91 万人，均创历史新高。截至 2016 年底，各地引进高层次留学人才 5.39 万人。④据不完全统计，我国 70% 以上的教育部直属高校校长、80% 以上的两院院士，都有海外学习或工作经历。“千人计划”分 13 批引进 7 000 余人，绝大多数来自美欧等科教发达国家知名高校、科研机构和跨国企业，包括 6 名诺贝尔奖得主、80 余名美欧等发达国家科学院、工程院等院士。⑤

北京大学、清华大学两校是很多归国学者的理想就职单位，而高校在招聘教师时也会着重考虑其是否入选各类人才计划。根据李潇潇等人的研究，从 2011—2017 年，北京大学与清华大学 810 名新任教师中有 348 名是通过各项人才计划引进的，其中清华大学引进教师 182 名，占总体的 40.4%，而北京大学引进 166 名，占总体的 46.1%。可见，通过各类人才计划引进的海归学者是北京大学、清华大学新任教师的重要组成部分。从 2011 年至 2017 年，北京大学与清华大学新任教师中海归博士的占比较为稳定。从学校分布情况来看，北京大学 7 年平均数

① 《2018〈中国海归人才吸引力〉报告》，http://www.sohu.com/a/237877534_100012529，2018 年 6 月 26 日。

② 《大批华人纷纷从美国回国，原因却令特朗普无比心塞》，https://www.sohu.com/a/239519298_788379，2017 年 7 月 5 日。

③ 《中国工程师放弃硅谷回归祖国》，http://www.intellisia.org/index.php/Index/news_page.html?lang_s=Chinese&id=373&lang=English&from=timeline，2018 年 2 月 13 日。

④ 《新中国成立以来最大规模海归潮形成　达 265 万人》，《人民日报》，2017 年 4 月 12 日。

⑤ 《这是一次民族史上罕见的人才回流潮：他们让中国部分科技实力加速了 15 年》，http://www.sohu.com/a/225165574_275786，2018 年 3 月 9 日。

据约为48.3%，清华大学约为46%，两校差距较小。在这些境外博士的学历授予机构中，美国机构所占比例最大，在北京大学约为样本总体的33.6%，海归博士的69.5%；在清华大学约为样本总体的29.8%，海归博士的64.7%。在北京大学、清华大学的新任教师中，有博士后经历的教师占绝大多数，约为72.2%，其中在境外机构完成博士后工作的比例约为66.2%，在境内机构完成的比例约为33.8%。北京大学、清华大学新任教师中八成以上拥有一段或多段海外科研经历，完全没有海外经历的教师仅占总体的18.6%。尽管本土博士在北京大学、清华大学新任教师中所占比例最大（约为51.9%），但是这些本土博士中很大一部分具有境外博士后经历。①

从各省市来看，近年来，为吸引留学人员创新创业，广东各市纷纷加大“招才引智”的力度和平台建设，相关政策措施具有资金投入额度高、配套条件全面等特点。智联招聘与全球化智库（CCG）联合发布的《2017中国海归就业创业调查报告》显示，广州、深圳成为海归回国创业的热门目的地。近5年来，广州留学人员回国人数以每年至少30%的比例递增，2017年累计留学归国来穗工作人数不少于6万人，在穗创办企业2 000多家。② 截至2018年6月，深圳累计引进留学归国人员约11万，引进高层次人才突破1万人，达到10 993人；高层次创新创业团队达143个。③

浙江大力实施“千人计划”，在引进海外人才方面走在全国前列。为了进一步提升海外引才效果，浙江统筹已有的海外引才渠道，建立首批31家省级“海外引才工作站”。“十二五”时期，浙江省累计引进各类境外专家达18.5万人次，同比“十一五”增加39%，其中高层次专家3.2万人次。2016年，浙江省累计引进各类国（境）外专家总数逾5万人次，其中高层次专家8 000余人次，入选国家外专“千人计划”人数连续4年居全国第一。④ 截至2016年10月底，杭州累计引进海外留学人才2.5万人。在杭的海归人才中，90%以上集中在信息软件、生物医药、新能源新材料、节能环保、金融服务等高端技术领域创新创业。在杭州，专为留学人员创业开辟的园区就有10多个。滨江海创基地已经拥有200多家海归创业项目。截至2016年10月底，未来科技城（海创园）已累计引进海外高层次人才2 570多名，其中包括118位国家“千人计划”、145位省

① 李潇潇、左玥、沈文钦：《谁获得了精英大学的教职——基于北大、清华2011—2017年新任教师的履历分析》，《中国高教研究》2018年第8期。

② 《海归在粤“筑梦录”》，《南方日报》，2017年10月10日。

③ 《深圳宣布高层次人才突破1万人！》，《深圳特区报》，2018年6月20日。

④ 《“千人计划”吸引之下，越来越多的海外人才涌入浙江》，http：//zjnews.zjol.com.cn/zjnews/201712/t20171228_6169058.shtml，2017年12月28日。

“千人计划”人才。[①] 宁波市自2011年开始实施海外高层次人才引进计划——“3315计划”以来，共有120个高端团队和358名海外高层次人才入选，其中分别有75人、198人自主申报入选国家和省“千人计划”。另外宁波市辖属各县（市、区）也围绕宁波人才战略开展各自的人才引进计划，引进人才数量已超千名，形成以“千人计划”为核心的人才金字塔。在引进的项目中，90%以上人才汇聚在新材料、高端装备、新一代信息技术、港航物流和生命健康等围绕该市未来发展规划的重点新兴产业。[②]

2006年以来，江苏启动了“高层次创新创业人才引进计划”。截至2013年底，“双创计划”资助引进2 296名海外人才、140个具有世界领先水平的团队，其中4个团队由诺贝尔奖获得者领衔。江苏在实施高层次人才引进项目的同时，也大力引进高科技成果和高新技术产业，实现“三高联动”，形成了“引进一批人才、发展一批企业、带动一个产业”的链式效应。2011年以来，江苏引进的“双创人才”获省级以上科技奖项37项；“双创人才”创办的1 045家企业中，有134家企业被认定为国家高新技术企业，40多家企业年销售收入超亿元。[③]

北京、上海等发达地区以及内陆欠发达省份也通过各自的人才政策吸引了大批留学生及华人高层次人才。

二、海外华人高层次人才的环流

跨国主义理论的创始人席勒等人指出，过去的学者往往把移民看作永久性移民、回归性移民或临时性移民，而在当今全球化的时代，移民不能被看成是“拔根”的。许多移民既深深扎根于他们的居住国，又维持与母国的多重联系。她们认为，当今的移民最好被理解为“跨国移民”（transmigrants）。她们把跨国移民界定为这样一种人：其日常生活依赖于跨越国界的多重性的和经常性的相互联系，其公众身份是在一个以上的国家中构建的。[④] 实际上，当今华人高技术移民虽然具有强烈的跨国主义倾向，但由于经济、教育、生态环境等影响，许多华人高技术人才仍然会选择美国作为“安居乐业”之地。在经济全球化的时代，他

---

① 周丹红：《在杭的海归人才90%以上集中在高端技术领域　高层次人才为何钟情杭州?》，杭州政协新闻网，http：//www. hzzx. gov. cn/cshz/content/2017 – 11/21/content_6721068_2. htm，2017年11月21日。

② 陆焰：《“千人计划”工作开展情况分析及建议——以宁波为例》，《人力资源管理》2017年第8期。

③《不拒众流方为江海——海外高层次人才引入助推江苏经济转型升级》，《光明日报》，2014年6月2日。

④ SCHILLER N G，BASCH，LINDA，B C S. From immigrant to transmigrant：theorizing transnational migration. Anthropological quarterly，1995（1）：pp. 48 – 63.

们会通过暂时离开美国和在海外工作的方式，赚取财富，实现美国梦。①

多数华人技术移民回国发展，主要是顾虑国内的教育和发展机遇问题。一位在微软工作的IT工程师谈到了他的感受："关于回国创业，多数人还是采取两地分居的模式，即自己回国，老婆孩子留在美国，这主要是因为他们认为美国的教育比较好。在美国的学校中，如果孩子不学的话，就什么也学不到；要是学的话，就一定会收获很大。老师引领式的教育对学生学习方法的训练，是中国填鸭式教学不能比的。我们公司有个人前年去了阿里巴巴，家人留在美国，因为他回到中国参与阿里巴巴有成就感。"②

就海归而言，我们不能简单理解为彻底的回归。学者王苍柏指出，"海归"是一个内容特别庞杂的概念，它泛指海外拥有不同身份的华人，包括仍持有中国国籍的原留学人员，已拿到所在国永久居留权的华人，以及获得所在国国籍的华人。在这里，"归"有很多种含义。随着全球化进程的加快，海外移民活动出现了新类型和新节奏，其核心特征在于它的多维度、去中心化和流动性，超越了以往单向、线性移民的简单模式。③ 作为高技术移民的"海归"，他们很多人同时居住在两个或者多个国家，具有高度的流动性和身份的混杂性。与传统的华侨从海外迁居中国的单向移动相比，他们的迁徙是多向的和变动不定的。

海归拥有的海外网络资本是其相比本土人才的优势所在，正是其回国后仍然从事的跨国实践才使得自身的人力资本不断升值。从其所涉及的社会空间及其中的行为主体来看，以华人高技术移民为中心，不论是在原居住国还是在中国，其迁移动机、社会融入、跨国网络、移民轨迹和自我认同，都受到移民两端的国家和地方的各种行为体的多重关系的影响，只是回归前后因跨国社会空间中移民的中心有所改变而已。

Russell King 与 Anastasia Christou 合作研究美国和德国的希腊移民第二代回到希腊的经历、跨国主义与融入等相关问题时，提出将移民第二代在祖籍国指向他们离散族裔社区的跨国行为称为反向跨国主义（Reverse Transnationalism）。④ 就当代中国海归创业来说，其社会资本或"关系"不是只限制于本民族内的联系，而是嵌入于至少两个国家的社会和经济中，包括中国和东道国。除了与母国保持个人联系方面比海外跨国公司更有竞争优势外，海归还常常与原居住国保持个人

① BERNARC P W. Globalization and citizenship: the Chinese in silicon valley, p. 191, in Deborah Reed - Danahay, Caroline Brettell, and Caroline B. Brettel. Citizenship, political engagement, and belonging : Immigrants in Europe and the United States, pp. 183 - 203.

② 2018年6月6日，根据笔者在美国硅谷桑尼维尔对微软在当地的分公司员工张姓工程师的访谈。

③ 王苍柏：《"归"的含义》，《读书》2007年第1期。

④ RUSSELL K. Anastasia christou, second-generation "return" to Greece: New dynamics of transnationalism and integration. International migration, 2014, 52 (6).

和正式的联系，这点又比国有企业与本土创业者更有优势。① 如深圳很多海归企业在创业过程中，就充分利用其跨国资本，在世界技术中心——硅谷、波士顿、特拉维夫、东京、深圳、北京等地同时成立研发基地，掌握全球配置创新资源的能力，并向全球销售产品，形成“全球技术 + 中国制造 + 全球市场”的发展格局。本土企业在将技术研发触角向全球延伸的过程中，持续服务于全球市场。这些企业有效地通过品牌合作、技术协同、资本融合等方式，实施研发全球化战略，加快完善全球化研发体系，集聚创新资源，厚植创新生态圈，实现海外布局与国内产业协同互补。如从美国归国的斯坦福大学电子工程博士刘自鸿，2012年在深圳、香港、硅谷同步成立柔宇科技公司。截至 2018 年，柔宇科技全球员工总数超过 1 600 人，来自 15 个国家和地区，其中有近千位研发人员，并已在国内外储备了 1 600 余项核心技术知识产权，现已将产品销售到 20 多个国家和地区。②

同样，高技术海归人才在中国的反向跨国实践，也有助于他们在一定时机返回原居住国。近年来，一批在学界颇有名气的海归教授决定再度“归海”。原清华大学教授颜宁已于 2017 年秋季加盟美国普林斯顿大学，原上海科技大学教授马毅随后于 2018 年 1 月入职加州大学伯克利分校，北京大学教授许晨阳也于 2018 年秋季加盟麻省理工学院。颜宁本科毕业于清华大学生物系，后赴美国普林斯顿大学深造，30 岁即回清华大学担任教授，成为清华大学当时最年轻的博士生导师。2017 年，颜宁接受美国普林斯顿大学邀请，受聘该校分子生物学系雪莉·蒂尔曼终身讲席教授的职位。颜宁对媒体表示：“改革开放以来，有大批的留学生出国，是做学生。现在终于看到了一批人被请回去，而且是到顶尖的学校当先生。这是很多老一辈科学家的梦想。”③

1981 年生于重庆的许晨阳，在 27 岁时获得普林斯顿大学博士学位，2011 年，入选首批“青年千人计划”。2013 年，获得求是基金会杰出青年科学家奖和第十三届中国青年科技奖，同年，他接受导师田刚的邀请，归国成为北京国际数学研究中心副教授。2014 年，获得国家杰出青年科学基金。2016 年，又获得印度颁发的数学界最高荣誉拉马努金奖。2017 年 9 月 9 日，许晨阳和施一公、潘建伟两位院士共同获得“未来科学大奖·数学与计算机科学奖”，这令其一举成名。2017 年，许晨阳获选庞加莱讲座教席（The Poincaré Chair），成为目前唯一入选庞加莱讲席的中国青年数学家。2018 年 10 月 17 日，其因在极小模型和代数

① 孙嘉明、斯科特·兰卡斯特著，高艺多、王研、潘韩霞译：《华人全球化：全球联结对社会变迁的影响》，世界图书出版广东有限公司 2017 年版，第 83 页。

② 《“在豆腐上盖高楼”的人　对话柔宇科技 CEO 刘自鸿》，《广州日报》，2018 年 2 月 12 日。

③ 郑可书：《人才环流，海归再“归海”》，《南方周末》，2018 年 2 月 1 日。

品种模应用方面取得成绩，获得美国数学新视野奖。① 许晨阳选择回归北京大学，是因为受北京大学数学研究中心的“小环境”吸引。2018 年 8 月，他又回到美国麻省理工学院任教。他倾向于把现在中美数学家的流动看成一个朝着正常化的趋势发展的过程，在作出加盟美国麻省理工学院的决定后说：“现在去了也不代表我将来就不回”，“不管我走到哪里，我做出来的工作，别人都会将其定为一个中国数学家做出来的工作”。②

颜宁再次“归海”，在一定程度上反映了我国高等教育发展进入了新阶段，有助于将中国的学术思想、教育理念和清华大学的学术风格传播到国际学术舞台上。在普林斯顿大学的聘期内，颜宁继续从事高水平学术研究和人才培养工作，保持与清华大学的联系，促进两校和中美两国间学术交流与合作。海归“归海”后可能会有更多的合作、交流与思想碰撞，让他们的学术水平有进一步提高。③ 实际上，颜宁团队在 2018 年 6 月 28 日、7 月 26 日、9 月 6 日近 70 天中发表 3 篇 *Science* 论文，虽然她已供职于普林斯顿大学，但是这 3 篇重磅论文的通讯单位仍为清华大学，也就是说这是中国科学界的科研成果。④ 而且，她在普林斯顿的一大优势就是能招收到很多优质的博士后，这与国内高校招人时大多要求青年应聘者有国外留学经历，这样作为世界名校，普林斯顿对人才来说吸引力比较强等。目前，她在普林斯顿带了 1 名学生和 8 名博士后，其中有 5 人是从清华大学带过去的。⑤ 可见，颜宁在中美两国间的跨国流动有利于自身的学术发展，也有利于中美两国的学术交流和人才培养。

笔者通过访谈广州欧美同学会会长，了解到该会成员的一些相关情况。该会现有海归会员两百多人，会员来自世界各发达国家，层次参差不齐，身份差异也较大。在海外经历较长的海归，有些是 Kristian Berg Harpviken 所说的家庭分离式回归（Split Return），妻子儿女留在国外。⑥ 有些人还拥有双重身份。他们与海外联系密切。这种关系不限于家庭生活层面，还更多地表现在业务方面的合作，包

① 《顶级数学家许晨阳：科学人才流动无问西东》，https：//www. yicai. com/news/5402158. html，2018 年 2 月 26 日。

② 郑可书：《人才环流，海归再“归海”》，《南方周末》，2018 年 2 月 1 日。

③ 郑可书：《人才环流，海归再“归海”》，《南方周末》，2018 年 2 月 1 日。

④ 《离开清华大学一年的颜宁 70 天发表 3 篇 Science 论文，成果归母校》，https：//www. toutiao. com/a6616719535057666564/?，2018 年 10 月 27 日。

⑤ 《普林斯顿任教一年“女神”颜宁：最大惊喜是招到很多优质博士后》，《北京日报》，2018 年 10 月 30 日。

⑥ 这是 Kristian Berg Harpviken 研究在伊朗和巴基斯坦的阿富汗难民时提出的一种移民形态。作者认为，分离式回归是移民基于经济和安全因素考量的结果，常常被视为临时的举措，但往往成为一种常态的生活方式。KRISTIAN B H. Split return：transnational household strategies in Afghan Repatriation. International migration，2014，52（6）.

括产品的研发、海外销售渠道。还有一些海归创业家属于“哑铃式”创业模式，这是一种组合的创业模式，将企业研发部放在美国或者德国，而在国内进行生产，创业者需要经常在两国之间奔波，成为所谓的跨国华人。这样可以方便地获得国际重要资讯，从而能及时跟踪世界高新技术发展，充分利用国内国外两个市场、两种资源，开展国际合作，研发新产品和开拓市场。

从这些海归的生命历程来看，他们在人力资本得到最大化时，可能经历人生的最后或再次迁移，返回原居住国。在传统移民文献中，回归即被认为是迁移的最后一站，回归到一种定居的正常生活状态下。这也是我们引智工作需要考虑的一个重要问题。目前我国引智政策强调引进高精尖的人才，这样可望在一些源头创新上、在关键技术上取得突破，但这样的人才不可能太多。我们一方面应考虑人才的层次及其所取得的成就。一般来说，高层次人才在海外学习和工作时间较长，在当地都有家庭和事业，在海外网络嵌入较深，也习惯当地生活，即使他们回来，一是难以适应国内的环境，二是将其回归看作一种暂居状态，或是一种权宜之计。另一方面也要认识到，在国外居住时间较短、资历不深的海归，尽管他们能很快适应国内的各种环境，也回归得较为彻底，但他们在海外关系的积累不够深厚，嵌入层次较浅，难以取得引智的效果。因此，我们制定人才引进政策时，需要在跨国主义视角下考虑海归人才的层次与其跨国网络的关系。最理想的状态是海归人才既能适应国内的生活，又能维持海外的关系，而不是引进在国外关系积累不深的海归，也不是视回归为一种权宜之计，最终将其资本、财富带回原居住国的海归。

第三章　华人高层次人才与中国创新驱动战略的实施

改革开放40年来，中国社会经济取得了令人瞩目的成绩，人民生活水平显著提高，综合国力明显上升，但经济飞速发展的同时也带来了环境的严重污染和资源匮乏、能源短缺等一系列问题。随着经济全球化和世界经济形势的发展，中国的产业结构和产品结构面临着转型升级的压力。

创新是国家竞争力的源泉，国家创新体系建设是提高中国新一轮竞争力的基石。加快经济发展方式的转变，加快建设创新型国家，是事关中国社会主义现代化建设的重大战略决策，也是关系到中国长远发展与和平崛起的重要问题。创新人才是建设创新型国家的核心要素，也是第一资源。实际上，党中央、国务院近年颁布和实施的科教兴国和人才强国“两大战略”，科技、教育、人才“三大纲要”，都把人才放在突出的位置，视为保证我国经济长期发展和综合国力稳步提升的关键要素。在国家创新体系中，来自外部的人才流动和知识、技术的跨国转移是本国创新体系的有机组成部分。华侨华人素有“人才库”的美誉。海外华人人才不仅数量多、层次高，而且分布广，遍布经贸、科技、金融、教育和法律等各个领域。

长期以来，海外华人在创新创业活动中，基于族群和文化的认同，以社团为基础，建立起涵盖世界华人聚集地的全球网络，或者利益共同体。海外华人网络，包括华人资本网络、华人创新网络和营销网络，“一方面，它源自中国，与中国有着有机的、密切的、千丝万缕的联系；另一方面，它深深地嵌入发达国家的创新体系，是其创新体系不可分割的组成因素”，对中国的科技发展和企业创新起到了非常重要的作用。①

一直以来，以留学人才为主体的华人高层次人才在中国现代化建设中发挥了积极作用，是中国高层次人才队伍建设的重要组成部分。华人高层次人才贡献中国科教事业的方式多种多样，有些人全职回国，有些人变成了“空中飞人”，往返于居住国和中国之间，成为知识技术转移的重要力量，中国学术发展与科技创

---

① 康荣平、刘东：《全球华人创新网络与中国产业发展》，《未来与发展》2005年第3期；康荣平：《全球华人资源与中国产业发展》，《经济研究参考》2004年第45期。

新的生力军，高新技术应用的推动者，推动中国创业发展的领跑者。

第一节　推动科研制度改革创新

创新创业的不断发展，需要“科技创新”和“体制机制创新”两个轮子相互协调、相互促进。在包括科技创新在内的诸多创新中，体制机制创新是最深刻、最根本的创新，也是影响最持久和最深远的创新。体制机制创新包括宏观与微观两个方面。宏观方面就是要调整一切不适应创新驱动发展的生产关系，统筹推进科技、经济和政府治理等三方面体制机制改革，促进科教机构学科、人才、科研与产业互动，打通基础研究、应用开发、成果转移与产业化链条，推动健全市场导向、社会资本参与、多要素深度融合的成果应用转化机制。微观方面体制机制创新涉及科教机构中行政机关的定位、人才选聘与晋升、绩效考核、大学招生与人才培养、科研经费分配与使用、科研成果的评价等多个环节。本章在此更多关注微观层面上华人高层次人才在推动中国科研制度改革和人才评价等方面的作用。

改革开放以来，中国科教事业取得了突飞猛进的发展，但也存在不少体制机制方面的问题，如行政决策代替民主决策，官本位的利益导向及其对科研人员权益的侵害导致学术精神明显缺失，各种考核体制和评价方式一定程度上扭曲了科研人员的学术观念等。因此，必须深化高校和科研机构体制机制改革，建立以教育、学术为本的管理体系，恢复、重塑教育和学术的尊严。

著名海归生物学家、曾任北京大学生命科学学院院长的饶毅，参与中国科研体制改革 20 年，多次撰文评论中国科研体制和科研文化，被称为“温和的改革派”“批评性的建设者”。他坚持做的两件事就是科学文化传播和科研教育体制改革。他针对中国科教体制和观念方面存在的问题指出：“目前如果只谈适应，就不能改造现状，中国走向世界前列的进程就会比较慢。科学和教育的标准是不以中国国情为转移的。中国的科学和教育要接近和超过世界先进水平，必须依照国际标准，而不是国内标准。在严峻的现实面前，我们应该直面现实，制订有效的政策和方针，改变文化，奋起直追。”饶毅认为，中国学术界存在体制和文化两方面的问题，“要通过改进体制，带动文化的改善，两者缺一不可。不仅要推动国家建设合适的体制，也要持之以恒，以思想和言论推动文化改变，使学术教育界以智力为最高追求、以学术优胜为标准，而摒弃目前中国学术教育界以利益为最高追求、以关系为标准的陋习。如果不能首先改变学术、教育界风气，很难想象如何改变社会其他方面”。他也许出于像他这样海归学者权位的有限性，而特别指出小范围改革的重要性：“微环境也很重要。学院虽然小，但是本科生和研究生人数加起来约一千。如果我们能为学生做点事情，逐渐推出、实施个体化教育方案，有更多老师积极投身关注学生的教育，发现和支持特色学生，那么微环境里，可以做很多有益的事情。”①

企业是国家创新的主体之一。长期海外学习和工作经历所养成的创新品格，赋予海归创业者不断构建中国企业创新文化的精神。落户广州留学人员创业园的海归博士周治明在黏合剂及涂料领域拥有40多项美国、英国等发明专利，这一切都源于在英美留学期间“创新”概念对他的影响。对他来说，创新已成为一种文化，创新意识已融进了其血液之中。② 周治明在公司内就提倡和鼓励创新，允许失败。公司天天都有创新，而且有专门的研究小组对这些创新进行考核，做可行性报告。他强调，对于企业来说，拥有和注重理念的创新，比拥有金钱更重要，“特别是在当今社会，当企业能够整合现代社会的各种资源时，‘灵机一动’就可能带来巨额财富”。这就是创新最大的特点，这就是知识经济最大的特征。③留美博士范群拥有十多年硅谷科技开发和企业管理经验，把闻名世界的硅谷创业精神以及当年硅谷的“惠普”创始人在自家车库里创业成功的佳话带回了广州“威格林”公司。“威格林”有着浓厚的硅谷气息，走廊悬挂着硅谷著名高科技企业巨头如史蒂夫·乔布斯、比尔·盖茨、约翰·钱伯斯以及杰克·韦尔奇等人的创业理念和格言，彰显了公司所崇尚的“硅谷精神”——勇于冒险、包容失败、鼓励创新、追求卓越，以及硅谷高科技业界的经典“惠普之道”所倡导的企业价值观——信任并尊重个人，强调团队合作等。④

华人高层次人才充分发挥自己熟悉国际通行的科技开发、科研管理和人才体制的优势，积极在所在单位推进体制机制改革和创新。著名华裔教授李政道早在20世纪80年代中期就致信国家领导人，提出要建立博士后科研流动站，以培养高层次人才。他在信中谈到，在美国取得学位的优秀学生回国后，如何妥善安排工作，使他们继续发展为中国极需要的高科技人才，这是一个紧急问题。李政道建议借鉴国外培养年轻高级人才的经验，在国内一些学术水平较高、科研条件较好的高等院校和研究机构设立科研流动站。李政道的这一建议对中国建立博士后制度起到了关键作用。1985年7月，国务院批准试办博士后科研流动站，使博士

① 赵涛：《饶毅：全面适应中国现状？那是失败》，《中国青年》2010年第1期。

② 周治明：《“创新”融进了我的血液》，《新快报》，2008年6月24日。

③ 《留学人员企业家周治明：创新才能创造更大价值》，http：//www. chinaqw. com/news/2005/ 1230/68/11290. shtml。

④ 《科技报国领军人——访范群博士》，《华声》2013年第1期。

后科研流动站成为加速培养和造就我国高水平科技人才和学术带头人的有效方式。①

针对中国科研经费分配不合理的现象，海外华人专家也提出很多改革措施。从美国留学回国的博士颜光美认为，国内在科研经费分配方面存在一些未能体现平等竞争的做法。他反对那种事先人为地排列培养谁作为跨世纪科研人才的做法。他认为，科学是自由竞争，科学家就像体育冠军一样人为地树不起来，必须是在自由竞争的环境中成长起来。在他被聘为中山医科大学副校长分管科研和教学工作后，他发出的第一个通知就是将过去的项目分配改为自由申报，学校由各方面的专家组成评选委员会，不记名地评估。② 美国哈佛大学公共卫生学院及医学院副教授、哈佛大学环境委员会中国委员会联席主席徐希平也针对中国科研项目经费评审程序提出自己的建议。他认为美国国家卫生研究院（NIH）的办法值得借鉴，就是科研经费评审采取回避制度，申请人不得参与评审，与申请人有关的人员包括其老师、同学、学生、同事等均需回避；专家评审委员应由政府部门直接选定；公开投标和招标是确定最适合中标人选的最佳方式；分期投入、终期评审和择优延续较一次性投入有更高的效率。③

如何选聘、评价与考核科研人员，这是影响科研人员工作积极性的重要问题。华人高层次人才在此方面提出很多建议，并极力推行实施。国家“千人计划”获得者、北京大学工学院院长张东晓是著名的海归学者，针对国内高校习惯于“数量控制”、缺乏教师淘汰机制的传统制度，张东晓按照“质量控制”原则，采用国际通行的预聘制，根据教员的具体情况，工学院与其签订三年或六年的合同。合同期满前开始对其进行审核，审核程序包括本人填写教学和科研业绩表，国内外同行对其业绩和水平进行评价，教授评审委员会形成评估建议，院学术委员会形成最终评估意见。合同期满而评估结果不合格者，将无法继续留在学院，这打破了以往高校教师的“铁饭碗”。不仅如此，在工学院，无论是正教授、副教授，还是助理教授（讲师），均可以独立担任硕士和博士研究生导师。④

在知名海归学者、留美博士、美国科学院院士王晓东的主持下，北京生命科学研究所（简称“生科所”）从成立之初就坚持公开、竞争的机制，坚持唯能力的标准选拔人才，打破一切条条框框，不在意是否师从大家，是否有好背景，不

---

① 冯支越：《从 CUSPEA 项目到中国博士后制度》，《北京大学学报（哲学社会科学版）》2004 年第 4 期。

② 饶从志等：《引进高级人才提高科研水平》，《中华医学科研管理杂志》1998 年第 3 期。

③ 徐希平：《基金管理、国际合作与海外华人——中国 21 世纪科学技术发展的三大要素》，《世界科技研究与发展》1998 年第 1 期。

④ 王庆：《张东晓：从治学到治院》，《科学时报》，2014 年 1 月 17 日。

唯职称、论文、出身，只有一条标准，即能不能干，选拔真正站在国际学科前沿的领军人才。人才评价不讲论文篇数，淡化论文发表杂志等级与数量，而重视成果在本领域的影响力，以推动科学研究的实际贡献来评价研究成果。生科所实行严格的国际同行评价制度，坚持以实际贡献为标准对研究成果进行评价。生科所由包括10位诺贝尔奖得主在内的24位国内外知名科学家组成科学指导委员会，国内外同领域专家组建评审团，每五年对实验室主任的研究工作前景、国际影响、综合贡献和未来发展等进行一次评估，形成评估报告，进而决定是否续聘。①

饶毅不仅是一名科学精神的倡导者，而且还是一名身体力行的实干家。他回国一担任北京大学生命科学学院院长，就迅速铺开学院机制体制改革，力图改变院内学术风气。2008年，饶毅在学院实行教授预聘制，即新晋科研人员的起步职称只能是助理教授，十年内两次通过国际同行评审才能晋升。② 担任北京大学理学部主任后，饶毅在理学部实行人事改革，建立预聘制，摒弃各种非学术因素，教师招聘和晋升都按国际学术标准进行，尊重和依赖懂行、负责的专家的意见，看研究实质，而不是看文章发表的杂志等各种外在“指标”，也不依赖校外（国内）的学术标准或掺杂非学术因素的评估结果、荣誉、头衔。③

关于高校和科研机构中行政与科研的关系问题，“千人计划”专家施一公在清华大学生命科学学院推动建立与国际接轨的教学和科研管理制度，实行国际通行的终身制度（Tenure-track），推行“教授治学”和“行政服务于学术”，推进了科研、教育和人才工作机制的改革创新。在王晓东的主持下，北京生命科学研究所让科研人员享有最大的方便，“就是行政不干预科研，要让科研人员享受最好的服务，却感觉不到行政力量的存在”，让行政权力远离学术活动，建立以科研活动为中心的行政管理体制。生科所在设置组织架构时一开始就有意建立一套合理的科学体系，以在制度上保障这种高效、和谐的行政支持系统逐渐形成，这就是行政系统的所有人员都是合同制，每年续聘，他们的唯一目的就是尽量减少科研人员的工作、生活负担，方便科研。④

---

① 张显峰、陈磊：《“最好的管理，就是不干预”——来自北京生命科学研究所的系列报道之二》，千人计划网，http：//www.1000plan.org/superblog/3620/529；胡钰：《北京生命科学研究所体制机制创新的启示》，《科技日报》，2007年4月18日；《北京生命科学研究所：让科学家潜心创新的研究所》，《中国组织人事报》，2012年8月8日。

② 《饶毅海归之后：最大的痛苦，是中国的人际关系》，《新京报》，2015年10月15日。

③ 饶毅：《北大的理科改革》，http：//china.caixin.com/2018－07－05/101293412.html，2018年7月5日。

④ 张显峰、陈磊：《“最好的管理，就是不干预”——来自北京生命科学研究所的系列报道之二》，千人计划网，http：//www.1000plan.org/superblog/3620/529；胡钰：《北京生命科学研究所体制机制创新的启示》，《科技日报》，2007年4月18日；《北京生命科学研究所：让科学家潜心创新的研究所》，《中国组织人事报》，2012年8月8日。

总的来说，华人高层次人才利用自己通晓的国际惯例和学术规律，为中国的科教体制机制改革和企业文化创新做了大量工作，涉及科教机构中行政机关的定位、科研经费的使用、科研成果的评价、企业文化创新等多个环节。他们在一定程度上打破了中国科教机构以往墨守成规的各种管理制度，使中国一些科教单位和企业的创新环境得到改善，科教人员的积极性得到较大程度的提高，一些世界高水平研究成果不断问世，一批批顶尖人才脱颖而出，高校和科研机构学科建设取得突破，一些有影响的创新企业也不断成长起来。

第二节　促进中外技术交流与合作

推进国际技术交流与合作是中国扩大对外开放，加快建设创新型国家的重要路径。在经济全球化浪潮推动下，科技资源在全球范围内的流动和配置加速进行，科学研究的规模越来越大，许多科技问题必须通过双边和多边的科技合作才能解决；同时信息技术、互联网、通信和交通领域的不断进步，也为深化国际科技合作创造了技术条件。近年来，许多科技问题日趋复杂，科技的规模、成本、风险往往超出一个国家的承受能力，能源短缺、环境恶化、疾病预防和治疗等已成为人类共同面临的难题，这些因素都在不断扩张和深化国际科技合作的范围、领域、规模、形式。①

开展国际学术交流与合作，可以较快地了解国外同行研究的最新动向和最新的研究成果，学习先进的教育思想、科研思路和研究方法，是提高中国大学和企业创新水平的重要途径之一。冷战前期中国与西方几十年的对峙，欧美科教发达国家对中国的技术封锁等使中国科教和企业创新停滞不前，因此，改革开放后中国加强与西方发达国家的科技交流和国际合作，对于缩小中国与西方发达国家的科技差距，赶超西方发达国家的科技水平，尤为重要和迫切。

改革开放以来，中国通过购买国外技术、引进国外的关键设备、引进外资的“市场换技术”的模式，加快了发达国家向我国技术知识转移的进程，使得中国高技术产业的基础得以巩固。然而，随着技术革新速度的加快，技术引进成本越来越高，而且通过技术和外资引进推动发展的高技术产业，往往呈现低投入、低风险、低收益的特征。中国目前已进入工业化中后期，需要实行从招商引资到招才引智的战略变迁，招揽吸引本国海外人才回国创业，这也是许多后起国家或地区利用外部技术提升自身技术创新水平和能力的基本路径。特别对于像中国、印

① 单玉丽、苏美祥：《全球化视阈下的国际科技合作与我国对策》，《亚太经济》2011 年第 6 期。

度等在海外拥有大量技术移民的新型经济体来说，实行创新驱动、加快产业转型升级的现实途径就是吸引这些移民回国，因为他们积累了一定的海外资本，包括在国外的研发经验、管理经验、创业经验，以及所拥有的海外关系或网络。

海外华人高层次人才可以发挥自己的优势，通过与中国科研机构举办国际学术研讨会、进行交流讲学、担任专家顾问或兼职教授等方式，积极为我国科技交流与合作作出贡献。同时，他们也邀请海外机构和学者到中国合作，并带领和培养一批青年学者走出国门，到国外高层次平台发表论文，或与境外一流学术机构合作，进行科研攻关等，提升中国科研机构的国际化水平。而具有海外教育或工作经验的企业高管或创业家，能够显著提高企业技术创新能力，促进企业加强专利保护，对周边企业亦存在一定的技术溢出效应。越来越多的海归人才选择回国发展，成为国际技术转移的特殊载体，在新兴产业特别是民营企业中发挥越来越重要的作用。①

实际上，改革开放以来，华人高层次人才及其社团通过为国服务、回国服务等方式，积极引进西方先进的科学技术，促进中外技术交流与合作。一些拥有较广人脉的海外华人科学家，为国内企业牵线搭桥，寻找企业急需的人才和技术，给企业节约了不少时间和资金成本。

改革开放初期，美籍华人教授李政道就促成中美两国的高能物理领域的合作。1979 年 6 月，经李政道的牵线搭桥、积极奔走，中美两国签订《中华人民共和国国家科学技术委员会和美利坚合众国能源部在高能物理领域进行合作的执行协议的附件》和《1979 年 6 月至 1980 年 6 月中美高能物理技术合作项目》。这个“执行协议的附件”，后来也成了中美其他科技领域合作的一个范本。②

华人科学家开展大规模科学项目研究，也积极引荐中国科研机构和学者参加。美籍华裔科学家丁肇中从 1995 年正式开展阿尔法磁谱仪（AMS）项目实验，开始寻踪宇宙间神秘的暗物质，而这个项目也是目前世界上规模最大的科学项目之一。2011 年 5 月 16 日，阿尔法磁谱仪由美国“奋进号”航天飞机送入太空，这是目前唯一永久安放在国际空间站上的具有开创型的大型科学实验。2013 年，丁肇中第一次向世界公布了实验结果：已发现的 40 万个正电子可能来自一个共同之源，即脉冲星或人们一直寻找的暗物质。阿尔法磁谱仪就是由 16 个国家和地区的 600 余名科学家历时近 18 年完成，耗资 21 亿美元，实验过程可能持续

① GABRIELA T. Knowledge transfers through diaspora transnationalism and return migration：a case study of Indian skilled migrants. CHIKANDA A，JONATHAN C，MARGARET W R. Diasporas，development and governance. New York：Springer International Publishing，2016. 罗思平、于永达：《技术转移、“海归”与企业技术创新——基于中国光伏产业的实证研究》，《管理世界》2012 年第 11 期。

② 柳怀祖：《李政道与北京正负电子对撞机》，《科技日报》，2016 年 11 月 24 日。

15～20年。参与AMS项目的60多个大学和科研机构中，山东大学是其中之一。该校程林教授任AMS热系统总负责人，历时七年完成了在国际空间站上运行AMS热系统。2004年以来的十年间，山东大学先后有52人在欧洲核子中心、意大利CGS、欧洲航天技术中心工作，为AMS探测器的建造和数据分析作出了重大贡献。①

国际合作论文经常被看作衡量国际研究合作程度的重要指标。这种国际科学合作形式是指不同国家的科学家们共同致力于一项特定的研究项目，目的是共同撰写论文，并共同署名发表研究成果。近年来中国的SCI论文数量一直保持相对稳定的增长，其中，国际合作论文数量也在逐年增长。中科院国家科学图书馆研究员金碧辉课题组承担的“世界科学中的中国”系列研究报告显示，1996—2005年间，中国在国际合作研究领域十分活跃，在中国每年发表的SCI论文总量中，国际合作论文占总量的1/4。美国、日本、德国、英格兰、澳大利亚、加拿大、法国和韩国8个国家的华人学者，积极加入到中国国际科技合作之中，特别是美国华人学者在中美科技合作中起到了非常重要的作用。② 根据刘迪等人的数据检索和统计，中国纳米领域的SCI论文数量逐年稳定增加，2001年为1 934篇，至2010年增至17 516篇，是2001年的9倍。而中美两国在这一领域有大量的合作论文发表，2001年中美合作纳米领域论文为108篇，而到2010年增至1 415篇。刘迪等人对作者发表论文的工作单位进行统计后发现，纳米领域的中美合作很大程度上是中国科学家与美籍华裔科学家之间的合作，发生在中国科学家与非华裔美国科学家的合作只占很少的一部分。③ 海外华人学者在现阶段中国的国际科技合作中起桥梁和纽带作用，帮助中国科学家建立国际合作通道，或成为国内学者的重要合作对象，主要由于国际科技合作需要研究者远距离、跨文化地保持密切联系和协作，且需耗费大量时间、资源等，因此，毫不奇怪，潜在的合作伙伴必须相互了解和信任，这是研究人员共同参与研究的先决条件。④ 这对中国国内学者来说，选择海外华人学者进行科研合作，主要是彼此语言相通，不存在语言文化方面的交流障碍，族群内的信任也易于建立。

在与中国学术机构交流与合作中，海外华人专业社团也扮演了重要角色。北美华人科技协会理事长徐希平早在1998年透露，在国家有关部委、地方政府及

① 朱士娟：《诺奖少中国人，问题何在?》，《济南时报》，http：//news. sciencenet. cn/htmlnews/2014/10/3C5263. shtm。

② 金碧辉等：《中美科学合作：文献计量学分析》，《山西大学学报（自然科学版）》2007年第2期。

③ 刘迪、王贤文：《美籍华裔科学家在中美科学合作中的作用：以纳米技术领域为例》，《第七届中国科技政策与管理学术年会论文集》，2011年。

④ JONKERS K，TIJSSEN R. Chinese researchers returning home：impacts of international mobility on research collaboration and scientific productivity. Scientometrics，2008，77（2）.

驻外使领馆领导的支持下，该协会成功地开展了多项中国环境与遗传流行病学方面的合作研究。在过去的十年当中，该协会共为中国争取到12项大型国际合作课题，其中包括5项NIH资助的科研课题和1项NIH资助的中国环境与职业流行病培训基金，净投入中国的资金总额计300多万美元。另外他与同事们在未向国家伸手要一分钱的情况下，在国内举办了3期国际流行病学培训班，建立起了6个合作中心、10多个实验室，开展了多种常见病的生态遗传学研究。双方学者共同在国内外杂志上发表了50多篇论文，并为国内培养出了一大批学术骨干和学术带头人。①

美国华裔教授专家网（简称“Scholars Net”）成立以来，一直与中美有关部门、高校和科研单位保持良好的互动和联系，及时提供美国及中国大陆、台湾、香港地区的会讯、合作或求才的信息，积极宣传、策划、组织和参与美中科技、教育、文化交流活动，安排中国大陆、台湾、香港地区高等学府代表团访美交流，选送专家教授代表团赴中国讲学，组团赴华参加各类海外留学人员交流会和洽谈会，展示最新科技，并协助启动各类科研项目，及时发放美中高校、科教研专业组织及政府讯息。长期以来，该组织热情接待高层次专家学者代表团，或代为联系各类专家学者进行交流，或帮助引见拜访有关大学，或参观有关科研工业等，成为一座沟通海内外高科技、高等教育和人才合作的桥梁。②

成立于1984年的美洲华人生物科学学会（Society of Chinese Bioscientists in America，SCBA）目前在全球有2 500多名会员，主要为在美国和加拿大高等院校、研究机构、工业企业和政府部门从事生物学及医学领域研究工作的华裔人士，并接纳少数参加生物科学研究工作的华人访问学者。为推动生物科学的发展和华人学者之间的交流合作，美洲华人生物科学学会每两年举办一次全世界范围的华人生物科学家大会。该会已在美国、加拿大、新加坡、中国等地成功举办过国际性研讨会。由于该会组织的大会水平较高，会议影响越来越大，不仅吸引了学术界的同行，也往往引起生命科学产业界的浓厚兴趣，而成为生命科学学术界和产业界沟通和相互促进发展的平台和桥梁。2004年，中国相关研究机构与该组织在北京共同举办2004全球华人生物科学家大会（10th SCBA International Symposium），来自30多个国家和地区的上千名生物科学家，就生命科学与生物技术发展的前沿问题进行学术交流。本次大会涉及生命科学领域的广泛内容，海外尤其是美国、欧洲等地区有所建树的华人生命科学家汇聚一堂，与国内同行广

① 徐希平：《基金管理、国际合作与海外华人——中国21世纪科学技术发展的三大要素》，《世界科技研究与发展》1998年第1期。

② 参见该社团网站：http：//scholarsupdate. zhongwenlink. com/。

泛交流，共同展望未来，这对于促进海内外华人生命科学家之间的相互了解与合作，开拓国内学者的学术视野，扩大中国生物科学和技术在国际上的影响，推动有关科学和经济的发展，吸引海外华裔生物科学家和留学人才以多种形式为国服务，都具有十分重要的意义。①

就企业间的国际技术交流与合作来说，海外华人高层次人才及其社团也扮演着重要角色。1993 年成立的美中医药开发协会（The Sino-American Pharmaceutical Professionals Association，SAPA）是北美地区最为活跃的专业组织之一，其宗旨是推动美中医药行业的学术交流及商务合作；帮助和促进会员事业的发展；普及公众健康教育；促进医药专业人员的职业发展。SAPA 在美国 35 个州以及日本和中国大陆、台湾、香港等地共拥有 4 000 多名会员，会员的工作涵盖整个生物医药行业，机构有设在美国新泽西—大纽约地区的总部、新英格兰（波士顿）分会、大费城地区（费城）分会、康州分会、中部（芝加哥）分会和中国分会。SAPA 创立二十几年来，利用自身会员在中美各大医药公司的技术和管理经验，为中美医药行业之间的沟通搭建了一个很好的平台，为中国和美国在技术培训、技术交流和人才交流方面做了大量的工作，在美国和中国建立起了良好的声誉，受到广泛的尊敬。

近年来，中国各地各部门充分利用华人高层次人才的跨国网络优势，在海外设立研发平台、人才工作站和相关中介组织。2013 年，杭州未来科技城在浙江省委组织部、商务厅等部门支持下，成立了美国浙江创新中心。中心定位为浙江与美国间集科技创新交流、跨境投融资、教育培训、国际运营服务于一体的创新平台，以引进海外高层次人才，促进科技成果转化，成为连接中美创新发展的桥梁，培养高新技术企业和企业家为宗旨。② 而美国华人技术人才与留学生为美国浙江创新中心的建立提供了很大帮助。美国浙江创新中心在组建团队时，为了克服这种水土不服，特地寻找既懂美国文化又熟悉中国的美国华人。比如，现在担任中心运营和项目负责人的蔡文昊原在中国商务部任职，后在美国攻读国际贸易硕士。毕业于哥伦比亚大学的博士后王彬成，目前担任中心的副总裁。中心创办至今，其主要工作就是在硅谷寻找优质人才和项目，一方面为美国的创新技术在杭州乃至浙江寻找合适的市场，另一方面也为浙江当地的企业物色国外“靠谱”

---

① 参见美洲华人生物科学学会网站：http：//www. scbasociety. org/AboutSCBA/AboutSCBA. html；张庆华：《资源与人居环境》，《提高中国生物科学的国际地位——访 2004 年全球华人生物科学家大会主席、美国南加州大学医学院教授陈景虹》2006 年第 9 期；《全球华人生物科学家大会：生命科学 8 大最新成果》，新浪网科技频道，http：//tech. sina. com. cn/other/2004 - 07 - 15/1631388262. shtml，2004 年 8 月 9 日。

② 《杉帝科技与美国浙江创新中心达成合作　促智能制造技术进军美国市场》，中华网，http：//industry. caijing. com. cn/20180110/4391890. shtml，2018 年 1 月 10 日。

的投资对象，实现中美人才和项目的对接。每年都有上百批来自硅谷的创业团队通过该中心前来杭州未来科技城拜访和考察，其中有一部分直接就留在这里，进行孵化和创业。2015—2017 年间，该中心向创客天下·杭州市海外高层次人才创新创业大赛输送了大量项目。① 可见，海外华人专业人士积极对接中外高新科技领域资源，并提供国际投融资、企业运营指导等服务，成为国内企业通往国际顶尖科技创新要素的桥梁和枢纽，大大降低了国内企业在海外创业的风险和成本。

随着近年中国企业的不断发展和壮大，很多有实力的企业也积极迈出“走出去”步伐，在硅谷等世界科技前沿设立研发中心，如滴滴、京东、今日头条、百度、阿里巴巴等。京东总部通过与斯坦福大学、麻省理工学院、加州大学伯克利分校等顶尖高校合作引入“外脑”，进一步延揽硅谷的智力资源。对一些在全球市场扮演日益重要角色的中国科技企业来说，它们对硅谷人才的特殊吸引力开始显现，而华人科技人才则充分发挥自己的优势，积极参与中国企业海外研发平台的建设，或引荐当地创新人才加盟。滴滴在硅谷成立的美国研究院，由硅谷知名信息安全专家弓峰敏牵头。该研究院成立一年半就吸引了当地 150 余名研发人员，承担着不少关于未来出行及国际化的前沿技术探索任务。②

海归企业家也通过反向跨国实践，充分利用其所掌握的知识和海外经验，将中国与外部世界联系起来，通过海外华人的专业网络所带来的直接的知识转移和间接的收益，提升中国企业的生产力和国际竞争力。

总之，华人高层次人才具有明显的移民跨国主义特点，通过跨国网络将侨居国华人人力、资本、技术等要素与中国市场需求结合在一起，对促进中外科技交流起到了重要作用，有助于中国高校和企业的技术创新。

第三节　提高人才培养与引进质量

创新人才的培养与引进是国家创新体系建设的一个重要部分，在此方面，世界各国的华裔科学家也起到很大作用。

改革开放后，中国决定向西方科教发达的国家派出留学生，但当时因为与西

① 梁应杰：《未来科技城在硅谷有个 5 人小团队为浙江寻找好项目》，杭州网，http://biz.zjol.com.cn/cypd/cxw/201706/t20170622_4357137.shtml，2017 年 6 月 22 日；任小璋：《杭州逆袭：“海归”最爱》，《第一财经日报》，2017 年 8 月 7 日。

② 《中国创新链接硅谷“外脑”》，http://www.sohu.com/a/247307514_100155801，2018 年 8 月 17 日。

方学术界隔绝太久，交流太少，缺少派出渠道，而正是海外一大批华裔科学家的引荐，使得很多青年学子最终能进入欧美国家的学术殿堂，接受先进的科学教育。这里值得一提的是著名华裔科学家李政道倡导的“中美联合招考物理研究生项目”（China-United States Physics Examination and Application，CUSPEA）。李政道教授虽身处美国，但他从未忘却中国科学和教育事业的发展。1977 年春天，李政道教授第三次回国访问，再次深入了解国内的教育情况。由于“文革”十年动乱，教育停顿，祖国整整一代年轻人没有机会接受系统的高等教育，因此李政道教授回到美国后做了很多准备。1979 年春他回国访问期间，应中国科技大学研究生院的邀请开了两门课：“统计物理”和“场论与粒子物理”。李政道开课的目的，主要是让当时较为封闭的国内科技工作者了解世界上的科学前沿动态。他每天上午上课，系统地讲了两个半月。据统计，全国一共有 33 家科研单位，78 所高校，1 000 多位科研人员、教师和研究生来听李政道教授的课程，无论其规模还是持续时间在当时都是空前的。① 在讲课期间，李政道发现有些研究生素质非常好，同时深感要加快祖国科技人才的培养，只在国内办讲座补课是远远不够的，必须选派一批年轻人到美国世界一流大学去系统学习，这才是培养人才的长远之计。但当时中国改革开放才刚刚萌芽，国家基本还处在封闭的状态，出国留学尚无渠道，且手续极为烦琐，中国学生也根本不知道美国大学招生的手续和规矩。在这种情况下，普通人想要出国留学堪比登天。针对这种情形，李政道于 1979 年专门创造设计了一种独特的留学渠道——“中美联合招考物理研究生项目”。该项目是李政道呕心沥血、克服重重困难实施的一个跨国人才培养项目。在 CUSPEA 项目运作的十年中，一共有 84 所美国大学加入进来。其中在美国物理界排名前 30 的学校占 56%，前 50 的学校占 80%。国内各单位推荐报考的人数是 5 114 人，通过 CUSPEA 考试出国的人数是 915 人。在 CUSPEA 实施的十年中，李政道为这近千位 CUSPEA 同学争取到总额近亿美元的经费。当年优秀的 CUSPEA 学子现在很多就职于海内外知名大学或研究所，在学术上取得了不小的成就，成为各自领域内的学术领军人和骨干。②

CUSPEA 项目取得成功后，美国的华人化学家和生物学家也分别在化学和生物学领域尝试实施类似 CUSPEA 的项目，分别称 CUSCEA 和 CUSBEA。中美生化考试与申请项目（CUSBEA），由康奈尔大学的华裔生物学家吴瑞效仿李政道的 CUSPEA 项目而创立。从 1982 年到 1989 年，这个项目帮助了大约 400 名中国生

① 柳怀祖：《李政道的 CUSPEA：他改变了中国一代精英的命运》，《科技中国》2017 年第 1 期。作者为中国科学院办公厅原副主任、当年负责协助李政道处理 CUSPEA 计划的国内事务。

② 柳怀祖：《李政道的 CUSPEA：他改变了中国一代精英的命运》，《科技中国》2017 年第 1 期。

物学专业的学生进入美国 90 多所大学接受研究生教育，这些学生中的很多人后来成为各自领域的杰出科学家。赴美攻读研究生项目，各学科共选拔了近两千名中国青年学子赴美攻读博士学位。这批通过各个学科留学项目出国的留美生是这一时期中国留美博士群体的主要组成部分。但从规模和持续时间来看，CUSPEA 最有影响，成效最为显著。

像李政道教授这样的华人科学家，充分利用自己在美国教育界的影响，牵线搭桥，在中美两国学界建立学术网络，具有“滚雪球”的累积效应，开辟华人赴美留学的渠道，也为后来的中国学生赴美留学创造了条件。如通过 CUSPEA 项目赴美留学的王中林，在佐治亚理工学院任教的 18 年里，共培养了 133 名博士生、博士后和访问学者，其中 100 名以上是华人学者。这 133 人中有 7 人现在美国的大学里任教，7 人在中国台湾的大学里任教，还有几十人任职于中国大陆的高校和科研院所。[①] 可见，身处海外的华人高层次人才为中国的人才培养作出了卓越贡献。

2008 年中国实施“千人计划”（即海外高层次人才引进计划）以来，高校和科研机构“千人计划”海归人才的回国，带动了一大批海外优秀人才回流。实际上，在“千人计划”等项目的影响下，近年来海外留学人员回国数量以年均 30% 以上的增幅迅速增长，[②] 在国内形成了一批以高校海归人才为核心的高水平创新团队，特别是在生命科学、电子信息等领域，正成为国际知名专家集聚和高水平人才成长的重要阵地。例如，北京大学工学院书写了“引进一棵树，成就一片林”的传奇。2005 年，北大重建工学院，从美国引进陈十一[③]、张东晓等数位知名教授。如今，学院的教师几乎清一色从国外回来，110 多位教师中有院士 5 人、“千人计划”学者 11 人、“青年千人计划”学者 5 人、长江学者 16 人，在能源、生物医药等领域建树颇丰，被称为“北大工学院现象”。2010 年，在多家专业机构发布的世界大学排名中，北大工学院居国内工学院第二位。

施一公担任清华大学生命科学学院院长后，大力引进海外人才，前后共招聘了包括李国明、李兆平等 7 名“千人计划”专家在内的 43 名海外高层次人才，使清华大学结构生物学中心迅速成为世界一流科研中心。清华大学生命科学学院在施一公等海外回国人才的带领下，自 2009 年以来，已在《自然》《科学》等

① 王中林口述，杨宇、王文乐、杨波、曹喆整理：《为国贡献义不容辞》，《神州学人》2012 年第 10 期。

② 任采文：《“千人计划”：最具影响力的国家引才聚才品牌》，《中国人才》2012 年第 23 期。

③ 浙江天台人，1987 年 7 月参加工作，理学博士，博士生导师，约翰·霍普金斯大学机械工程系终身教授，2005 年回国，中国科学院院士，首批“千人计划”获得者（2009 年）。

世界顶级期刊上发文70多篇，国际影响力迅速提升。①

陈十一教授在2015年初担任南方科技大学校长后，延揽了一批曾经任职于美国洛斯·阿拉莫斯实验室的华人科学家回国就职于南方科技大学。如物理学教授、前沿与交叉科学研究院院长赵予生，力学与航空航天工程系主任单肖文博士，材料科学与工程系讲席教授王湘麟等。②

大批海归科研人才的回国，其本身为中国科教机构打造了一批具有世界水平的创新团队，也培养了大批创新人才。上海财经大学“千人计划”专家田国强教授通过“导师问责制”、聘任世界顶级专家担任荣誉教授、开设教学实验班等方式，开展各具特色的教学科研改革，培养了一批优秀的学生，为中国高等教育增添了活力。

姚期智为中国创建世界一流计算机学科培养了拔尖创新人才，并毅然放弃了美国名校的终身教职，回到祖国。他受聘清华大学后，第一件事就是在本科生中创办“软件科学实验班”，又被称为“姚班”。这位世界顶级科学家立足学科前沿，亲自为这个实验班设计课程，制订培养方案，并定期更新。他一直坚持姚班的课程必须充满挑战性，只有这样，才能让学生发现自己真正的兴趣和长项。为拓宽学生视野，姚期智还经常为学生们创造科研和国际交流的机会。截至2016年底，姚班学生已发表论文121篇，有42位学生被选派参加国际会议并作论文宣讲，近1/3的学生都有科研成就，这在国外世界一流大学也非常罕见。图灵奖获得者约翰·霍普克洛夫特这样评价姚班：“姚班有世界最优秀的本科生和最优秀的本科教育。”③

北京生命科学研究所组建初期，采取全球招聘的方式，从20多位应聘人选中选拔出美国得克萨斯大学西南医学中心教授王晓东、耶鲁大学终身教授邓兴旺，让他们共同担任所长。在顶尖科学家的引领下，生科所吸引了大批生物技术领域的海外留学人员。截至2012年，有600多名高水平海外人才先后应聘研究员工作。在引进人才的同时，生科所注重人才培养，与北京大学等高校联合招生，共同培养了108名研究生。④ 生科所为了培养和训练大学本科生和高中生对生命科学研究和现代实验技能的兴趣，每年暑期都从全国部分高校和中学的数百名报名学生中筛选数十名学生走进实验室，由专人负责指导，直接参与课题研究

① 《这是一次民族史上罕见的人才回流潮：他们让中国部分科技实力加速了15年》，http://www.sohu.com/a/225165574_275786，2018年3月9日。

② STEPHEN C. America's hidden role in Chinese weapons research: many scientists have returned to China after working at Los Alamos and other top US laboratories. South China morning post，2017-06-12.

③ 《中科院院士、图灵奖唯一华裔得主姚期智：为中国创建一流计算机学科》，http://www.guancha.cn/industry-science/2017_04_25_405392.shtml，2017年4月25日。

④ 《北京生命科学研究所：让科学家潜心创新的研究所》，《中国组织人事报》，2012年8月8日。

的具体工作。这些怀揣梦想的青少年不仅能够接触到基础科学的最前沿，与科研人员一样参加各种学术和文体活动，还能与科学家进行平等对话和交流。正是这些经历，让莘莘学子与真正的科学“亲密接触”。① 2007 年至 2012 年间，生科所以全新的招生、培养模式，与中国协和医科大学、北京大学、清华大学等，联合培养博士、博士后 100 多名，许多人已在科学研究上崭露头角。②

2011 年，作为国家第六批“千人计划”入选专家回国的罗顺在成立甘肃健顺生物科技有限公司（简称“健顺生物”）时，注重本土团队的培养。在此理念指引下，公司以“无血清细胞培养基工程实验室”为孵化器、以外国专家为主，培养出一批具有扎实基础理论和实践能力的生物技术人才，同时，健顺生物与当地高等院校（兰州大学、甘肃农业大学、西北师范大学等）、科研院所合作，培养技术型人才和高级经营管理人才。罗顺对于人才培养可谓费尽心思，发扬“传、帮、带”的精神，通过邀请外国专家亲自到实验室指导实验的方式，培养科研人员的动手能力和独立开展科研的能力。在专家严谨规范的指导下，从 2012 年起培养的一批年轻科研人员，已经掌握了试验的方法和操作的要领，并成为科研团队的主力军。公司还有计划地安排年轻科研人员跟专家团队去境外进修培训，促进团队与境内外学者交流，使年轻科研人才在国际舞台上崭露头角，并逐渐成为中国生物制药领域的新生力量。③

第四节　提升科学研究与学科建设水平

强大的科学研究是建设世界科技强国的基石。提升原始创新能力，是夯实创新型国家和世界科技强国建设的基础。世界一流大学和科研院所是国家核心竞争力的重要体现，也是社会创新发展的引擎和动力源泉。一方面，大学和研究院产生的新知识、新思想、新技术带动和促进经济社会发展；另一方面，经济社会发展不断出现的新现象、新问题、新要求，也需要大学和研究院提供新的理论指导和新的技术支撑。学术研究与学科建设在一流大学建设中具有龙头地位和支撑作用，还是科技创新的学理基础和重要平台，决定科技创新的方向与特色。当前中国在建设世界一流大学和科研院所过程中，积极加快建设和完善以理论创新为基础、原始创新为重点、高水平科研平台建设为支撑、制度创新为保障的科技创新

① 《“与诺贝尔大师共进午餐”——来自北京生命科学研究所的系列报道之三》，千人计划网，http：//www.1000plan.org/superblog/3620/529。

② 《北京生命科学研究所这五年》，《人民日报》，2012 年 7 月 6 日。

③ 邵浩：《打造生物制药王国——记“千人计划”专家罗顺》，《国际人才交流》2016 年第 12 期。

体系，激励创新主体，聚集创新要素，打造创新环境，提升创新能力。

当今世界新一轮科技革命蓄势待发，物质结构、宇宙演化、生命起源、意识本质等一些重大科学问题的根本性突破正在开辟新的前沿方向；一些重要的科学问题和关键核心技术发生革命性突破的先兆已日益显现；一些重大颠覆性技术创新正在创造新产业、新业态，信息技术、生物技术、制造技术、新材料技术、新能源技术广泛渗透到各个领域，带动了以绿色、智能、泛在为特征的群体性重大技术变革；大数据、云计算、移动互联网等新一代信息技术同机器人和智能制造技术相互融合步伐加快，社会生产和消费从工业化向自动化、智能化转变，正在重塑世界竞争格局，改变国家力量对比。①

以留学人员为主体的华人高层次人才是中国科教队伍的重要组成部分，是中国现代化建设的重要资源。新中国成立之初，以钱学森、李四光、邓稼先等杰出科学家为代表的海外留学人才回到祖国，为新中国的工业、科研、教育和国防建设建立了卓越功勋。改革开放以来，新一代的留学归国人员同样为国家科技发展作出了重大贡献。2006 年，国家自然科学奖获奖项目第一完成人中的 67%、国家技术发明奖第一完成人中的 40%、国家科技进步奖项目第一完成人中的 30% 是留学回国人员。② 2011 年中科院新增院士 51 名，其中改革开放以后留学回国者占近 90%。可见，留学回国人员在中国科技界已经成为一股重要力量。③ 此外，中科院外籍院士中，华人占了不少。笔者根据中科院公布的 92 名外籍院士个人信息统计，目前外籍华人院士 37 人，占比 40.2%。

随着大批海外高层次人才的加盟，中国在信息技术、能源技术、材料装备等应用领域获得了重大革命性突破，同时引进专家，培养造就了一大批中青年人才，拓展了中国融入世界核心创新网络的广度和深度，增强了中国学术、产业话语权。

在信息科学领域，量子计算机的研究，是世界瞩目的尖端科研。由于量子信息技术具有巨大潜在价值，欧美各国都在积极整合相关力量和资源，开展国家级的协同攻关。中国对量子信息技术的研究始于被称为“量子之父”的中国科学技术大学潘建伟教授。1997 年开始，当时在奥地利维也纳大学就读博士的潘建伟每年都利用假期回到中国科技大学讲学，为中国在量子信息领域的发展提出建议，并带动一批研究人员进入该领域。潘建伟及其同事在过去 20 年一直引领着多光子纠缠和干涉度量的发展，并在此基础上另辟蹊径地开创了光子的多个自由

① 徐飞：《“双一流”建设在创新驱动发展战略中的四大使命》，《中国高等教育》2017 年第 10 期。

② 王芳、赵冰：《中国留学人员创业园 15 年辉煌发展之路》，《神州学人》2009 年第 12 期。

③ 王泓漪：《中科院新增 51 名院士　60 岁以下海归成主力》，人民网，http://scitech.people.com.cn/GB/16561130.html，2011 年 12 月 9 日。

度的调控方法。通过多年的不懈探索和技术攻关，潘建伟、陆朝阳研究组首次实现单光子多自由度的量子隐形传态，实现了不同自由度量子态之间的确定性和高效率的相干转换，成功实现了18个光量子比特超纠缠态的实验制备和严格多体纯纠缠的验证，创造了所有物理体系纠缠态制备的世界纪录。① 姚期智是蜚声中外的大师、世界著名计算机学家、美国科学院院士，在通信复杂性和伪随机数生成计算理论、密码学和安全形式化方法、数据结构及量子计算等领域都有重要贡献。2004年9月，他辞去普林斯顿大学终身教职，正式加盟清华大学高等研究中心任全职教授。他制订了《中国计算机科学2020计划》，带领科研团队围绕计算机和量子、能源、电力、经济等的交叉领域立体布局，组建起了量子计算机实验室、金融科技实验室等。他的科研团队结合国家发展需要，聚焦原创研究，取得了一系列科研成果。②华裔科学家樊文飞是国际学术界公认的、世界上极少数同时在数据库理论与系统两个领域作出突破性贡献的学者之一。为了照顾母亲和报效祖国，近十年，樊文飞每年在国内工作6~9个月。在这期间，他将数据库理论研究引入中国，并在国际上重塑了数据质量研究，带领国内团队开展大数据理论与关键技术的研究，使中国在这些重要领域居于国际前沿。③ 正是潘建伟、姚期智、樊文飞等这样重量级华人科学家的加盟与参与，填补了中国在计算机理论研究方面的空白，让中国计算机理论研究真正与世界接轨，量子科研异军突起，在量子理论、量子通信、量子计算等研究领域涌现世界级成果。

生命科学和生物技术是过去几十年中发展最为迅速的科学之一。生物科学研究在20世纪取得很多重大突破，如DNA分子结构和功能的揭示、哺乳动物体细胞克隆的成功、人类基因组计划的实施等，标志着21世纪人类将进入生物科学技术的新时代。生物科学对人类社会的影响已遍及健康、经济、政治、法律等诸多领域，在解决人口增长、资源危机、生态环境恶化、生物多样性面临威胁等问题方面发挥的作用也越来越大。同样，近年我国生命科学的迅猛发展，也有海外华人的一份功劳。如国际著名生物物理化学家谢晓亮是单分子酶学的创始人、单分子生物物理化学的奠基人之一、相干拉曼散射显微成像技术和单细胞基因组学的开拓者。2001年，谢晓亮被北京大学化学学院聘为客座教授，2009年被聘为

---

① 《骄傲！中科大潘建伟团队再次刷新世界记录》，https://www.sohu.com/a/239136087_265863，2018年7月3日。

② 图灵奖是由美国计算机学会于1966年创立，以计算机概念的创始人图灵的名字命名，每年评选出一至三名获奖者，与诺贝尔奖齐名。参见《中科院院士、图灵奖唯一华裔得主姚期智：为中国创建一流计算机学科》，http://www.guancha.cn/industry-science/2017_04_25_405392.shtml，2017年4月25日；《这是一次民族史上罕见的人才回流潮：他们让中国部分科技实力加速了15年》，http://www.sohu.com/a/225165574_275786，2018年3月9日。

③ 《樊文飞教授当选英国皇家学会院士》，《科技日报》，2018年5月11日。

北京大学“长江学者”讲座教授，2010 年起任生物动态光学成像中心主任，2016 年起任北京未来基因诊断高精尖创新中心主任。他曾与海归苏晓东和黄岩谊两位教授共同倡议成立北京大学生物动态光学成像中心，并得到学校领导的大力支持。该中心从事生命科学领域世界前沿的研究，几年来，已发表很多高质量的科学论文，逐渐在单细胞基因组学领域达到了国际领先水平。① 北京生命科学研究所聚集了一批具有国际视野、个人创造力旺盛的年轻科学家，并产生大批高水准科研成果。由 36 位海外优秀人才领衔建立的 24 个独立实验室和 12 个科研辅助中心研究领域涉及细胞死亡机理与人类疾病、病原体与宿主相互作用机制、衰老的系统生物学和转化医学以及成体干细胞在器官形成、再生与癌变中的调控机制等，产生了一批高水平的原创性的科研成果，大大提升了中国在全球生命科学领域的地位和影响力。② 施一公教授带领研究团队成功解析了世界上第一例细胞凋亡小体的三维空间结构、第一例甲酸离子通道蛋白复合体的高分辨率空间结构、第一例蛋白降解复合体的三维空间结构，在国际生命科学领域产生了重要影响。③

地球物理学（Geophysics）的主要研究对象是人类繁衍生息的地球及其周围空间。其研究成果可优化和改善人类生存和活动环境，防御及减轻地球与空间灾害对人类的影响。海归博士黄大年于 2009 年底通过“千人计划”回到中国，出任吉林大学地球探测科学与技术学院教授、博士生导师。在国外生活多年的黄大年深知，作为中国地球深部探测计划的重要部分——超深度钻机等探测技术装备，从军事工程、国防安全到能源探测开发都是必需的利器。黄大年一回国，就被国家选为深地探测装备的攻关负责人，协助国家完善战略部署，并在具体实施过程中担任项目负责人，不断向巡天、探地、潜海等航空地球物理领域要达到的目标进军。黄大年归国七年，带着团队突破一个个技术难点。他回国三年后，中国首台深部大陆科学钻探装备“地壳一号”投入使用，使得中国一举打破垄断，成为继俄罗斯和德国之后第三个掌握该技术的国家。在航空移动平台探测技术装备项目上，他和团队着重攻关技术瓶颈，努力打破国外技术封锁，取得突出成就。在尖端装备重力梯度仪的研制上，就数据获取的能

① 《哈佛讲席教授谢晓亮全职回北大任教》，http://news.sciencenet.cn/htmlnews/2018/7/415023.shtm，2018 年 7 月 2 日；《这位顶尖科学家正式全职回国任教，被誉为“离诺贝尔奖最近的华人”!》，https://www.sohu.com/a/239117711_273069，2018 年 7 月 3 日。

② 杜芳：《种好中国科改“试验田”——记北京生命科学研究所所长王晓东》，中国经济网，http://news.163.com/15/0527/07/AQJU1GFP00014JB5.html，2015 年 5 月 27 日；《北京生命科学研究所用人才激活创新机制》，http://www.sohu.com/a/100495571_157348，2016 年 7 月 1 日。

③ 李佳敏：《上海高校引才成效显著　“千人计划”特聘教授占全国 15%》，东方网，http://sh.eastday.com/m/20140304/u1a7959364.html，2014 年 3 月 4 日。

力和精度，中国与国际的研发速度相比至少缩短了 10 年，而在算法上，则达到了与国际持平的水平。①

在高能物理领域，首批“千人计划”入选者、海归人才赵政国在中国科学技术大学的高能物理领域建立起一支实力雄厚、颇有潜力的年轻人才队伍，并带领队伍参与到国际最前沿的科研工作中。2012 年，全世界都在为新发现的疑似“上帝粒子”而激动，赵政国领导的研究团队为疑似“上帝粒子”的发现作出了直接的贡献。②

在其他研究领域，华人高层次人才也做出很多成绩。中国“国家友谊奖”获得者、法国国家医学研究院的韩家骥教授，自 1986 年起，先后十多次到南京大学进行短期讲学和合作科研，在该校的累计工作时间已经超过一年。他在科研资料的搜集、科研计算机软件特别是化学试剂方面给南京大学提供了很大的帮助，为该校节约了大量的人力、物力和财力投入，大大缩短了研究周期。在他的指导下，该校研究人员顺利解决了一系列关键性的重大科研难题并共同发表论文 40 多篇。③

以上这些案例，大致反映了海归高层次人才在信息科学、生命科学、地球物理、高能物理等领域所做出的成绩。当然，华人高层次人才为提升中国科研水平所作出的贡献远不止这些，也不仅限于这些研究领域。

学科建设是高水平大学建设的重点之一，很多高校的留学回国人员在学校的学科建设中扮演着龙头角色。他们回国后带回了自己在国外的先进教学、科研成果和图书资料，并引进了一批精良的教学科研仪器、设备等，将在国外的学习、科研与国内的教学实践相结合，为中国高校重点学科、交叉学科及学科群的建设和发展作出了很大贡献，促进了中国高校新兴学科、交叉科学和边缘学科的建立与发展，加速了教育管理科学化和教育科技现代化进程。④ 中山大学中山医学院从 1996 年以来，制定了一系列吸引、扶持海外优秀科研人员回国工作的政策，从美国知名高校和科研机构引进博士颜光美、顾军等 10 位留学人员回国工作。这些引进的高层次留学回国人才科研能力强，把在国外学到的新知识、新思维、新方法带进校园，对改变学术上的“近亲繁殖”、改善学科结构起到了一定作用，给学校带来了勃勃生机。分子医学研究中心的顾军教授为学院创建了以分子医学为主，生化、免疫、遗传、分子病毒等参与的“分子医学学科群”。这既符

① 《宁愿破产离婚也要回中国，他是当代感动中国的先锋楷模》，http：//k. sina. com. cn/article_6395564999 - p17d3493c70010099nk. html，2018 年 8 月 7 日。

② 《赵政国：科学家的奋斗与梦想》，中国科学技术大学网站，http：//news. ustc. edu. cn/xwbl/201312/t20131219_179748. html，2013 年 12 月 19 日。

③ 陈仁霞：《南京大学积极引进海外科技人才的实践与思考》，《研究与发展管理》2002 年第 3 期。

④ 陈昌贵：《我国留美学者回国意向的调查与分析（下）》，《高等教育研究》1995 年第 1 期。

合世界大学学科建设的方向，也为学院争取国家自然科学基金的重点、重大项目打下了坚实基础。①

海外华人学者在国内科研机构引进世界前沿学科、开拓新的研究领域等方面起到很大作用。哈佛大学医学院刘建宁教授瞄准分子医学这一新兴学科的发展前景，积极为南京大学出谋划策。在他的倡议、筹措与联络下，他与其他五位留美学者成立了“南京大学分子医学研究所”。该所由设在南京大学的主体所和设在美国的波士顿研究室组成，聘请国内外分子医学领域的先锋学者加盟，主要从事基因工程和单克隆抗体等高新方向的创新研究，以及包括硕士和博士的高层次人才培养，并建立博士后流动站。该所借鉴国外先进的管理经验，营造了良好的学术氛围，吸引了众多的国内外著名生物医学学者共同参加研究和开发。②

在纳米科学与技术领域，国际公认的领军型科学家王中林为中国该领域的发展作出很多贡献。王中林于 1982 年通过中美联合培养物理类研究生计划，赴美国亚利桑那州立大学就读并获得物理学博士学位，创建了佐治亚理工学院的纳米科学和技术中心并担任该中心主任。尽管身在海外，他仍关注国内纳米科学的发展。他与中科院保持长期合作关系，被聘为教育部“长江学者奖励计划”讲座教授，在清华大学任教 3 年；推动并促成了佐治亚理工学院和北京大学的联合博士学位项目。十几年来，他平均每年回国 8 ~ 10 次，每次短则停留 10 天，长则 1 个月，基本上是讲学或进行科研合作。他也积极帮助国内的科研单位建立必要的研究机构，介绍新的科研理念和学术风范，改变他们的思维模式，帮他们找到一个研究方向，做出一定成果，然后共同发表文章，引导他们登上国际舞台。他从 2006 年到 2009 年代表佐治亚理工学院出任中美联合的北京大学工学院先进材料和纳米技术系（现为材料科学与工程系）主任，并参与了工学院的建设工作。在北大的任期结束后，他开始帮助华中科技大学建立研究纳米技术的科研队伍，后又集中精力组建中国科学院北京纳米能源与系统研究所。③

在人文社科领域，华人高层次人才也做出重大成绩。国家首批“千人计划”引进人才、数学家郑伟安于 2009 年辞去美国加州大学终身教授职位，加盟组建不久的华东师范大学金融与统计学院。随后邵军、孙东初等海外人才也以“千人计划”专家身份加入该院。之后，为配合上海国际金融中心建设的需要，郑伟安

---

① 《广东中山医科大学归国学人访谈》，国际在线 · 海外华人网，http：//online. cri. com. cn/189/2002 - 3 - 14/8@23255. htm，2002 年 3 月 14 日。

② 陈仁霞：《南京大学积极引进海外科技人才的实践与思考》，《研究与发展管理》2002 年第 3 期。

③ 王中林口述，杨宇、王文乐、杨波、曹喆整理：《为国贡献义不容辞》，《神州学人》2012 年第 10 期。

与孙东初等人创建了一支金融工程与金融统计交叉的研究队伍，协同开展跨界科研。其团队奠定高频交易的数理基础，实现利用技术指标进行高频交易，引起欧洲最大对冲基金设在牛津大学的计量金融研究所以及上海证券交易所等机构极大的关注。另一名“千人计划”专家邵军教授则推动统计学与生命科学交融，其生物统计成果登上统计学国际顶级刊物，生物医药巨头默克、诺华等主动提出合作。①

据不完全统计，1979—2000 年间，南京大学通过海外校友、留学人员、海外华人科学家等引进海外华人人才多名，共建立新学科 24 个，开设新课程 79 门，成立联合工作组 36 个，攻克科技难关突破 100 个，联合培养博士生 83 名，获得各类资助以及仪器设备、实验试剂和资料捐赠总价值超过 300 万美元。如该校商学院已经成功地建立了电子商务系，这与任教于加州大学洛杉矶分校并担任该校亚太学院副院长的鲍勇剑博士的讲学及其后来的大力指导和帮助是密不可分的。海外华人人才在学科建设、人才培养和科学研究方面做了大量工作，为学校创建世界高水平大学作出了独特贡献。②

最近公布的世界大学学术排名榜（ARWU）上，清华大学、北京大学和浙江大学已跻身世界研究型高校百强。但在 2012 年，国内高校的最好成绩仅能排在150 ~ 200 名。在 THE（英国泰晤士高等教育）等世界大学排行榜上，近年中国高校更是表现突出。与哈佛大学、牛津大学等世界一流名校相比，中国顶尖高校的地位，也正在由“学生”变为“同学”。2012—2016 年，进入世界大学排行榜前 500 名的中国大陆高校从 31 所增加至 98 所，进入 ESI（Essential Science Indicators，基本科学指标数据库）前 1% 的学科数从 279 个增加到 770 个，学科进入 ESI 前 1% 的高校从 91 所增加到 192 所。近年来，在国家科技三大奖通用项目中，高校获奖数占全国总数 70% 以上，产出社科重大成果比例占全国 80% 以上，专利申请数年均增长 20% 左右。③ 正是一大批海外高层次华人人才的加盟，使中国高校近年的学科建设成绩突出，一大批学科已进入美国 ESI 全球学科排名前 1% 。

总的来说，在国家的大力支持下，随着海外华人高层次人才大量加盟中国高校，或以为国服务的方式，促进了中国大学加快发展，使其在世界大学排行榜中排位不断前移。位于美国的免费期刊信息分析平台 Scimago 发布 2018 世界大学学术排名，全球 5 000 多所研究机构和高校上榜，中国大陆共有 414 所高校上榜。其评价的主要指标包括科学研究（50%）、创新（30%）和社会影响（20%），

① 李佳敏：《上海高校引才成效显著　“千人计划”特聘教授占全国 15%》，东方网，http：//sh. eastday. com/m/20140304/u1a7959364. html，2014 年 3 月 4 日。

② 陈仁霞：《南京大学积极引进海外科技人才的实践与思考》，《研究与发展管理》2002 年第 3 期。

③ 《昂首阔步迈向高等教育强国》，《中国教育报》，2018 年 9 月 6 日。

涵盖了高校和科研机构发表的论文数、引用次数、国际合作论文数、专利申请数量、专利中引用的科学出版物数量等。从该排名榜中可看出，2009—2018 年这十年中国大陆高校学术排名上升较快。①

总之，华人高层次人才在中外高校和科研机构的不断回流与环流，为中国高校和科研院所科研实力的增长注入了强大动力。他们在科学研究方面取得了一批标志性的原创性成果，为中国的科研注入了新鲜血液，在很大程度上提高了中国的科研水平。

第五节　推动中国高科技产业的起步和发展

科学技术是第一生产力。华人高层次人才不仅提升了中国的学术研究水平，也看准中国庞大的市场机遇，积极参与中国新经济建设，将其研究成果转化为生产力，提升了中国企业科技自主创新实力，推动中国产业转型升级。从相关资料来看，由具有高科技专业背景的海归创建的企业，开启了中国某些行业发展的先河，填补了行业空白，攻克了一批关键核心技术，完善了中国经济结构。以下仅从信息技术、生物医药、新能源、新材料等产业分析华人高技术移民对中国高科技产业的贡献。

信息技术（Information Technology，IT），是主要用于管理和处理信息所采用的各种技术的总称，主要是应用计算机科学和通信技术来设计、开发、安装和实施信息系统及应用软件。计算机和互联网普及以来，人们日益普遍地使用计算机来生产、处理、交换和传播各种形式的信息。当今信息技术如此重要，也被中国政府确定为七大战略性新兴产业之一。在中国信息技术发展中，华人高技术移民同样作出了重大贡献。通过李政道 CUSPEA 项目赴美留学的张朝阳，于 1993 年底获得麻省理工学院博士学位。1995 年，张朝阳毅然放弃了在美国稳定安逸的生活，回到国内创业。在麻省理工学院尼葛洛庞蒂、爱德华·罗伯特等教授的支持下，张朝阳筹集到一些资金，于 1998 年 2 月正式推出“搜狐（SOHU）”。张朝阳一鸣惊人，从此“搜狐”成为中国互联网知名品牌。1998 年 10 月，张朝阳入选美国《时代》周刊评出的“全球计算机数字化领域的 50 名风云人物”。② 中国的另一互联网巨头百度公司是由海归李彦宏创办的。1999 年底，身在美国硅

① 《十年（2009—2018）大学学术排名》，https：//www. toutiao. com/a6577633700899455501/。

② 《张朝阳：留学塑造了我在互联网打拼的价值观》，https：//www. sohu. com/a/140008711_430917，2017 年 5 月 12 日；菡涵：《张朝阳：搜狐是中国互联网的半部历史》，《中华儿女》2018 年第 16 期。

谷的李彦宏看到了中国互联网及中文搜索引擎服务的巨大发展潜力，抱着技术改变世界的梦想，他毅然辞掉硅谷的高薪工作，携搜索引擎专利技术，于 2000 年 1 月 1 日在中关村创建了百度公司。经过十多年的发展，百度已经发展成为全球第二大独立搜索引擎和最大的中文搜索引擎。百度的成功，也使中国成为美国、俄罗斯和韩国之外，全球仅有的 4 个拥有搜索引擎核心技术的国家之一。根据第三方权威数据，在中国，百度 PC 端和移动端的市场份额总量达 73.5%，覆盖了中国 97.5% 的网民，拥有 6 亿用户，日均响应搜索 60 亿次。截至 2015 年，百度的市值已达 800 亿美元。如今，百度已经发展成一家国际性企业，在日本、巴西、越南、泰国、印度尼西亚以及埃及等中东地区建立分公司。[①] 小米科技公司 8 位主要创始人中，有 5 位是海归。其中崔宝秋属于较早一拨涉足人工智能领域的探索者之一。他于 2000 年获得博士学位后进入硅谷工作，从 IBM 传统软件的设计、研发到雅虎和 LinkedIn 的互联网应用服务，一直以最先进的技术与成果引领互联网时代的发展。之后又进入雅虎，全方位体验大数据创新以及移动互联网领域的研发。2012 年受雷军邀请回国加入小米，现为小米科技有限责任公司副总裁，小米云平台负责人、首席架构师。[②]

在网络安全领域，曾任职于国际著名安全公司十余年的范渊于 2005 年受邀登上美国拉斯维加斯世界黑客大会，是第一个登上“黑帽子”大会演讲的中国人。2007 年，范渊看准国内市场契机，抱着报效祖国、填补国内在信息安全领域空白、打造中国信息安全民族品牌的信念，在杭州高新区创办了杭州安恒信息技术有限公司（简称“安恒信息”）。回国后，范渊埋头于研发创新、开发产品、拓展市场，曾先后为北京奥运会、国庆 60 周年庆典、上海世博会、广州亚运会等众多重大活动提供网络信息安全保障。2012 年后，随着网络安全防患意识提升，信息安全产业迎来了春天，安恒信息随之步入了发展的快车道。从最初的 Web 漏扫产品，到内控安全产品，再到移动互联网时代的大数据态势感知、云安全体系和物联网安全研究，范渊带领团队一直走在网络安全研究的最前沿，他也成为国内互联网安全领域的顶尖专家。强大的科研实力，使安恒信息成为网络安全产业的引领者。作为云安全、互联网应用安全、大数据安全、智慧城市安全和工控安全等前沿领域的知名品牌，该公司多次入选全球网络安全 500 强。[③]

---

① “百度”，百度百科，https：//baike. baidu. com/item/百度/6699？fr = aladdin。

② 《崔宝秋博士：世界的速度由创新者决定》，北京海外学人中心，http：//www. 8610hr. cn/docs/hy_2016_rw/2018 - 01 - 08/1515375563530. html，2018 年 1 月 8 日。

③ 《杭州高新区凸现海归智力效应　带动发展产业升级》，《杭州日报》，2012 年 5 月 17 日；《杭州安恒信息董事长范渊：守卫网络空间疆土》，《人民日报》，2017 年 8 月 30 日。

在机器人领域，曾担任瑞士联邦理工自动控制研究所工程师的姚庭，于2014年放弃在读的博士学位和百万年薪回国，在山东威海参与创办正棋机器人公司并担任总经理。机器人的核心技术是控制器，它相当于人的大脑，这是制约中国机器人产业成长的重要技术。在姚庭和他的团队的努力下，更多机器人技术从实验室走向车间。姚庭带领团队耗时3个月研发出了完全装备“中国大脑”的设备，不良率只有1‰，远低于国外公司5%的不良率。姚庭的公司目前年销售额突破千万元，累计完成科技成果转化30余项，涵盖工业机器人、激光焊接/切割解决方案、AC电源线组件自动装配生产线、智能钣金工厂解决方案等产品及方案，拥有有效自主知识产权33项。①

当今全球的药品研发格局中，美国是遥遥领先的领跑者。日本、欧盟是并肩跑，位于第二集团。中国在第三集团里，仿制药水平跟国外相比还相差甚远，长期面临着“安全、无效”的尴尬问题。许多仿制药的药效甚至不及原研药的10%。② 大力提升中国生物医药的研发水平，是事关人民身体健康和生活质量的大事，这已成为国家和社会的共识。一批海归高层次人才加盟中国的生物医药研发，也初现成效。从美国回国的病理科医学博士丁列明，于2002年8月带着一项靶向抗癌药的专利，在杭州创立浙江贝达药业股份有限公司（简称“贝达”），开始了创新药物研究开发的艰难之旅。经过十年的努力和奋斗，中国的第一个小分子靶向抗癌药凯美纳在贝达出现，上市9个多月就销售了1.5亿元，打破了国外大型制药企业在小分子靶向药物领域的垄断，标志着中国药物创新有了质的突破。③ 复宏汉霖总裁、首席执行官刘世高是海归博士，2008年，这位在美国药企工作多年的华人科学家辞职回国，与复星医药联手成立了复宏汉霖。他带领团队坚持采用国际质量标准，在中国率先应用先进的一次性生产技术，并建立了通过欧盟质量授权人（QP）核查的生产基地。8年来，复宏汉霖已累计投入8亿多元研发经费，成果分为生物类似药和生物创新药两大类。生物类似药的药效与已上市的原研药相似，可用于治疗非霍奇金淋巴瘤、乳腺癌、胃癌、转移性结直肠癌、类风湿关节炎等多种疾病。如今，该企业的估值超过100亿元，已完成9个

---

① 《放弃百万年薪，只为一颗“中国芯”!》，http：//www.sohu.com/a/160565659_99964952，2017年7月28日；《海归放弃瑞士研究所百万年薪，回国制造机器人年销售额突破千万元》，http：//www.sohu.com/a/240930431_117373，2018年7月13日。

② 《中国制药业有多落后？真相比电影还扎心!》，https：//www.sohu.com/a/241110560_634722，2018年7月14日。

③ 《浙江贝达药业董事长丁列明：曾被当成疯子》，http：//www.cztv.com/zspd/zsrwfc/dlm/xgbd/2013/06/2013－06－213921049.html，2013年6月21日。

单抗产品、16 项适应证的临床试验申报。① 协和医科大学细胞工程中心主任、北京义翘神州生物技术有限公司创始人谢良志旅居美国 12 年，从事疫苗产品研发工作。2002 年，谢良志决定回国创业，立志解决中国制药行业产业化的瓶颈问题，快速缩短与国外的差距。2013 年，中国突发 H7N9 禽流感疫情，谢良志的公司仅用 12 天就完成了 H7N9 的血凝素蛋白生产，在 7 个月内完成了 H7N9 应急中和抗体药物的研发、临床前评价、工艺开发和应急抗体药物的 GMP（一种强制性标准）生产储备，抢在当年流感季节来临之前完成了创新抗体药物的临床申报。目前，谢良志的公司有多个蛋白、抗体药物品种申报临床，有的品种已经进入临床三期研究。②

细胞培养基和细胞培养工艺是生物制药和疫苗产业中最关键的部分，中国在此领域人才奇缺。旅居美国近 30 年、在一流生物制药公司有着丰富经验的罗顺于 2011 年回国，成立甘肃健顺生物科技有限公司。罗顺回国时，带回了一支专业的技术团队，几乎涵盖了从基建、生产线建设、研发技术、工艺技术到质量管理、市场营销的所有技术人才，既有负责实验室设计建造的专家，也有专业的技术专家。2012 年 6 月，公司 3 000 平方米无血清细胞培养基工程实验室投入使用，成为世界一流的细胞培养基实验室。实验室仪器中 90% 从外国进口，很多设备不仅在中国，即使在世界上也是数一数二的。罗顺不仅带回了美国一流的细胞培养基技术，也带回来了一流的产品研发平台，可以研发出近百种细胞培养基配方。经过几年的发展，健顺生产的细胞培养基已经占据了国内 20% 的市场，与一些大型药企签订了培养基长期供应合同，其中国内的康弘药业等多家知名药企已将健顺生物细胞培养基确定为其新药唯一指定原材料供应商。公司产品已出口韩国市场，并计划打入印度、美国市场，对打破美国在该领域的垄断意义重大。③

新能源产业是衡量一个国家或地区高新技术产业发展水平的重要依据，是新一轮技术革命的引擎。发展光伏发电系统，带动光伏制造产业，是国内优质内循环经济的发力点。2001 年，中国光伏电池产量仅为全球产量的 1% 左右；2010 年产量超过全球市场的 50%。一批中国光伏企业迅速成长，尚德、晶澳、英利、天合均进入 2010 年全球产量前五名。中国不仅是全球最大的光伏电池生产国，而且是光伏技术专利主要来源国。仅以晶硅电池技术专利为例，近年

① 《华人科学家与复星医药联手，让中国癌症患者用上低价单抗药》，http://www.sohu.com/a/224044395_682259。

② 周乾宪：《“千人计划”专家谢良志：让国人用得起高端生物药》，千人计划网，http://www.1000plan.org/qrjh/article/77654，2018 年 8 月 28 日。

③ 邵浩：《打造生物制药王国——记“千人计划”专家罗顺》，《国际人才交流》2016 年第 12 期。

来中国晶硅光伏相关专利数量及其占全世界份额迅猛增长。在光伏产业发展特别是技术创新能力提升过程中，海归人才发挥了关键作用。如邓勋明、杨怀进、施正荣、赵建华等，在二十世纪八九十年代的出国风潮中留学澳大利亚、美国等，之后从事光伏事业。光伏行业的元老邓勋明于 1985 年通过李政道“中美联合招收物理博士生计划”进入芝加哥大学，从事非晶硅太阳能电池与材料的研究。1990 年，邓勋明博士毕业，加入美国能源转换公司，负责建设世界上第一条用于制造三结叠层非晶硅电池的卷对卷柔性薄膜太阳能电池生产线。1996 年，邓勋明放弃公司的资深位置到美国托莱多大学任教，并攻克多个课题难关，打造了一支具有实践经验的创新型研究团队。2002 年，邓勋明夫妇拿出积蓄，成立了美国中西光电有限公司，从事非晶硅薄膜太阳能电池的研发与生产，后又独资注册成立子公司——美国迅力光能公司。2008 年，邓勋明决定回国创业，带领团队专注于镀膜设备的研发，以提高光能转化效率。2017 年 7 月，中国首台高效 PERC 太阳能电池“二合一”PECVD 量产设备问世，每小时可完成 4 000 个 156 毫米硅片的 PERC 镀膜，可帮助用户将量产太阳能电池的转化率提高到 22%，产能大大超过欧美 PERC 电池量产设备，从成本到质量都拥有极大优势。[①] 有学者统计，在 1998—2008 年间的 800 余家光伏企业中，115 家企业至少有一位以上的高管（董事长、总经理或其他高管）拥有海外经历，占比接近 15%。51 家企业的董事长或总经理、96 家企业的其他高管人员曾在海外学习或工作，32 家企业的董事长或总经理以及至少一位其他高管拥有海外经验。从企业绩效来看，海归人才担任高管的企业，其创新绩效普遍较强，企业年均专利申请量远高于其他企业。[②] 可见，这些优秀的海归人才把先进的技术引入国内并实现产业化，创办了一批有影响力的优秀企业，带动了行业整体的发展，成为中国光伏产业的开拓者。

新能源汽车是指采用非常规的车用燃料作为动力来源，综合车辆的动力控制和驱动方面的先进技术，形成的技术原理先进，具有新技术、新结构的汽车，也是我国政府确定的七大新兴产业之一。由海归人才创办的精进电动科技（北京）有限公司（简称“精进电动”）是全球新能源汽车电机系统和电驱动总成领域领军企业，凭借出众的品质和技术优势赢得了全球客户的信赖，成功把中国新能源汽车电驱动产品推向产业化和国际化，驱动电机系统产销量和出口量均稳居中国行业首位，确立了在全球市场的领先地位。公司创始人余平为

① 董晨、王锦佳：《记录：邓勋明，把太阳“卷”起来的人》，《新华日报》，2017 年 10 月 13 日。

② 罗思平、于永达：《技术转移、“海归”与企业技术创新——基于中国光伏产业的实证研究》，《管理世界》2012 年第 11 期。

国家“千人计划”专家，该公司的管理团队大多有海外学习和工作的经历。公司董事长、CEO余平为美国密西根大学汽车工程硕士、美国麻省理工学院MBA，曾任职于通用汽车公司的多个工程、管理职位。余平于2005年启动精进电动商业计划，发起创业团队，2007年回国创建精进电动。公司另一创始人、首席技术官蔡蔚为美国克拉克森大学电气及计算机工程博士，美国威斯康星大学、瑞士苏黎世联邦工学院访问教授，是世界上最多产的混合动力汽车电机系统产业化专家，曾设计制造的电机产品包括通用、戴姆勒、克莱斯勒、宝马双模混合动力电机等。公司首席财务官（CFO）谢文剑为美国佐治亚理工大学工程学士、得克萨斯大学MBA，有多年的国际顶级公司财务管理经验，曾在中国旭阳化工集团（产值260亿元）担任CFO。[①] 公司成立之初，就将目标定位在“做世界上最好的电驱动产品”上。在新能源客车方面，精进电动开发了国际领先的ISG同轴混联双电机驱动系统、高转矩并联电机系统、轮边电机系统等大量创新性的产品，在上海嘉定基地建立了年产2万套的生产线，重点配套苏州金龙、厦门金龙、福田欧辉等客车企业，取得了中国新能源客车驱动系统市场最大的份额。其研发的“220系列”第二代高速电机和高速减速器总成，在电磁、机械结构和控制方面达到了国际领先水平。在混合动力方面，精进电动已经是商用车混合动力的领军企业，公司的乘用车油冷双电机混联混合动力总成已经有8个量产客户。目前精进电动是中国新能源汽车驱动电机和纯电、混动系统为数不多的出口欧美发达国家的供应商。[②]

超材料技术是国际上应用于现代高端装备领域最热门的新兴技术之一，美国国防部把其列为“六大颠覆性基础研究领域”之首，美国军方确立超材料技术率先应用于最先进的军事装备，日本和俄罗斯将超材料技术列为下一代隐身装备的核心关键技术。总部位于中国深圳的光启高等理工研究院是一家在军民融合领域领军的尖端技术创新集团，2010年由5位来自杜克大学、牛津大学的博士归国创立，主要从事超材料隐身技术、超材料装备以及创新型航空器的研究、开发与应用。研究院创始人刘若鹏在美国杜克大学攻读博士期间，与科研伙伴们用了6 000种电磁微结构去做隐身衣的实验，把这样的一个人造物质的科学创意变成了一个真正可以实现的科研成果。这一成果刊登在了美国《科学》杂志上，是全世界首次实现了宽频带超材料隐身衣的设计与制备的成果。深圳光启高等理工研究院自成立以来，建设了一系列源头创新和产业化平台，涉及航空航天工业、新型空间服务、智能装备、智慧城市、新型无线通信等产业。目前研究院创新机

① 精进电动公司网站，http：//www. jjecn. com/？ c = about&id = 1。
② 李开君：《精进电动十年创业　永远在创新的路上》，《中国汽车报》，2018年4月26日。

构遍布五大洲的21个国家与地区，总人数超过2 600人，率先研制并推广超材料航空结构件、光启飞行包、智慧城市空间大数据平台“云端”号、临近空间飞行平台“旅行者”号、超级Wi-Fi等系列产品，引领时代发展。研究院累计申请专利超过4 600项，授权超过2 600项，确立了该团队在超材料领域的全球领先地位。七年时间，刘若鹏从白手起家，到拥有三家上市平台，组建了横跨港股、A股、澳洲三地资本市场的“光启系”，成长为从事超材料技术装备、创新型航空器及人工智能的尖端人才。①

从美国归国的斯坦福大学电子工程博士刘自鸿，于2012年在美国硅谷和中国深圳同步创立跨国公司柔宇科技（Royole Corporation），主营业务为下一代新型信息显示技术及其相关电子产品的研究、开发、生产及销售，公司在硅谷和深圳同步运营，两年后研发出厚度仅0.01毫米、可直接用于智能手机领域的彩色AMOLED柔性显示器，刷新了显示领域的世界纪录。② 2017年，刘自鸿在业界首次提出了“柔性+”理念，即把柔性电子作为平台型技术，为各行各业提供服务，在不同行业中打破物理性的空间限制，真正实现万物互联。当前，“柔性+”正在逐步走入人们生活的方方面面，应用在消费电子、智能交通、智能家居、运动时尚、教育办公、机器人等多个行业，改变人们的生活。成立五年多来，柔宇科技已先后获得6轮融资，成为全球成长最快的“独角兽”科技创业公司之一。③

引进一个领军人才，往往能带出一个创新团队、孵化一个企业、壮大一个产业。以上通过海归高层次人才在信息技术、生物医药、新能源、新材料等领域的创业故事，透视这一群体对中国高技术产业的起步、发展与壮大所起到的作用。华人高层次人才是中国技术转移的重要载体和推动者，通过构建跨国知识网络，实现全球先进科学技术在中国的传播、转移和转化。目前，中国以“千人计划”为代表的人才工程注重向节能环保、新一代信息技术、生物医药、高端装备制造、新能源、新材料等战略新兴产业倾斜，引进人才中近48%分布在企业一线。留学人员回国后创建了大批高新技术企业，为中国经济带来新的活力。“十二五”以来，中国科技进步贡献率由50.9%升至2016年的56.2%，科技创新能力显著增强，发明专利申请受理跃居世界首位并保持领先地位，其中海外留学人才作出积极贡献。目前，全国共有留学人员创业园300多个，入园企业2.4万家，

① 深圳光启高等理工研究院网站，http://www.kuang-chi.com/index.php?ac=article&at=list&tid=128；《美国未来要忌惮的中国人：手握行业9成专利，吸收全球人才搞研发》，互亮科技，http://sh.qihoo.com/9ce85414d658670e3?sign=360_e39369d1，2018年5月15日。

② 《千人计划专家刘自鸿：深圳是另一个硅谷》，《深圳商报》，2015年8月17日。

③ 《“在豆腐上盖高楼”的人　对话柔宇科技CEO刘自鸿》，《广州日报》，2018年2月12日。

2015 年技工贸总收入超过 2 800 亿元。①

在一批批海归高层次创业人才的带动下，各地高技术产业蓬勃发展，势头良好。广东近年引进的创新科研团队适应了广东省战略性新兴产业发展格局。以第二批引进的团队为例，20 个团队涵盖高端新型电子信息、LED、生物医药、新材料、先进制造业、新能源、节能环保等多个关键技术领域。这些科研团队的创新效应助推了广东产业转型升级实现大跨越，主要表现在广东专利申请翻两番；参与制定国家标准 3 项、国际标准 1 项、行业标准 1 项；新增研发产品 9 个，累计研发新产品 49 个。第二批引进的 11 个团队在核心技术上都实现了突破。② 众多在粤归国人士凭借他们所掌握的技术或项目，不断通过科技创新，寻找新的经济增长点。

作为珠三角乃至全国建设创新型城市的典范，深圳的创新能力建设之所以取得如此大的成绩，得益于深圳的人才战略。据不完全统计，深圳目前已拥有超过 9 所与诺贝尔奖得主合作创办的研发机构，研究方向涵盖生物和医学、新材料和新能源等方面，都与深圳战略性新兴产业的布局高度吻合。以诺贝尔奖得主为代表的全球高端人才与深圳学术机构、企业展开深度合作的同时，一大批海外留学人才、青年人才在珠三角的创新浪潮中崭露头角，担当起创新重任，在各自领域成为创新“领头羊”，如汪滔、王俊、刘自鸿、吴光胜等。③ 正是一大批海归学者和创业家的加盟，使一大批高科技企业在深圳脱颖而出，电子信息产业内有迅雷网络、鹏开信息、青铜剑、莱科电子、瑞谷电子等，医学器械产业中有益心达、华因康，生物制药产业中有赛百诺基因、清华源兴，新能源、新材料产业中有晖谱能源，环保产业中有意可曼等。④ 深圳在信息通信、超材料、无人机等领域核心技术的自主创新能力位居世界前列。有数据显示，2017 年，深圳 PCT 国际专利申请量超过 2 万项；深圳国内专利授权 9. 4 万项，同比增长 25. 59%；深圳每万人口发明专利拥有量为 89. 78 项，为全国平均水平的 9. 2 倍。以深圳为代表的珠三角城市群，高科技产业从“买专利”起步，呈现出“卖专利”的新趋势，在高价值专利的创造方面展开了积极探索。⑤ 世界知识产权组织发布的

---

① 《这是一次民族史上罕见的人才回流潮：他们让中国部分科技实力加速了 15 年》，http：//www. sohu. com/a/225165574_275786，2018 年 3 月 9 日。

② 《广东“团队式”引才助推产业转型升级实现大跨越》，http：//news. xinhuanet. com/ fortune/ 2012 - 03/12/ c_111640244. htm。

③ 《2017 珠三角企业创新报告发布！深圳这些数据全球瞩目》，http：//www. sohu. com/a/232175803_675420，2018 年 5 月 19 日。

④ 《深圳“海归经济”独领风骚》，《深圳特区报》，2013 年 10 月 17 日。

⑤ 《2017 珠三角企业创新报告发布！深圳这些数据全球瞩目》，http：//www. sohu. com/a/232175803_675420，2018 年 5 月 19 日。

《2017全球创新指数报告》（GII）公布了全球创新活动群落TOP100，深圳—香港地区超越硅谷所在的旧金山湾区，在全球创新集群中排名第二，仅次于东京湾区。“海归经济”已成为该市自主创新与产业提升的重要力量，也是新的经济增长点。根据深圳市外国专家局不完全统计，仅2014年上半年深圳就引进了2 040名留学人员，而他们之中有13%选择创业。目前，深圳有16个留学生创业园，容纳了2 000多家留学人员创办的企业，超亿元产值的逾30家，几乎100%属于智慧型的科技创业企业。[①]

在广州市侨办的支持下，留学人员广州创业园经过多年的发展，培育了一大批优秀科技企业，以留学人员广州创业园为依托的广州开发区科技孵化器集群已经形成“独木成林”的发展态势。截至2015年，留学人员广州创业园累计孵化企业2 713家，注册资本总额299.8亿元；在园企业总数1 876家，注册资本总额228.2亿元；2014年新引进企业426家，新引进企业注册资本总额40.49亿元。同时，留学人员广州创业园也已引进诺贝尔奖获得者1人、国家“千人计划”专家40人，聚集了9个广东省创新科研团队和广东省科技领军人才，这些人才和团队成为支持广州创新发展的人才资源库。[②]

北京经济技术开发区以人才为抓手，推动产业升级。开发区人才工作的导向是，立足科技创新和产业升级，使人才、科技、产业三大要素相互促进、良性循环，最终推动开发区发展成为高端产业发展之地、科技创新引领之地、领军企业集聚之地。截至2017年11月，作为首都实体经济发展主阵地，开发区聚集了近万名高层次、高技能人才，其中留学海归人员3 300名，院士20名。在各类人才支撑下，开发区拥有国家高新技术企业555家，市级知识产权示范企业23家、试点企业285家。各类企业研发机构300余家，其中国家级、市级研发机构160家，国家级重点实验室10家。区内企业累计承担国家重大科技专项及“863计划”30余项，专利转化率90%以上，万人实用发明专利拥有量251项，位居全国开发区前列。2016年，北京经济技术开发区实现地区生产总值1 170亿元，规模以上工业总产值2 760亿元，规模以上工业企业利润290亿元，税收收入完成440亿元。“十二五”期间，高新技术企业产值占全区工业产值比重始终保持在90%以上。[③]

大批高层次海归集聚江苏，带来了先进技术，拓展了产业发展领域，引领着

---

① 刘昊：《海归经济成深圳经济新增长点　16个留学生创业园产值过亿》，《南方日报》，2014年7月22日。

② 杨晓冬：《广州留创园：打造创业大孵化器集群》，《中国组织人事报》，2015年7月23日。

③ 《北京经济技术开发区：人才创新打造领军企业集聚之地》，http://www.futepika.cn/a/171103024900821-3.html，2017年11月3日。

地方产业升级。苏州工业园区正大力发展的生物医药、纳米技术应用、云计算等战略性新兴产业，正是在前几年引进的高层次人才创业项目基础上发展起来的。目前园区蓬勃发展的36家众创空间，为这些新兴产业的飞速发展提供着源源不断的创新和智慧动力。无锡从2006年开始推出吸引海外留学回国领军人才的"530计划"，为海归企业提供资金支持。经过10年发展，这项政策已开花结果，有效促进了高新技术产业的发展。2014年，无锡市高新技术产业产值占规模以上工业产值比重达41.5%。正是在海归人才创新创业的带动下，无锡催生了风电产业园、生物医药生产园、投影产业园等特色产业园区。[①]

杭州是电商巨头阿里巴巴总部所在地，因而吸引了大批海外归来的顶级科学家。在阿里巴巴整个集团技术线新员工中，来自海外知名互联网公司的技术人才占比已近30%。"十一五"期间，全市共引进高层次海外留学人员1 760名，引进留学人员创业项目652个。留学人员在杭州创办企业600余家，总投资额达到62亿元。在个性化政策的扶持下，杭州涌现了聚光科技、正泰太阳能、华虹光电、国芯科技等一批知名的留学人员高科技企业和项目，绝大多数在国内乃至国际上都处于领先水平。目前杭州拥有11个留学人员创业园。在未来科技城的2 579名海归手中，诞生了3 200家科技企业，税收年均增幅达到了66.2%。到杭州创业的海归集中在高新技术领域，如信息产业、生物医药、节能环保、新材料、移动互联网等。他们不但学历高，而且拥有世界前沿技术，有广泛的国际人脉和强烈的创业需求。[②] 在一大批海归企业家的带动下，杭州市逐步形成了以电子信息、生物医药、节能环保、先进制造、新材料等为主体的企业群，开发了一批高科技产品，培育了一批带动新兴产业发展的龙头企业，有力地推动了杭州产业转型升级。[③]

华人高层次人才对中国高科技产业发展的贡献不局限于上述省市。总的来说，华人高层次人才通过科技交流与合作，或携带具有知识产权的新技术或商业模式回国，已成为高新技术产业的重要推动因素，也成为中国创新的重要动力之一。

---

① 《海归创业，路途能否更顺畅》，《新华日报》，2015年9月14日。

② 《杭州何以成为聚才"黑马"》，《光明日报》，2017年11月30日。

③ 《杭州市积极打造海归创业乐园　助推经济转型升级》，http：//www.chinanews.com/lxsh/2011/10-28/3421314.shtml，2011年10月28日。

第六节　促进传统产业转型升级

前文已述，华侨华人及留学生经过多年的打拼和努力，在高新技术以及创新能力上有着明显的优势，成长为专业性强的科技创新人才，其中不少人掌握了微电子通信、智能网络、软件、生物、新能源和新材料等高科技领域的尖端技术，在核心技术研发和应用上有着极高的造诣。特别是一些科技型华人专业社团，如中国旅美科技协会、美国硅谷华人半导体协会、美国华源科学技术协会等，集中了一大批优秀的高科技人才，通常利用回国考察、交流的机会，挖掘国内合作资源，通过技产联姻，切实将科技成果加速转化为产业发展力，实现传统产业的转型升级，从而推动经济的转型发展。

在广东东莞、中山、惠州、佛山等地，有众多经济发达的专业镇，产业制造能力很强，比如灯饰、五金、服装、家具等传统产业，其对新技术均有不少需求。而一些海归创业能将这些优势结合起来，克服创业前期因项目“高高在上”而脱离市场的情况。不少海归通过前期的技术服务，将其掌握的新科技嫁接于传统产业之上，从中赚到“第一桶金”，然后慢慢走向高端。留美博士、中山高璐美数码科技有限公司董事长周广滨通过入股的形式，将其在打印耗材方面的技术优势嫁接到中山市传统的耗材产业中，助推传统企业实现飞跃。海归博士陈小文创立的中山蓝海洋水性涂料有限公司，通过近三年的技术攻关，已成功开发了包括水性木器漆、水性红木家具漆等 12 个系列、30 多种水性涂料产品，申请国家发明专利 20 余项，获得广东省高新技术产品证书 3 项。[①] 2005 年，曾先后留学英美的周治明博士落户广州科学城留学人员创业园，现在黏合剂及涂料领域拥有 40 多项美国、英国和 PCT 发明专利，并已广泛用于汽车、电子、医用及建筑工业，产品销售额达数亿美元。他领导的海聚高分子材料科技（广州）有限公司，自主研发出绿色环保的高性能环保涂料、水性光油等系列产品，在高分子材料的创新、深加工制造和产业化方面达到领先水平，使涂料这一传统产业焕发出新的活力。[②]

国家“千人计划”专家、泉州市约克颜料有限公司董事长曾福泉于 1998 年出国留学，前往英国曼彻斯特大学颜料化学专业攻读硕士和博士学位，毕业后在

① 《将新技术嫁接到传统产业上——一批海归博士瞄准中山产业升级商机，创业创富双丰收》，《中山日报》，2013 年 6 月 26 日。

② 《广州“全链条服务”制胜“海归争夺战”》，《南方日报》，2014 年 2 月 19 日。

全球最大的液体色母（液态着色剂）制造商——英国嘉洛斯集团先后担任资深科学家、技术经理和亚太区技术与运营经理。他长期从事聚合物技术研究，在英国期间，攻克了丙纶无法漂染的世界性难题，发明了 3 项专利，其中 2 项已获商品化应用。2008 年，曾福泉偕妻带子回国创业，在福建泉州开发区成立了一家颜料公司，名为“约克颜料有限公司”（简称“约克颜料”）。他不断优化自己的技术，致力于中国食品安全包装新材料的开发，以不断的技术创新实现了原材料的本土化、产品的商业化，打破欧美国家的垄断，填补了中国在液体色母技术上的空白，推动了液体色母在塑料行业的推广和化纤在线染色的生产应用。约克颜料涉足的领域已经包括食品医药、化妆品、家电等，这其中很多的用户来自于晋江本土的传统企业，如达利集团、盼盼食品等。他将高精尖技术和传统产业相结合，让传统产业的附加值得到提升，让传统企业生产的产品得到升级，让传统产业重新变为朝阳产业。[①]

从全国来看，一些传统产业也是海归创业发挥优势、大显身手的阵地。曾经闻名遐迩的“电子一条街”——中关村大街，主要销售电脑、手机及其他电子产品，多年前已经开启转型升级之路。近年来，中关村先后实施了“1 + 6”、“新四条”、境外并购外汇管理、投贷联动、“国际人才 20 条”等 70 多项改革举措，吸引了众多海外资本和人才入驻。数据显示，中关村目前聚集了 300 多家跨国公司地区总部或研发中心，有外籍从业人员近 1 万人，留学归国人员 3 万多人，全国 40% 的两院院士和数以十万计的科学家、工程师，全国 1/5 的“千人计划”入选者。2017 年，中关村专利申请量 7. 4 万项，获专利授权 4. 3 万项，有效发明专利拥有量首次突破 8 万项；中关村企业已累计主导创制发布标准 7 858 项，其中国际标准 330 项，并在海外设立近千家研发中心或分支机构；中关村的技术合同成交额占全国 1/3，近 80% 辐射到京外地区。目前中关村商业面积已由一度占总建筑面积的近 50%，缩减到不到 20%；批发零售企业也由一度占法人单位总数的 66%，降低到如今的 41%。有着中关村“一号楼”之称的海龙电子城，已由昔日的卖场华丽转身为“梦想实验室”。中国英特尔物联技术研究院、创客空间、国家新媒体联合实验室等多家国内外各领域知名机构，已在此落地。中关村现有 200 多家科技企业孵化器、1 490 多家创投机构、500 多家协会联盟等社会组织，助力科技型企业快速成长。它们在移动互联网、电子商务、计算机视觉、人工智能芯片、无人驾驶、高清和液晶显示技术等领域走在国际前列，已逐步形成了新一代信息技术、生物医药和大健康、智能制造和新材料、节能环保、

① 王翔：《“千人计划”专家曾福泉缘何筑巢晋江?》，千人计划网，http：//www. 1000plan. org/qrjh/article/76932，2018 年 7 月 13 日。

现代交通、新兴服务业等六大新兴产业集群。中关村这块创新热土已引发全球顶尖人才的关注和向往，吸引着拥有原始创新、技术服务能力及商业模式创新优势的创客群体和企业集群。①

总的来说，在中国政府的积极推动下，一大批海外高层次人才积极投身于中国创新创业当中，取得了很多具有国际影响力的科技成果。他们带来大量高精尖技术和现代企业管理理念，引入风险投资、国际资本及各种新的融资方式，促成了更多的国际合作，推动了国内新经济、新技术的快速发展，包括互联网、通信、生物医药、新材料、新能源等高技术产业迅速崛起，为中国实施创新驱动战略、加快经济转型升级作出了重大贡献。

① 《中关村转型升级再出发》，《经济日报》，2015 年 10 月 21 日；《改革开放 40 年略影：弄潮中关村》，《北京晨报》，2018 年 9 月 8 日。

第四章　华侨华人与中国和平统一大业

2016年5月，民进党候选人蔡英文当选台湾地区领导人后，拒不承认“九二共识”，对内推行“去中国化”，对外“联美日以抗大陆”，使两岸关系遭受严重影响，岛内各种“台独”组织大肆活动。国际上，美国等国际势力对台湾问题的干涉进一步升级。在美国官方的支持和默许下，“台独”势力在华盛顿成立“全球台湾研究中心”（Global Taiwan Institute，GTI），试图与美国建立起更广泛的联系渠道，强化美国社会对“台独”的支持力度。此外，海外“藏独”“疆独”分子也在继续依托西方反华势力，积极谋划各种分裂活动。

实现祖国统一大业是中国共产党在新世纪肩负的三大历史任务之一。党的十九大报告明确提出了“坚持一个中国原则，坚持‘九二共识’，推动两岸关系和平发展，深化两岸经济合作和文化往来，推动两岸同胞共同反对一切分裂国家的活动”的对台工作方略。因此，在新形势下，我们一方面需要海内外中华儿女的共同努力，高举中国和平统一的大旗，坚决反对、打击国内各种形式的分裂活动；另一方面也需要以海外各地统促会为抓手，团结广大爱国侨胞，联络当地友我力量，巩固和扩大海外反“独”促统战线，积极发挥其在地化优势，遏制当地各种分裂势力和反华势力，形成海内外中华儿女各有侧重、共同协作促进中国和平统一大业的格局。

值得注意的是，近年来，面对海内外“台独”“藏独”“疆独”等势力分裂中国的猖獗活动，华侨华人利用自身的优势，多方面、多渠道、全方位地进行沟通和协调。他们纷纷成立反“独”促统组织，开展形式多样、声势浩大的反“独”促统活动，沉重打击了各种分裂势力的气焰，也充分显示了华侨华人强烈的爱国主义热情。实践表明，华侨华人是中国最广泛的反“独”促统的统一战线，是促进中国统一的重要力量。然而，学术界目前对这一问题未能给予足够的重视，系统而深入探讨这一问题的论文还不是很多。[①] 在此，笔者以近年世界各地成立的为数众多的中国和平统一促进会为分析中心，根据国内外有关海外侨情、统促会及爱国侨团方面的中外文研究文献，以及出访及对参与国内相关会议的海外统促会会长的访谈，对近年华侨华人反“独”促统组织的创始和发展、海外统促会组织特点、华侨华人参与反“独”促统运动的原因和工作机制等进行全面剖析。

第一节　世界各地华侨华人反“独”促统组织的创始和发展

近现代历史经验表明，华侨华人的命运与中国休戚相关。一个统一、民主、富强的中国，永远是华侨华人的坚强后盾和靠山，更是他们在居住国获得荣耀和尊严的基础。几十年来，台湾问题一直是影响中国和平发展的重要问题。尽早实现中国的和平统一，是事关华侨华人切身利益的大事。

早在20世纪70年代初，华侨华人就投入到维护祖（籍）国领土完整的运动中来。当时媒体披露了美、日两国就归还冲绳问题进行磋商，美国准备于1972年将钓鱼岛与冲绳一并交与日本以及日本加紧在钓鱼岛群岛活动的情况，激起了华侨华人的无比愤慨。他们在世界各地掀起了声势浩大的“保钓运动”。特别是在美国，由旅美中国留学生发起的“保钓运动”，自1970年11月起历经酝酿、兴起、发展并走向高潮，打击了美日侵略中国领土钓鱼岛的图谋，唤起了人们强烈的民族意识，表现了中国人强烈的爱国精神和斗争精神，是华侨华人关心祖国前途、促进祖国和平统一的发端。“保钓运动”和由“保钓运动”发展而来的“中国统一运动”，对祖国和平统一事业产生了积极而深远的影响，至今仍是海

① 单纯、卓高鸿、陈云云等从不同角度分析概括了华侨华人在反“独”促统工作中的优势和作用，请参见单纯：《台湾问题与海外华人反独促统》，《世界民族》2001年第4期；卓高鸿：《海外华侨华人在“反独促统”活动中的优势和作用》，《中央社会主义学院学报》2012年第2期；陈云云等：《华侨华人与中国统一大业关系的历史回顾与思考》，《理论学刊》2011年第7期。潮龙起以海外中国和平统一促进会为中心，梳理了海外统促组织的形成、发展历程及主要特点，并从工作对象、方式、内容等方面总结了海外统促组织取得的主要成就，请参见潮龙起等：《跨国的政治参与：华侨华人的反“独”促统工作探析——以海外中国和平统一促进会为中心》，《理论学刊》2010年第6期。程晶以巴西华侨华人为个案，对巴西华侨华人参与反“独”促统活动的历史、特点、经验和作用展开了讨论，请参见程晶：《论巴西华侨华人反“独”促统活动的特点、作用及相关建议》，《世界民族》2016年第1期；《巴西华侨华人反“独”促统运动的发展历程与经验》，《拉丁美洲研究》2015年第4期。

内外中华儿女爱国保土、促进中国统一的一股重要力量。①

随着20世纪70年代中美关系的逐渐缓和，中国与世界各国之间的交往不断增多，国际政治环境日渐宽松。在这种背景下，世界各国华人希望祖国统一，纷纷成立以促进中国统一大业为宗旨的社团组织。如美国，当时的华侨华人特别活跃。在美国“保钓运动”的大浪潮中，华盛顿地区46位侨胞于1973年2月24日成立了华府中国统一促进会，即华盛顿中国和平统一促进会前身。以沈己尧等为代表的创会元老们，在创会初期发行《华府春秋》杂志，广为传播“保钓”爱国理念；庆祝中华人民共和国国庆节，在美国东部乃至全美侨界产生了重要影响。“保钓运动”发起者中的许多领袖人物，如纽约的花俊雄、赖尚龙，费城的程君复，加州湾区的池洪湖，洛杉矶的王中平，华盛顿的沈己尧、印铁林等先驱者，一直活跃在海外促进中国和平统一大业、推动中美关系健康发展的最前列，得到了海外反“独”促统同仁的广泛赞誉。②

一批在美国定居的原国民党高级将领如沈策、宋希濂等，于1982年9月在纽约成立纽约中国和平统一促进会（简称“华盛顿统促会”）。华府中国统一促进会也由黄企之更名为华盛顿中国和平统一促进会，并由其担任会长。芝加哥中国和平统一促进会成立于1985年，由在伊利诺伊州政府机构任职的台胞林恒黎任首任会长。其他的促统组织有纽约华人联合会（1981）、美京华人各界联合会（1982）、中国统一国际联谊总会（1984）、海峡两岸交流会（1985），以及费城、洛杉矶等地和巴西等国家的中国和平统一促进会等。1982年，美国中国和平统一促进会成立，总会设在首都华盛顿，在纽约、旧金山等十多个城市设有分会。这些华人社团成立之后，经常联系中国大陆、台港澳以及海外各界人士开展活动，交流见解，谋求共识，对间接传递海峡两岸信息、增加双方相互了解、推动两岸关系发展起到了重要作用。

1988年，为推动海峡两岸关系发展，促进祖国和平统一，中国23个民主党派和有关人民团体共同发起，在北京成立中国和平统一促进会（简称“统促会”）。这是由赞成中国统一的各界人士自愿结成的具有独立法人地位的全国性、非营利性社会组织。其宗旨是高举爱国主义旗帜，团结一切拥护中国和平统一的海内外同胞，推动台湾海峡两岸的民间交流与往来，反对制造“台湾独立”“两个中国”“一中一台”等分裂中国的活动，促进中国和平统一早日实现。③

① 周大计、刘培宝：《20世纪70年代中国留美学生“保钓运动”述论》，《抗日战争研究》2006年第3期；卢明辉：《留美学生的“保钓运动”与祖国和平统一》，《华侨华人历史研究》2009年第4期。

② 吴惠秋：《大平台大作为》，统一之声，https://mp.weixin.qq.com/s/tu2xbTZjPsQm0Nd2SBZ5Mg，2018年9月19日。

③ 《中国和平统一促进会章程》，《统一论坛》2006年第1期。

自 1988 年李登辉上台以来，台湾岛内政治生态发生了显著变化。李登辉 1995 年访美时制造“两个中国”，1999 年又抛出了“两国论”，顽固对抗中国大陆“和平统一、一国两制”的主张，在两岸经贸合作、文化交流和“直接三通”等领域设置重重障碍。陈水扁上台后，继承了李登辉的“台独”路线，更加大肆地推动“去中国化”，策划所谓的“台湾正名运动”，公开发表“一边一国论”。为了抑制“台独”分裂势力的日益猖獗和倒行逆施，向来主张中国统一的华侨华人纷纷行动起来，积极开展反分裂、反“台独”的斗争，遍布全球的统促会就是在这样的历史条件下建立的。

1999 年 8 月，欧洲华人张曼新先生发起成立欧洲统促会。这是第一个洲际反“独”促统组织，开启了反“独”促统和“以侨促统”的新时代。2000 年上台的陈水扁，不顾全球华人对祖国的极大认同感，一意孤行推行“台独”，引起了海外华人的巨大愤慨，这就更进一步促使全球华人纷纷成立反“独”促统组织。目前全球各地有 203 个统促会组织，遍布五大洲 94 个国家和地区。

就近 20 年全球反“独”促统组织的发展来看，其在 21 世纪头几年迎来了发展的高峰期，尤其是 2000—2005 年的六年间共成立了 130 多个统促会，约占总数的 75%，而在 2006—2009 年间有 40 多个统促会成立。就统促会的地区分布来看，其中亚洲有 28 个（包括中国大陆的 2 个）；欧洲有 36 个；非洲有 30 多个；北美洲有 40 多个；中南美洲和大洋洲亦各有 20 多个。全球统促会在空间上呈现不平衡性。单论密度来说，亚洲的西部、西南部鲜有统促会的踪影。到目前为止，在中亚、西亚地区仅见有吉尔吉斯斯坦统促会。而美洲要远远高于其他大洲，如墨西哥一国就有 8 个统促会，美国也有 30 余个统促会。究其原因，主要是在一些国家，如美国、中南美洲等，“台独”势力猖獗，特别是在中南美洲，这既是台湾当局所谓“建交国”较为集中的地区，也是反对“台独”国际化图谋的重要地区，“独”“统”两种势力的竞争和较量异常激烈。在这种情况下，为了便于协调和组织华侨华人反“独”促统的力量，一些赞成一个中国原则的侨领出面倡导成立了统促会。

可见，21 世纪伊始，全球华侨华人掀起了成立统促会的高潮，这与当时的国际局势，尤其是海峡两岸的紧张局势、台湾当局陈水扁上台后肆意鼓吹“台独”密不可分。同时，全球华侨华人政治觉悟提高、期盼祖国和平统一的愿望也推动着统促会在 21 世纪初的快速发展。

第二节　华侨华人反“独”促统组织剖析

组织的构成要素主要包括组织目标、组织结构与成员构成、组织规章制度、组织的物质基础、组织文化这几个方面，它们属于组织系统的静态结构，是组织运作的基础和必备条件。根据相关资料，以下将从上述几方面分析海外统促会的组织情况。

一、组织结构

海外统促会组织都设有会长、副会长，多数还设有理事会等权力机构，少数设有监事会。在执行机构层面，秘书处、财务部门及宣传部门是较为常设的机构。如加拿大全加华人促进中国统一委员会（简称“加拿大统促会”）（大多伦多地区）设有主席、副主席、理事会及由理事会选举产生的常务理事等领导机构，下设秘书、财务等执行部门。俄罗斯统促会下设有法律事务处、秘书处、服务中心、文化处等机构负责会务日常运作。有些统促会则没有常设机构，如澳大利亚统促会，该会大多数会员平时多投身自身事业发展，有活动时才聚集在一起。

全球两百多个统促会可分为全洲、全国和地方这三个层次。大凡华侨华人比较集中的地方，都有统促会组织。这是统促会的基层组织。众多基层统促会按国别又成立全国性统促会。如全美统促会联合会已有 15 个团体会员，分布于全美各大都会区。各国统促会又以洲为单位，成立洲际统促会组织。如欧洲统促会，全非洲统促会等。大洋洲统促会就是一个包括澳大利亚、新西兰、斐济、汤加、瓦努阿图等国统促会的洲际性反“独”促统组织。各层次间统促会通过组织上的相互联系和工作上的相互配合，形成上下统属、相互协调的一个组织系统。

在组织架构上，各统促会大多实行理事会制度，上一层次的统促会通常通过吸纳下一层次统促会会长为统促会理事，来实现组织结构上的这种统属关系。在实际工作中，下一层次的统促会往往配合或分担上一层次的统促会工作。如芝加哥统促会作为全美统促会联合会的团体会员，配合联合会开展在美国和世界的反“独”促统工作，担负联合会分派的任务，并独立地在芝加哥地区开展相应的日常工作。北京的中国统促会是全球统促会系统的中心，它对各地统促会起到协调和引导的作用，并通过吸纳各国统促会会长为自己的理事成员而成为海外华人与祖国沟通联系的桥梁和纽带。

二、成员构成

作为一种参政性质的社团，为实现中国的和平统一，孤立少数“台独”分子，限制“台独”势力在海外华人中的渗透和扩张，最大限度地扩大海外华人的爱国统一战线，世界各地统促会坚持团结包容的原则，最大限度地团结旅居海外的港澳台侨胞，特别是已经融入当地主流社会的华侨、华人和华裔新生代，并以极大的耐心和包容，团结台籍侨胞，因此，各统促会在成员构成上具有广泛性的特征。如华盛顿统促会就是一个由大华盛顿地区各界侨社领袖联合组成的，成员来自台湾海峡两岸暨香港、澳门，由老中青不同年龄层次华人结合组成的社团。[①] 2000 年成立的北加州统促会是一个以台胞为主，又包括中国大陆和香港等其他地区爱国同胞组成的社团。[②] 澳洲统促会的成员包括来自中国大陆、台湾、香港和澳门等地区以及东南亚等国不同社会界别的华侨华人。该会的理事会成员，来自东南亚、中国台湾和中国大陆的各占三分之一。[③] 瓦努阿图统促会则经过三年的努力，吸纳了当地 95% 的华人为该会的会员，这些会员包括新侨和老侨。可见，海外统促会是一个包容性较强的组织，就来源地、职业、移民时间或法律身份以及社会阶层来说，其成员来自华人社会的各个方面，既有来自中国大陆的，又有来自港澳台地区的；既有从事工商实业、科学研究、艺术创作等工作的华人精英，又有普通的小企业主、餐馆服务员、制造业工人等；既有新老移民，又有土生华人等。

海外统促会的会员一般分为个人会员和团体会员两种。个人会员是指华侨华人以个人名义加入的会员，团体会员是指华侨华人社团、企业等机构以团体名义加入的会员。有些统促会只有个人会员，如加拿大统促会（大多伦多地区）。这种统促会即使有其他社团会长入会，也都只是以个人名义参加该会活动。

海外统促会不仅广泛吸纳广大的华侨华人，更注重联系众多华人社团，吸纳当地侨团作为团体会员，并将它们视为其组织的重要基础，在组织结构上与侨社紧密地对接起来。如法国统促会自 2000 年成立以来，十分重视侨团的工作。目前法国的 80 多个重要侨团都加入了统促会。这些侨团基本包括了法国华人社会的各个方面。[④] 有些统促会本身就是由华人社团联合创建的。如阿根廷统促会就是由不同类型的 14 个侨团共同发起成立的，并由每个侨团派出一位会长、两位

① 吴惠秋：《发挥地区优势做美国主流社会的工作》，《统一论坛》2007 年第 1 期。

② 古铣贤：《做两岸沟通的桥梁　为中华统一而献力》，《统一论坛》2007 年第 1 期。

③ 《专访海外统促会会长》，央视网，http：//www. cctv. com/lm/523/51/85762. html。

④ 杨明：《从法国华人社会的民心看祖国和平统一的光明前景》，《统一论坛》2003 年第 5 期。

副会长担任统促会的理事，实现侨团和统促会在组织结构上的对接。① 美国南加州统促会联盟由南加州 12 个主张中国和平统一的民间社团发起，30 多个反“独”促统团体盟员自发地组成。大洛杉矶地区促进中国统一联合会依托洛杉矶中华会馆正式成立，由洛杉矶中华会馆所属 60 多个社团和唐人街老侨组成。而全美反“独”促统联盟则是全美一百多个侨团联合倡导成立的。这些华人社团包括福建、广东、江苏、浙江、上海、西藏、新疆等不同地缘的侨团。由于这些侨团负责人政治上有影响，经济上有实力，社会上有威望，他们加入理事会，对统促会更好地通过侨社基层组织开展反“独”促统工作提供了组织保障。

有些统促会只有团体会员，如全非洲统促会和俄罗斯统促会。全非洲统促会的会员都是团体会员，是非洲统促会的最高组织，设有会长、副会长 20 多人，非洲各个国家的统促会会长都是该会的名誉会长。俄罗斯统促会与俄罗斯华侨华人联合会是“两块牌子、一套人马”，拥有会员组织 55 个，其中有俄罗斯华侨华人教授协会、俄罗斯华侨华人青年联合会等华人社团会员组织 34 个，在俄中国企业 21 个。有些统促会则既有个人会员，又有团体会员，如澳大利亚新州统促会，澳大利亚新州大多数华人社团都是该会的会员，同时该会也有个人会员 100 多人。

统促会的组建与运作成效在很大程度上取决于会长的态度和能力，那么海外统促会会长群体有何特点？根据相关资料，从籍贯上看，会长多来自东南沿海省份，其中以闽、粤、浙为多。中南美洲统促会会长多广东籍，2014 年中南美洲共有统促会 26 个，其中 14 个统促会的会长是广东人。欧洲统促会会长多浙江籍，如俄罗斯统促会会长虞安林即是浙江温州瑞安人，比利时统促会前会长朱正敏是浙江青田人。这一情况也符合各国各地区华侨华人来源地的特点。

从年龄上看，一些统促会会长的老龄化问题严重。爱尔兰统促会现有 15 个副会长，现任副会长及秘书长罗锦章是创会会长，如今已 80 多岁高龄，很难有精力开展活动。多伦多统促会刚成立时，会务开展得非常好，但随着会长年事渐高，会务也日渐停顿，由该会创办于 2004 年的《海峡纵横》也停办了。旧金山湾区中国统一促进会负责人提到，该会目前 50 岁以下的中青年成员太少，多数成员都在 60 岁以上。

从组织方式来看，会长多由华社其他社团领导人兼任。荷兰统促会很多副会长都是华人社团的会长，其中胡季普副会长是荷兰文成同乡会的会长。巴拿马共有华人社团 48 个，其中有 42 个华人社团的领导担任巴拿马统促会的副会长、理事等。

① 毛蓉君：《中南美洲各国和统会会长谈开展本国反“独 ”促统工作》，《统一论坛》2003 年第 5 期。

从社团领导人的人物品格和经济实力上看，认同一个中国原则，德才兼备、无私奉献、热心侨社公共事务，在当地侨社有一定经济实力和号召力，这是符合统促会领导人的基本条件。做好社团工作需要无私的奉献，许多经费都由会领导自筹，如果没有奉献精神、服务意识，或者经济实力不强，很难做好社团工作。

三、规章制度

规章制度是一个团体发展的基础和精神依归，也是成员行动的纲领和指针。章程是统促会组织为实现自身目标而依法制定的，是明确组织性质、宗旨任务，规定组织机构和相应职责，调整组织内部关系，约束内部成员行为最基本的规范性文件。如全美统促会联合会章程由五章共十一条组成，内容包括总则、任务、组织结构、理事及常务理事权利与义务等。全非洲统促会的章程规定了该会的各种制度，如会领导选举每两年举行一次，采取无记名投票方式；每年一次工作报告，每届一次总结报告，每年一次财务报告。借助章程，海外统促会明确了组织宗旨和使命、组织机构和运行机制，规范了会员的权利义务，提高了组织的管理效率。以下是德国华人华侨中国和平统一促进会（简称“德国华人华侨统促会”）章程：

第一条：德国华人华侨中国和平统一促进会是坚持一个中国立场、赞成中国和平统一的旅德各界人士和团体组成的民间组织。

第二条：本会的宗旨是促进中国和平统一，共同推动中国和平统一进程。

第三条：加强与旅德华侨华人同胞及相关的民间团体的联系，促进中国和平统一。

举办有益于中国和平统一的各种形式的论坛、研讨会。条件成熟时将出版杂志或刊物，为各界人士呼吁和平统一、交流见解、讨论问题提供园地。

第四条：本会最高领导机构为理事会。理事会由会员推举的理事组成。每届任期二年，每年召开一次全体理事会议，审议、通过常务机构的人事安排和各项重大决策。

常务理事会从会长团成员中推荐候选人，以无记名差额方式选出会长。由会长提名、经常务理事会通过，产生各常务工作机构。聘请名誉和荣誉会长、顾问。

会长处理日常会务及指导各办事机构的具体工作。

经常务理事会通过，会长连任时，可根据自愿连任一年或两年。

凡赞成本会章程之旅德华侨华人，承认本会为德国华侨华人促进中国和平统一的唯一代表机构，均可加入本会。入会后，有选举权和被选举权。

会员如有违背本会章程和危害本会名誉的行为，不论职位的高低，会长团讨论决定后可取消会员资格。

第五条：本会愿与世界各地同类组织取得联系，共同维护和平，推动中国和平统一大业。凡赞成和平统一、反对国家分裂，愿意与本会联系者，欢迎作为本会联系人士或联系团体。

第六条：本会以赞助方式吸收资金，接受华侨华人各界人士和团体、商号的赞助，适当时成立和平统一基金会。本会以缴纳会费方式或赞助方式收取会费。

第七条：本会章程经理事会通过后实施。章程的解释权由常务理事会负责。

第八条：本会会址设在德国纽伦堡地区的欧贝纳巴赫。①

统促会主要的制度包括选举制度、财务管理制度、日常决策管理制度等。关于选举制度，大多统促会组织突出民主原则，采用选举方式产生领导层，也有一些统促会组织立足实际，采取共同会长制、轮值主席制的形式产生领导层。德国统促会的会长选举制度十分成熟。会长在执行副会长和副会长之中选举产生，候选人由上届会长提名，常务理事具有投票权，每两年选举一次，可以连任一届。奥地利统促会是联合侨团，会长之下有秘书处，成为统促会的执行机构。会长由秘书长接任，但规定从秘书长到会长要有两届会务工作经验。该会章程规定，三年换届一次。加拿大统促会（大多伦多地区）五年一换届，下设理事会，先选13 名常务理事，再产生会领导。常务理事是所有会员采取无记名投票的方式选举产生的。

海外统促会以反“独”促统为宗旨，设立各种职能机构，在会长、理事会的领导下对住在国政府、主流社会、台胞、藏胞等开展工作。统促会一般都设有会员大会或理事会作为组织的权力机关，决定组织的重大事务。会员大会闭会期间，理事会（常务理事会）代为履行职责。会长（理事长）、副会长（副理事长）、秘书长等组成领导机关，分管具体事务。有的统促会设有例会机制，定期开会讨论会务。如泰国统促会基本上每月都有例会，决定每月需要开展的活动。秘书处是统促会组织的常设机构，是日常事务的执行机关，有的统促会组织根据实际需要，在设立秘书处的同时，也设有对外联络、宣传、财务等工作部门。如泰国统促会设有自己的宣传网站——泰国和平世界网站，积极宣传自己开展的各种活动的同时，还在网站上刊登与中国相关的新闻。部分统促会组织为监督权力

① 《德国华人华侨中国和平统一促进会章程》，参见德国华人华侨统促会网站，http：//www. ein-china. de/a/verein/satz//20090923 -8. html。

执行机关的行为，还设立了监事会，用于纠正偏差。

关于财务管理制度，统促会组织的经费主要来自会员自筹和其他个人或组织的捐款。在经费使用上，一般遵守会计和出纳分开原则，适时公开财务信息，接受监督。俄罗斯统促会有专门的经费管理制度，支出超过 2 万元的，要会长签字，或者征得会长同意后由 3 个以上常务副会长签字；超过 1 万元的，要 3 个常务副会长签字；5 000 元以上 1 万元以下的，要 2 个常务副会长和秘书长签字；1 000元以下的，要办公室主任签字。

关于日常决策管理制度，统促会组织采取民主集中制，重视协商，通过定期领导层例会、餐会、会员大会、理事会议等形式协商会务，以秘书处为平台，进行日常管理。以澳大利亚统促会为例，重要活动须会长讨论后，提交常委会讨论，并征询作为顾问的其他侨团领导人意见，然后由下属职能部门负责实施。

四、物质条件

任何组织和团体的运作都需要相应的物质条件，包括必要的行政经费、办公设施、活动场地等，海外统促会组织也不例外。统促会势力的强弱、功能的大小，除了与其管理体制、机构设置、人员配备等因素有关外，还与其是否具有稳定可靠的经济基础关系很大。

海外统促会物质条件的好坏主要表现在有无活动场地和经费是否宽裕这两个方面。一般而言，海外统促会的经费并不宽裕，来源大致分为自筹和资助两部分。海外统促会自筹的经费多来自于领导层的赞助，会员会费和活动募捐占一部分。以德国华人华侨统促会为例，该会的经费均来自自筹，会长一年捐助 5 000 欧元，执行副会长一年捐助 600 欧元，常务副会长一年捐助 400 欧元，副会长一年捐助 200 欧元，开展活动经费不够时再由会长临时补贴，名誉会长、顾问、理事不收会费。再如，泰国统促会主办的和平世界网站的启动资金和后续维护费都由泰国统促会自筹解决。①

资助主要来自相关机构的支持。巴拿马华侨华人统促会的经费主要是自筹，有时举办活动时中国驻巴拿马的办事处也会提供一些。由于经费困难，许多统促会没有固定的办公场所，活动开展的规模和频率都受到较大影响。

总的来说，海外统促会经过 20 年的组织建设，已建立系统性的组织结构，广泛吸纳当地不同社会界别的华侨华人以及主要侨团作为自己的会员。统促会会长大多认同一个中国原则，德才兼备、无私奉献、热心侨社公共事务，在当地侨

① 中国和平统一促进会：《海外统促会研究报告》，2013 年，第 32 页。

社有一定经济实力和号召力。海外统促会通过制定组织章程，明确了组织宗旨和使命、组织机构和运行机制，规范了会员的权利义务，提高了组织的管理效率。海外统促会的经费筹集渠道分为自筹和资助两种，但不宽裕，难以维持其应急状态时的运作需要。许多统促会没有固定的办公场所。

第三节　华侨华人反“独”促统动因

海外反“独”促统活动是华侨华人为维护中国领土和主权完整而开展的民间运动，是居住国政治环境、祖（籍）国凝聚力及华侨华人生存发展等因素综合作用的结果。

一、外因：宽松的国际环境和不断加强的侨务外交工作

第一，西方各国“多元文化主义”移民政策的实行，为华侨华人提供了较为宽松的政治环境。全球化时代，一方面，各国相互依赖进一步加深，外交领域的“国家中心主义”受到削弱，普通公民和民间外交获得了更大的活动能力和空间①；另一方面，作为个体的人的权利意识逐渐增强，“人们需要的不仅是作为民族一员的公民身份权利，而且也是作为人的权利——维护和尊重文化个性的权利，以及自由表达的权利”②。1965 年，美国实行新移民法，移民在融入居住国社会方面越来越自由，“美国化”压力减轻，既可以“享受美国这里能得到的机会、财富和自由，又保留自己原籍的文化、语言、家庭联系、传统和社会关系网络”③。自 20 世纪 70 年代以来，“多元文化主义”移民政策逐步在西方各国贯彻实行，并被用于处理国内族群事务④，移民的双重认同或多元认同变得合情合理，并被侨居地接受。“9·11”事件及叙利亚难民危机以来，美、德、法等国移民政策虽有所调整，但国际移民环境总体情况变化不大。美国国内要求移民政策改革的呼声虽然不断，但“从长远看，美国的移民政策不会发生根本性的变化”⑤。在欧洲，华人可以公开表达自己对中国政治的关心，“在欧洲华人社团的

---

① 余万里：《全球化时代的民间外交》，《国际观察》2008 年第 5 期。

② 吴前进：《1990 年以来中国—新加坡民间关系的发展——以中国新移民与当地华人社会的互动为例》，《社会科学》2006 年第 10 期。

③ 塞缪尔·亨廷顿：《谁是美国人？美国国民特性面临的挑战》，新华出版社 2010 年版，第 140－141 页。

④ 李明欢：《国际移民政策研究》，厦门大学出版社 2011 年版，第 205－216 页。

⑤ 姬虹：《“9·11”事件与美国移民政策》，《国际论坛》2002 年第 5 期。

各类会议上，‘爱国爱乡’之类的言谈不绝于耳”，欧洲华侨华人社团联合会曾在致中国领导人的函件中，“直抒希望‘祖国成为欧洲华侨强大后盾’”。[①]

第二，改革开放以来，我国侨务、外交、统战工作增强了海外华侨华人对中国的向心力和凝聚力。在侨务方面，中国政府很早就成立了系统、完备的侨务机构开展侨务工作，为团结海外广大华侨华人提供了制度保障。[②] 各级政府出于“引资引智”发展经济的考虑，十分重视华侨华人的联谊工作，经常主办各种联谊性大会，如各种以省、市、县为单位的世界性同乡大会等。在外交方面，中国相关职能部门越来越有作为，对海外中国公民以及非中国国籍华人的生命安全越来越重视，在有武装冲突或骚乱爆发的地区多次积极开展撤侨行动。如，2006年中国政府包机在所罗门群岛和汤加的撤侨行动，2015 年的亚丁湾撤侨行动等。据统计，2000 年至 2015 年的 16 年间中国海外撤侨行动的数量达 20 次。[③] 在统战方面，中共中央统一战线工作部也积极发挥华侨华人在中国和平发展过程中的作用，由其领导的统促会，积极联络海外统促组织，发挥了海内外统促运动的核心纽带作用。

二、内因：“大一统”历史记忆、华侨华人与中国荣辱与共的客观规律

第一，华侨华人关于中国“大一统”历史的记忆为反“独”促统活动提供了心理基础。自公元前 221 年秦始皇完成统一开始，历经两千多年的融合与发展，中国逐步形成了一个统一的多民族国家。以新移民为主体的海外反“独”促统群体，多数受过中国历史教育。移居海外的大陆新移民中有相当大比例是高学历者，早期来自港台的新移民更是大部分都完成了高等教育。[④] 据一项针对欧美日韩的中国留学生爱国意识的问卷调查显示，90.8% 的人曾在国内就读过本科及以上学历，其余 9.2% 的人则是高中毕业后直接出国留学。[⑤] 也就是说，许

---

① 李明欢：《群体效应、社会资本与跨国网络：欧华联会的运作与功能》，《社会学研究》2002 年第 2 期。

② 如 2018 年机构改革前的“五侨”系统，即全国人大华侨委员会及地方侨委、国务院侨务办公室及地方侨办、全国政协港澳台侨委员会及地方机构、中国致公党及地方致公党组织和中国侨联及地方侨联组织，构成了中国侨务机构体系，见毛起雄：《当代国内外侨情与中国侨务法制建设》，中国民主法制出版社 2008 年版，第 146－157 页。

③ 徐磊：《试析 21 世纪中国撤侨机制建设》，外交学院硕士学位论文，2016 年，第 11－13 页。

④ 庄国土：《新移民正改变世界华侨华人格局》，《社会科学报》，2012 年 3 月 22 日。

⑤ 郭姝、朱绍明、万杨：《海外留学青年爱国意识状况的实证研究——基于欧美日韩等国留学生的问卷调查分析》，《中国青年研究》2014 年第 9 期。

多新移民的小学、中学甚至大学都是在中国完成的，以中国历史课程等为核心的爱国主义教育，塑造了他们的中国历史认同感[①]，加强了他们对中国大一统历史的记忆。

第二，统一富强的中国是海外华侨华人生存发展的客观需求。个人的认同倾向与影响其个人自尊的群体密切相关，“华人作为一个群体的自尊的高涨或失落密切地影响着海外华人个人自尊的高涨或失落”[②]。中华民族的兴衰直接影响海外华侨华人的荣辱。百余年来的华侨华人史证明，“华侨华人在海外的生存和发展需要中国的繁荣和强大做后盾，需要中国的帮助和支持作保证”[③]。实现中华民族的伟大复兴，建设一个强大的中国，既是华侨华人基于历史经验的当代总结，也是他们在侨居地生存发展的现实需要。近年来，国际局势动荡不安，海外华侨华人的生存、发展和安全受到诸多挑战，他们渴望一个强大的祖（籍）国能为其在侨居地的生存发展带来积极影响。然而，目前两岸尚未统一的现状，直接影响了中华民族伟大复兴的进程。未能实现国家统一的民族复兴不是真正的民族复兴，实现国家统一的民族复兴才是真正的民族复兴。就此而言，华侨华人参与反“独”促统，是其增进自身在侨居地顺利发展的题中应有之义。

第三，参与反“独”促统客观上有助于扩展个人社会关系网，增加自身社会资本。[④] 参与反“独”促统与个人事业发展是相互促进的关系。正如有些学者所指出的，移民的跨国政治实践“很大程度上是为了实现社会地位补偿、获得经济发展的机会以及获得政治合法性并最终能够顺利融入移居地”[⑤]。以从事经济贸易活动的华商为例，许多人通过参与统促组织，担任侨团领袖，开展反“独”促统活动，获得中国侨务、统战等政府部门的认可，从而提高社会声望和地位。

---

① 王赓武教授认为历史认同强调传统的家庭价值、宗族起源与种族分支的忠诚以及中国辉煌的过去，见王赓武：《东南亚华人的身份认同之研究》，《王赓武自选集》，上海教育出版社 2002 年版，第 240 页。

② 居委宁：《海外华人的种族认同》，见陈文寿主编：《华侨华人新论》，中国华侨出版社 1997 年版，第 84 – 85 页。

③ 石汉荣：《探析中国侨务》，中国评论学术出版社 2004 年版，第 326 页。

④ 作为社会学术语，“社会资本”可以分为“个体社会资本”和“集体社会资本”两类，本节涉及的社会资本属于“个体社会资本”范畴，“除了微观的个人关系及这些关系中所蕴含的资源外，也包括个人所占有的网络结构位置能带来的资源”。参见赵延东、罗家德：《如何测量社会资本：一个经验研究综述》，《国外社会科学》2005 年第 2 期。

⑤ 黎相宜：《跨越彼岸：美国福州移民的跨国政治实践研究》，《学术研究》2014 年第 4 期。

第四节　华侨华人反“独”促统工作机制

从 1970 年开始的“保钓运动”算起，海外开展反“独”促统活动至今已有四十余年，华侨华人在遏制分裂势力，维护中国领土、主权完整，促进中国和平统一过程中形成了一套有章可循的运作机制。

第一，以统促组织为纽带，形成了包括华侨华人、留学生和台湾同胞等在内的反“独”促统阵线。一方面，通过侨团的纽带作用组织联络新老华侨华人（含台籍侨胞）、留学生等。如美国大芝加哥地区统促会、芝加哥协胜公会、华中科技大学大芝加哥地区校友会和美中湖北同乡会等新旧侨团通过开展郊游野餐等方式，就美国房地产投资经验、职场知识、美国枪支法规及安全持枪常识等在美工作生活经常遇到的问题展开交流，团结广大华侨华人参与到反“独”促统活动中来。[①] 另一方面，通过入岛开展文化交流、慈善捐赠等活动，加强与台湾统派组织及基层民众的联系。如 2013 年 6 月，欧洲华侨华人社团联合会组织欧洲侨团、侨领赴台湾联络拜会台湾官方机构，并与台湾中华侨联总会共同签署了《两岸侨界共同维护中华文化及价值观并加强合作交流》倡议书。[②] 另外，华侨华人还积极争取居住国政要、民众及其他国际对华友好人士的支持，扩大反“独”促统阵线。如澳大利亚华侨华人通过主办 2002 年全球华侨华人推动中国和平统一大会，邀请了美国前总统克林顿、澳大利亚前总理霍克等出席大会并发表演讲，支持“一个中国”政策。[③]

第二，形成了以统促会为核心、其他侨团为辅的组织与沟通机制。在组织方面，海外华侨华人成立了“地方—国家—大洲”至少三个层次的统促组织系统，如地方性的统促组织有美国华盛顿统促会等，国家级的统促组织有巴西统促会等，大洲级的统促组织有欧洲统促会等。在沟通机制方面，海外华侨华人组织了世界性、大洲性、国家性等不同规模的反“独”促统大会、论坛和年会。其中以全球华侨华人推动（后改为促进）中国和平统一大会影响最大。自 2000 年柏林召开首届全球华侨华人推动中国和平统一大会至今，该会已在世界 13 个国家、15 个城市召开过 17 次会议，参会者包括中国政府代表、举办地政府官员、台湾

---

① 美国大芝加哥地区统促会网站，http：//www. fairfellow. com/chicagohth/EventReport. htm。

② 刘舒凌、路梅：《36 欧洲陆籍侨领访台倡侨界共护中华文化及价值观》，中国新闻网，http：//www. chinanews. com/tw/2013/06 - 11/4919860. shtml，2013 年 6 月 11 日。

③ 中国和平统一促进会秘书处编：《心向统一——华侨华人反“独”促统活动纪实（一）》，世界知识出版社 2006 年版，第 42 - 43 页。

同胞、华侨华人等，最大范围地联络了支持中国和平统一的团体和个人（见下表）。各种规模的反“独”促统会议密切了世界范围内华侨华人之间的联系，协调了各国反“独”促统活动步调，壮大了反“独”促统声势。

2000—2016 年历次全球华侨华人推动（促进）中国和平统一大会简表

年份	地点	参会人数	主题
2000 年 8 月	德国柏林	约 600	反“台独”、促统一
2000 年 11 月	美国华盛顿	约 500	反“台独”、反对美国对台军售
2001 年 3 月	巴拿马	约 330	反“台独”、反分裂、振兴中华
2001 年 7 月	日本东京	约 600	反“台独”、促统一，维护世界和平
2002 年 2 月	澳大利亚悉尼	约 500	反“台独”、促统一
2003 年 9 月	俄罗斯莫斯科	约 600	团结、亲情、统一
2004 年 3 月	泰国曼谷	约 1 000	中华民族大团结，反对“3·20 公投”
2005 年 8 月	奥地利维也纳	约 800	纪念“二战”胜利 60 周年，反“独”促统
2006 年 12 月	中国澳门	约 1 000	反“台独”、促统一
2007 年 8 月	匈牙利布达佩斯	约 600	和谐世界，和平统一
2009 年 7 月	美国洛杉矶	约 400	反“台独”“藏独”，促进和平统一
2010 年 9 月	中国香港	约 1 500	反“台独”、促统一
2011 年 9 月	美国华盛顿	约 500	纪念辛亥革命百年，反“台独”、促统一
2012 年 8 月	西班牙马德里	约 800	反“台独”、促统一，深化两岸关系
2013 年 10 月	巴西里约热内卢	约 400	共促和平统一，共圆中华梦想
2015 年 11 月	南非约翰内斯堡	约 1 000	促进交流与合作，宣传“一带一路”
2016 年 7 月	泰国曼谷	约 1 000	“九二共识”是两岸关系和平发展的基石

资料来源：笔者参考《心向统一——华侨华人反“独”促统活动纪实（一）》一书，以及统促会网站、中国侨网、中国驻匈牙利大使馆、人民网、新华网、环球网、中国新闻网关于全球华侨华人推动（促进）中国和平统一大会的相关报道制作。

第三，形成了对分裂势力“直接遏制”和“迂回压制”的“双轨”工作路径（见下图）。“直接遏制”一般是指有涉“独”重大事件发生时，华侨华人通过街头抗议或舆论宣传等较为直接的街头政治形式与各种分裂势力进行斗争的途径。主要有以下几种方式：一是街头抗议。如 2017 年 1 月蔡英文“出访”美洲回程过境美国旧金山时，当地 300 余名华侨华人在其下榻的酒店外，组织了“反对‘台独’人人有责、中国统一亚太安全”的“呛蔡英文”示威活动。[①] 二是媒体宣传。如2008年西藏拉萨“3·14”打砸抢烧事件发生后，美、加、法、德等国华侨华人网民通过在YouTube上发布视频揭露“藏独”分子的残暴面目。其中一名来自美国的25岁华裔网民于事件发生第二天，即3月15日，在YouTube上发布了一段《西藏暴乱，你从CNN和BBC上看不到的》（*Tibet Riot, you won't see this on CNN and BBC*）视频，揭露了“藏独”分子的罪行和西方媒体的不实报道，还原了事实真相，至北京时间4月11日上午7时，点击量超6万次，留言近千条。[②] 三是发表声明。如2009年新疆乌鲁木齐“7·5”事件爆发后，哥斯达黎加统促会举行联席会议，发表联合声明给予严厉谴责，对“疆独”分子及支持“疆独”势力的组织和国家表明了立场与态度。[③]

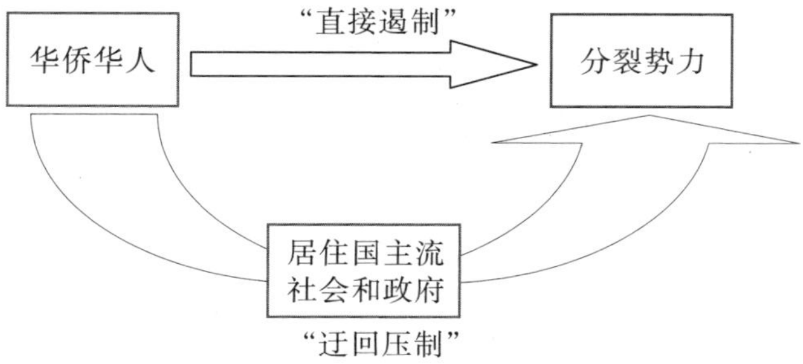

华侨华人反“独”促统“双轨”工作路径示意图

“迂回压制”是指华侨华人以居住国民众、政要及主流媒体为对象开展公共外交，增强其对中国国情、国策及少数民族政策的了解，进而支持中国和平统一，最终压缩各种分裂势力生存空间的“柔性”活动路径。具体包括以下几种方式：一是通过开展救灾、慈善捐赠等活动为居住国民众排忧解难，改善华侨华人在居住国的形象。如2009年2月，澳大利亚维多利亚州发生史上最严重的山火灾害，澳洲中国统促会、澳洲华协会、澳洲潮州同乡会、澳洲福建会馆等10多个华人社团迅速展开赈灾筹款救援活动，先后为灾区筹款约100万澳元（约合

① 宋楷文：《蔡英文过境旧金山遭遇反“独”促统组织抗议》，中评网，http://www.crntt.com/doc/1045/4/4/0/104544059.html? coluid=7&kindid=0&docid=104544059，2017年1月15日。

② 虞宝竹：《访中国新闻社社长郭招金：打破西方话语权单极封锁》，人民网，http://media.people.com.cn/GB/40606/7164859.html，2008年4月25日。

③ 杨永青：《哥斯达黎加统促会谴责“7·5”严重暴力犯罪事件》，中国台湾网，http://www.taiwan.cn/zt/gjzt/fd/asia_4/fdct/200908/t20090827_984644.htm，2009年7月17日。

人民币511万元）。[①] 二是开展居住国政要工作。鉴于美国在对台关系中的特殊地位，美国一些统促组织通过向参众两院议员表达政治立场，宣传“一国两制”政策等方式影响美国对台政策。如，美国华盛顿统促会曾通过向美国参众两院议员赠送关于中国对台“一国两制”政策著作的方式，讲解台湾岛内局势变化，宣传中国对台政策，促进中美友好。[②] 还有些统促组织通过邀请居住国政要参加统促活动、担任统促会职务（名誉会长或顾问等）的方式开展工作。如塞尔维亚统促会邀请塞尔维亚总统尼科利奇及夫人参加迎新春酒会[③]，莫桑比克统促会邀请莫桑比克总统希萨诺担任该会名誉会长[④]等。三是利用报刊、网络等媒体向居住国社会介绍中国国情、政情，构建于中国有利的舆论环境。如美国旧金山湾区统促会通过每月定期出版发行《金山促统论坛》杂志，刊发统促文章的方式，向美国主流社会介绍中国政府的和平统一方针。[⑤] 泰国统促会通过和平世界网站，用中、泰、英三种语言向泰国主流社会介绍西藏、新疆概况及中国现行民族政策。[⑥] 四是向居住国宣传中华文化，促进居住国对中国的了解。如澳洲统促会会长黄向墨曾于2015年12月向西悉尼大学捐赠100万澳元，用于创立澳大利亚—中国艺术与文化研究院，向有意学习中国文化的人提供支持，促进澳中两国相互交流和理解等。[⑦]

第五节　华侨华人反“独”促统工作

笔者认为，从海外统促会的工作对象、工作方式、斗争形式和工作内容来看，华侨华人反“独”促统工作需注意以下几点：

① 《澳洲和统会等华人社团为维省林火赈灾捐款仪式》，澳洲中国和平统一促进会网站，http：//www. acpprc. org. au/schinese/jinqi/2009/bushfiredonate. html。

② 《华人社团向美议员赠〈“一国两制”在台湾〉一书》，新华网，http：//news. xinhuanet. com/overseas/2006－12/08/content_5454858. htm，2006年12月8日。

③ 《塞尔维亚总统夫妇出席中国和平统一促进会迎新春酒会》，国际在线，http：//gb. cri. cn/42071/2013/12/25/7291s4368218. htm#top，2013年12月25日。

④ 陈锡烈：《海外赤子情》，《统一论坛》2010年第6期。

⑤ 旧金山湾区中国和平统一促进会网站，http：//www. cprc-sf. org/Ctown. php。

⑥ 吴炳林：《建立“和平世界网站”　拓展反“独”促统工作平台》，《统一论坛》2010年第6期。

⑦ 《黄向墨会长为西悉尼大学捐建澳中艺术文化研究院》，澳洲统促会网站，http：//www. acpprc. org. au/schinese/jinqi/2016/UWSdonation. html。

一、促统工作对象和工作方式

反“独”促统工作是给人做思想工作的。近二十年来，各地统促会根据自身特点，发挥各自优势，注意工作对象的多层次性，通过广泛的接触、交流和联谊，团结一切可以团结的力量，扩大了国际反“独”促统的阵线。

1. 面向侨社做好团结凝聚工作

为了早日实现中国的和平统一，遏制“台独”等分裂势力，众多统促会根据本地区的特点加强各侨团联系，增加交流交往的机会，扩大团结的对象，致力于和谐侨社的建设。

随着近年新移民群体的不断壮大，海外统促会还根据新移民的特点，注重在新移民群体中开展反“独”促统工作，帮助他们尽快适应居住国的工作生活，在此基础上，鼓励新移民向所在国政府与人民宣传中国政府的和平统一政策和“一国两制”的内容，坚决反对一切分裂中国的行为及主张。

为保证全球反“独”促统运动持续发展、后继有人，海外统促会还重视培养海外反“独”促统的年轻力量，做好华侨华人中年轻人的思想工作，以“根在中国，力促统一”为行动主线，以经济、科技等方面的实质性合作为切入点，调动他们参与反“独”促统运动的积极性。

为推动华人青年参政，融入主流社会，不断提升华人地位，海外统促会从华社生力军——华裔新生代和留学生入手，积极为他们的学习、工作、生活及融入主流社会服务。澳洲统促会下属的青年社团——青年委员会，切实采取措施，引导和鼓励华裔新生代参政议政，组织十余位前任和现任州议员、市议员对青委会成员进行“传帮带”，帮助他们快速成长，并不定期在会所举办青委会成员与澳大利亚政要座谈会，搭建交流平台，助力青年参政之路。这些举措增进了澳华青年精英对澳大利亚政治体系、政治历史、政治规则的了解，激发了他们的参政热情，增强了他们与政界的沟通和交流。[①] 泰国统促会开办的和平世界网站设有泰国留学生专栏，介绍泰国留学情况和学校优势，同时还在和平论坛中专门设立了网友交流和泰国生活等板块，为留学生搭建了交流的平台，受到了泰国留学生的欢迎。[②]

在维护中国国家主权和领土完整的目标下，海外统促会与其他爱国侨团密切

① 田飞：《积极开展青年工作壮大反“独”促统力量》，在中国和平统一促进会九届二次会议上的发言，2016 年 9 月 29 日。

② 吴炳林：《建立“和平世界网站”　拓展反“独”促统工作平台》，《统一论坛》2010 年第 6 期。

协作，往往形成巨大的凝聚力。在组织形式上，侨团与统促会主要领导多是交叉任职。欧洲华人有传统社团300多个，统促会与当地侨团的关系比较好，领导人交叉任职，共同举办活动，形成了我中有你、你中有我的局面。奥地利统促会是一个由侨团组成的联合会，每个侨团的会长兼任统促会副会长。俄罗斯统促会与俄罗斯华侨华人联合会是“两块牌子、一套人马”。西班牙华侨华人协会的人员和机构设置与西班牙统促会也有交叉重叠。许多统促会是居住国侨团的联合会，对该国大多数侨团具有统领的作用。如法国统促会是法国唯一的统促会组织，由77个侨团组成，常务会长团有30多个会长，在当地影响颇大。德国统促会是德国最大的华人社团，在华人之中声誉非常好，一些同乡会、商会都是在该会的召集下共同开展活动的。

在开展活动方面，爱国侨团与统促组织彼此协调、相互配合。海外统促会经常性的工作是做团结的工作，与其他侨团的联系、互动和沟通越来越多，让海外更多社团与统促组织共同成为两岸和平统一进程的积极推动者。毛里求斯统促会在和谐侨界建设方面成效显著，值得借鉴。他们坚持所有的活动都邀请相关侨团一起参加，经常组织在当地影响较大的仁和会馆举办活动，在当地反响很好。旧金山湾区中国统一促进会因时制宜，因地制宜，因人制宜，融合新侨团侨领和传统侨社侨领。在美洲传统侨社掀起反“台独”、促统一高潮之际，又进而促成各地统促会建立和美洲统促总会成立。其后，从华盛顿、芝加哥、费城以至于休斯敦，各地统促会也在不同程度上扩展而融合传统侨社人士。

美国统促会在化解侨社矛盾、团结侨社力量方面值得一提。2002年8月10日至11日，为协调和统筹全美各统促会组织，全美各统促会在芝加哥举行推动中国和平统一联盟大会。大会凸显了“团结起来，促进中国和平统一，防止‘台独’危害海峡两岸，推动中美两国和世界和平”主题，并成立全美统促会联合会成立。大会号召各统促会团结一切可以团结的力量，联合一切可以联合的社团，求同化异，联合起来齐心协力反“独”促统。大会凝聚和表达了美国华侨华人的崇高心志：“大陆、台湾、港澳，都是中国大家庭组成部分，大陆人、台湾人、港澳人、海外华侨华人，都是中华民族大家庭不可缺少的成员。应在‘一个中国’前提下和框架中，发挥众人智慧，灵活探讨，以实现统一目标。凡我华夏儿女绝不容忍坚决不允许任何‘台独’言论和行径，都将义正词严予以谴责和声讨，并将更团结奋起反对和制止‘台独’野心图谋。”① 此次芝加哥大会邀请了美洲中华会馆联谊会黄金泉秘书长、美国安良工商会伍健生总理与美国洪门致公堂、协胜工商会等侨领出席，突破了“汉界楚河”，化解了安良与协胜之间

① 宗鹰：《回顾往途拓新程——全美中国和平统一促进会联合会巡礼》，《统一论坛》2012年第2期。

多年的矛盾，开创了统促会与传统侨社并肩“反‘台独’促统一”的新局面。①

2. 面向岛内外台胞做好统战工作

1949年国民党败退台湾后，由于官方渠道不畅，“外交”空间狭窄，故非常重视培植海外华人的亲台力量。经过长期经营，台湾在海外华社中拥有一大批亲台社团，被台湾当局视为“扩大国际生存空间”、推行“务实外交”和增强台湾实力的“最重要资源”。其次，台湾当局还重视海外台胞的工作，以利用他们为其政治目的服务。台湾海外移民主要在北美。据台湾当局“侨务委员会”所发布的《2016年侨务统计年报》显示，截至2016年底，海外华人人口总数约为4 462万，其中美国华人人口数为499万；从台湾移民出去的华侨约191.1万人，而美国台湾移民近96.4万人，约占美国华人总数的19.32%，且超过了海外台湾移民总数的一半。② 与来自中国大陆的华侨华人以及其他国家和地区的台湾移民相比，美国台湾移民及其后裔在融入当地主流社会、社会经济状况等方面都显现出较为独特的优势。③ 且二十世纪七八十年代以来，海外台胞以多种社团的形式组合起来，成为居住国社会的一支重要政治势力，并为台湾当局所利用。据台湾当局“侨务委员会”的资料，目前世界各地有亲台侨团近2 600个，其中与台湾当局“侨务委员会”保持密切联系的台籍社团约有500个。因此，对于反“独”促统工作来说，最大限度地团结和争取亲台社团与人士，最大限度地孤立和遏制极少数“台独”顽固势力，至关重要。

由于历史或政治环境因素，有些国家和地区传统侨团较为顽固，仍以“中华民国”为认同导向，与中国大陆人为阻隔，难以接触。1949年以来，受两岸关系的影响，华社各派选择不同的政治取向而导致长期的对立，世界范围内的华社均出现了“亲大陆”和“亲台”的左右之争。冷战后，伴随两岸关系的缓和，华社在两岸问题上虽然表现出了更为理智和宽容的姿态，但不团结的问题仍然存在。

近年来，海外统促会坚持求同存异的原则，努力做好争取亲台社团、台胞社团的工作，最大限度地团结一切反对“台独”分裂、拥护中国统一的各界人士。许多统促会采取多种方式加强与台籍同胞、传统侨社的团结合作，共同开展活动，帮助他们解决困难。一些统促会非常重视与当地台胞的交流，通过互访、联谊、茶话会等形式，建立联系，结下友谊。美国宾州统促会始终注意与当地台胞建立联系，不但主动参加台湾同胞举办的中秋晚会、合唱节等文艺活动，也特别

① 宗鹰：《回顾往途拓新程——全美中国和平统一促进会联合会巡礼》，《统一论坛》2012年第2期。

② 台湾当局“侨务委员会”编印：《2016年侨务统计年报》，2017年，第10－11页。

③ 龙登高：《美国台湾移民及其后裔生存与发展状况》，《侨务工作研究》2007年第4期。

邀请台湾同胞参加该会举办的京剧专场演出、音乐会等，加深相互了解和理解，增进感情融和。加拿大统促会成立以来，支持台湾同胞参加大陆侨社，大陆同胞参加台湾社团，支持海峡两岸暨香港、澳门同胞参加克兰尼社区活动，并邀请国民党和民进党在海外的党员、加拿大“亲台”的议员参加统促会的座谈会。[①] 巴西里约统促会广泛接触台胞，特别是一些有选票的台胞，希望通过他们影响台湾的民意。该会还尽量争取团结一些有“台独”倾向的侨胞，让他们逐渐了解祖国统一大业的重要性，转变他们的立场。[②] 实际上，经过海外统促会坚持不懈的努力，一些亲台侨社开始“易帜”，政治立场发生了变化。如菲律宾反“独”促统组织通过努力，吸纳了过去与台湾当局关系密切的团体和人士，从而在菲律宾华人社会中形成了具有广泛代表性的反“独”促统联合阵线，为在菲律宾开展反“独”促统工作奠定了坚实的社会基础，也有效地压缩了“台独”分子和台湾驻菲机构的活动空间。

海外统促会开展台胞工作的另一种方式就是吸纳台胞担任统促会领导职务。澳大利亚统促会的理事会成员三分之一是台湾同胞，3 位常务副会长中有 1 名台湾同胞，16 位副会长中有 6 名台湾同胞，还有 4 名台湾同胞担任名誉会长，5 名台湾同胞任名誉顾问。澳大利亚悉尼统促会积极邀请台湾社团的一些重要人士担任该会的名誉会长、名誉理事等。奥地利统促会是一个侨团联合会，成立之初，吸纳了两位祖籍浙江、在台湾长大的台胞担任秘书长，他们的交际圈子都是台湾人，为反“独”促统工作带来了一定便利。

塑造中华文化认同。以中国历史文化为纽带，加强海外台籍侨团对“一个中国”的认同，围绕共同的历史文化元素开展活动，增进友谊，如在中华民族传统节日、纪念中华民族始祖黄帝、纪念孙中山周年诞辰时，联合举办联谊活动，进一步增进骨肉同胞情谊，化解误会和对立情绪，在认同两岸同属一个中国、两岸和平统一是中华民族历史发展的必然等方面，逐步取得共识。

海外统促会还以共同文化渊源、共同民族感情、共同民族利益为基础，多渠道、多层面地把工作向外延伸到台湾岛内去，做台湾民众的工作。特别是在促进与台湾民众交流方面，各地统促会做了大量深入细致的工作，如组团赴台，邀请台胞到所在国访问，大力推动海峡两岸民间交往与交流，不断增进两岸同胞的感情，促进台湾同胞对中华民族和中华文化的认同。2013 年 6 月，欧洲统促会以“欧华联”名义组织欧洲华侨华人“两岸中华文化之旅”赴台湾参观访问，来自欧洲 21 个国家的 36 名成员参加此次活动。这不仅是欧华联会首次主办这样的活

① 车英麟：《两岸和平发展引领海外反“独”促统运动登新高》，《统一论坛》2009 年第 5 期。
② 毛蓉君：《中南美洲各国和统会会长谈开展本国反“独”促统工作》，《统一论坛》2003 年第 5 期。

动，也是全球中国大陆籍华侨华人以“侨务交流”名义访问台湾的第一次。作为第一个访问台湾的祖国大陆籍侨胞访问团，该团第一次与台湾当局机构及政要接触，拜会了台湾当局“侨务委员会”委员长吴英毅、国民党荣誉主席吴伯雄等台湾政要以及其他机构和团体。①

一些在海峡两岸暨香港、澳门均有贸易往来、合资或投资事业的统促会成员还利用经商之便，向台湾业界人士进行反“独”促统宣传。一些海外统促会在2009年8月“莫拉克”台风肆虐台湾后纷纷呼吁赈灾，紧急开展募款活动，表达海外华人对台湾灾民的关心。加拿大统促会基于对台湾政党的认识，对民进党的分析，从建会开始就确立了反“独”促统和化“独”促统两手抓，在民进党内广交朋友，坚决支持民进党内有影响的人物与大陆交流沟通，积极推进民进党的转化过程。②

3. 面向当地社会开展公共外交

就海外反“独”促统力量及对主流社会的影响来说，其在不同国家对当地主流社会的影响不尽相同。这也与华侨华人在当地的人口规模、经济实力、政治地位、社会影响成正比。东南亚地区华人所处的文化区域是“弱势客地文化区域”。相对于东南亚地区当地人而言，华人在劳动技能、社会组织、物质财富和管理方式上明显占有优势，这是东南亚地区华人享有一定社会经济地位的重要原因，因此其反“独”促统组织对当地社会的影响较大。

不同于东南亚地区华人，欧美等西方国家华人则处在一个“强势客地文化区域”，这是一个白人占主导地位的、信奉基督教的资本主义社会。在这样一种特定的社会环境中，华侨华人作为弱势群体，对当地社会的影响有限。西方各国普遍要求公务人员必须在政治上保持中立，不得介入党派活动，不得参加党派竞选，不得以党派偏见影响决策，公务人员的工作与党派完全分开。在澳大利亚堪培拉，澳大利亚主流媒体基本上不刊登统促会的活动，澳洲民众没有关于中国是否统一的强烈感知。欧洲统促会在举办活动时，主要还是华文媒体对之报道，当地主流媒体则鲜有问津。欧洲统促会组织活动时，一些国家政要即使应邀参加活动，一般也不表态发言。总之，由于受社会文化、政治环境、经费等因素的影响，海外统促会对当地主流社会影响还比较有限。但我们也应该看到，欧美等国家作为反华势力的集聚地，也是各种分裂势力活动的舞台，因而随着这些国家华人新移民的快速增长，反“独”促统组织也发展较快。

华侨华人利用各种机会和场合，向居住国广泛地宣传中国政府和平统一的方

① 张曼新：《欧洲华侨华人两岸中华文化之旅回眸与思考》，《统一论坛》2014年第4期。
② 车英麟：《两岸和平发展引领海外反“独”促统运动登新高》，《统一论坛》2009年第5期。

针和政策，积极争取国际社会对中国和平统一事业的理解和支持，表明广大海外华侨华人反对“台独”、促进中国统一的坚定立场。目前，海外统促会通过以下活动来扩大其对主流社会的影响力。

（1）通过公关外交，开展当地政要工作。

为取得反“独”促统的实效，海外各统促会积极做好所在地主流社会工作，邀请当地官员和上层人士担任统促会职务，参加统促会活动，争取他们对中国和平统一政策的理解和支持。如新西兰统促会举办反“独”促统论坛，邀请新西兰有关官员参加。澳洲统促会同当地政府建立了良好关系，聘请多位著名政界人士担任荣誉职务，并邀请一些国家前任领导人参加该会举办的全球华侨华人反“独”促统大会。2008 年 4 月北京奥运火炬传递期间，澳洲统促会牵头悉尼各个社团联名签署，发给澳大利亚所有国会议员一封公开信，要求他们不要反对和至少不要发表支持“藏独”分子的言论，否则会影响广大在澳华人的感情以及他们的选票。在公开信的作用下，没有一个议员在公开场合表态支持“藏独”分子干扰圣火传递。

比利时是欧盟总部和议会所在地，比利时统促会的工作重点是做欧洲议会的工作，积极与比利时上层社会和议会进行沟通与交流。该会曾组织 200 多位华人与议长对话，希望议会坚持“一个中国”政策。

韩国统促会以韩国政界、新闻界、工商界的精英为主要工作对象。在该会的参与推动下，韩国 20 多位国会议员和 30 多位媒体要员发起创立了“国会中国论坛”。他们在台湾问题的各种政治议案上，能够做到主持公道，坚持“一个中国”原则。

华盛顿统促会注意和美国参众国会两院保持经常性沟通，每逢圣诞和新年，都寄上贺信贺卡，在祝贺节日的同时也寄上广大华侨华人反对“台独”、希望中国和平统一和增进中美友好的理念。[①] 北加州统促会还创办三份英文月报，主题包括支持《反分裂国家法》等，并将月报按时分发至美国主流社会及两院议员手中。芝加哥统促会突破华人圈，日益深入美国主流社会，开展了一系列促进中美关系、反对“台独”分裂活动的工作。会长侯大正在美国政界人脉较广，和许多政要有深厚交情，曾多次与他们沟通，强调反对“台独”的重要性和正义性。[②]

西非是“台独”势力最为活跃的地区之一，乍得、尼日尔、布基纳法索、冈比亚、塞内加尔等国都是“台独”势力在非洲的桥头堡。担任西非统促会秘

① 吴惠秋：《发挥地区优势做美国主流社会的工作》，《统一论坛》2007 年第 1 期。

② 王坚：《让美国社会了解“台独”之危害》，《统一论坛》2006 年第 1 期。

书长的尼日利亚华商胡介国在当地具有较强的经济实力。由于他义利兼顾，回馈当地社会，树立了华人的良好形象，赢得了当地政府的信任，在社会上享有较高声望。他和尼政府包括总统和州长在内的官员建立了良好的人脉关系，这为争取当地上层人士支持其反“独”促统工作提供了很大便利。西非统促会还通过尼日利亚政府在该地区的影响，向西非各国宣传“一个中国”和“一国两制”政策。[①]

担任莫桑比克统促会会长的江永生是莫桑比克前总统希萨诺多年的保健医生。希萨诺现任联合国非洲特使、全非洲总统论坛和名人论坛委员会主席、莫桑比克解放阵线党终身名誉主席，他在莫桑比克担任了 18 年总统，通晓 8 国语言，先后访问世界上 110 多个国家，曾 7 次访问中国，受到过邓小平、江泽民等党和国家最高领导人的会见，对中国十分友好。江永生利用与希萨诺总统接触的有利条件，时常把台湾问题的由来及现状介绍给总统，并解释中国政府解决台湾问题的方针和政策。2002 年 8 月，希萨诺总统同意出任莫桑比克统促会名誉主席，这在海外统促会中尚属首例。希萨诺在 2015 年 11 月 8 日还出席了南非约翰内斯堡召开的全球反“独”促统大会，发表了 33 分钟的演讲，支持中国和平统一，并首次介绍他与南非总统曼德拉做思想工作，使南非与台湾断交、与中国建交的故事。在希萨诺的影响下，莫桑比克的议长、总理先后出任莫桑比克统促会顾问，一些部长政要等积极要求出任名誉理事，与中国友好，反对“台独”及一切分裂言行，支持中国和平统一，在全世界华侨华人中受到赞誉好评，产生了极大的影响，通过他们的带动和影响，当地政府、上层人士和主流社会普遍认同“一个中国”的政治框架，支持中国和平统一事业。[②]

（2）开展媒体外交，营造有利的舆论氛围。

西方主流社会、主流媒体、当地民众普遍对中国的对台、涉藏政策不了解，各统促会利用华文报刊和网站在宣传中国、改善中国国际形象等方面做了大量工作。

传统和现代传媒也是海外华人宣传反“独”促统理念的一种主要形式。华文报刊是华侨华人社会的传统媒介形式，在沟通华社信息的同时，对当地主流社会也有一定的辐射作用。如尼日利亚统促会发行的《西非统一商报》、巴西中西部统促会发行的《南美侨报》、巴拿马统促会发行的《华信日报》等均在当地主流社会有着不错的影响力。此外，德国统促会与德国华文媒体关系也很好，其中

① 胡介国：《把中国统一事业作为自己终身的追求》，《统一论坛》2008 年第 2 期。

② 江永生：《顺地制宜　独辟蹊径　开展住在国上层社会人士工作》，《统一论坛》2008 年第 1 期；江永生：《搭建中非友好桥梁促进祖国和平统一》，《莫桑比克华人报》，2018 年 4 月 14 日。

德国最大华文报纸《华商报》的总编是该会的副会长，一些活动都通过该报来进行报道。

西非华侨华人积极利用自身的有利条件，组织演讲会与座谈会，自办报纸免费分发。尼日利亚统促会及当地华侨华人组织发行《西非统一商报》，覆盖尼日利亚的主要城市及周边一些国家。该会还利用当地主要媒体刊登中国政府有关台湾问题的报道，在主要电视频道买下黄金时段播放有关台湾问题的专题节目，宣传中国的各项政策主张。[①] 南美洲是“台独”势力活动猖獗之地，“台独”分子利用各种手段拉拢台胞。巴西中西部统促会面对“台独”分子的分裂活动，筹资出版《南美侨报》占领舆论阵地，宣传中国的“和平统一、一国两制”政策。巴拿马统促会自办的中文报纸《华信日报》，从 2003 年开始每两周安排一期专栏，刊登两岸关系及促进中国统一等方面的讯息、文章，在报纸发表声明，抗议陈水扁、吕秀莲到巴拿马访问。菲律宾统促会在成立之初就着手组建了一支由新闻媒体、专栏作家组成的文宣队伍，每当台海发生重大事件时，这支队伍就活跃起来。他们充分发挥自身优势，在当地华文报刊上发表评论，揭露“台独”分裂势力的险恶用心，进行猛烈的声讨和挞伐。[②] 一些统促会会长为了中国和平统一事业，数十年来奔走疾呼，笔耕不辍。如华盛顿统促会共同会长黄企之先生数十年来，奔赴全球参与促统座谈会数百次，几乎每次都进行主题报告；在华盛顿，他放映中国电影 96 部，以传播中华文化，宣扬统一之声；通过各种媒介发表促进统一的短文 200 余篇；1982 年起，每日坚持撰写“统一日记”迄今超过 200 万字，被各界冠以“统一先生”的美誉。[③]

网站作为不受时空限制的虚拟媒体，在开展主流社会工作中的作用越来越突出。泰国统促会通过举办网站开展反“独”促统活动，取得了较好的效果。2009 年 5 月泰国统促会主办的和平世界网站开始试运营。在推出中文网站后，又推出了泰文版和英文版，向主流媒体介绍西藏、新疆情况和中国现在实行的民族政策，图文并茂的宣传形式和丰富的信息量极大地增强了网站对当地主流社会人士的吸引力。泰国统促会还与中国藏学研究中心、中国西藏网、中国新疆网等单位联络，充实了网站内容，为一些栏目的顺利设置提供了条件。目前，和平世界网站经过三次改版，最终形成了泰国要闻、图片新闻、台湾概况、西藏概况、新疆概况、各地统促会活动、商业互助、世界风俗、泰国留学生等十多个主栏目和二十多个子栏目。为了加强各地统促会之间的联系，专门设立了和平论坛，还设立

---

① 胡介国：《相互交流合作　共促中国统一》，《统一论坛》2006 年第 6 期。

② 蔡友铁：《求同存异　共促统一》，《统一论坛》2008 年第 6 期。

③ 《“统一先生”三十年艰辛路　一片赤诚浇筑和平之花》，http：//www. chinataiwan. org/xwzx/bwkx/200812/t20081230_807683. htm。

了五洲华人、今日中国、港澳新闻、海峡两岸、上海风采、美好西部、全球时事、泰国要闻、商务咨询等板块。每个板块都明确了宗旨和目标，例如《今日中国》栏目以坚持一个中国，坚决反对一切分裂势力为原则，讨论中国国内重大事项，广集民意民智，共同献计献策。此外，在网页上加挂了西藏文化中心、中国新疆网、泰国旅游局的网站链接，设置了公布各种活动的重要信息和参与方式的公告栏，为改变国际反华势力、达赖集团和“三股势力”对中国有关政策和西藏、新疆问题的误导性宣传发挥了作用。

充分利用海外传媒平台宣传中国关于两岸关系发展的主张和政策。海外传媒独具的华人传媒以及国际传媒的双重属性可以使我国在对外舆论宣传方面更有优势。相比较中国大陆本土媒体来说，在海外的宣传更容易让海外华人乃至外国民众所信服，也更容易得到海外中华儿女和各国友好人士对中国和平统一大业的理解与支持。因此，我们应该加强与海外传媒之间的合作，并在宣传内容上把更多焦点集中在两岸关系的稳定发展方面，同时介绍“一国两制”下的香港澳门繁荣稳定，让世界华人和各国友好人士及时了解大陆对台的最新政策动向和所取得的成果，增强他们对我们实现和平统一大业的信心。

（3）通过公益慈善和文化活动，开展当地普通民众工作。

站在民间立场，以非政府的身份对住在国民众开展援助。中国针灸医生江永生通过对非医疗援助，先后在莫桑比克工作 22 年，从中国医疗队员到担任莫桑比克总统保健医生，22 年来江永生用一根根银针治疗了莫桑比克 20 万病人，赢得了莫桑比克总统和人民的赞扬。此外，江永生还向希萨诺总统建议举办“非洲各国元首保健医生学习班”“非洲国家元首保健医师中医针灸论坛”，开办针灸中医学校和医院，得到希萨诺总统的大力支持。后来，希萨诺致信中国领导人，对江永生的建议给予了高度评价。①

鼓励侨团积极参与当地救灾，开展慈善活动，赢得当地民众好感。例如，2011 年 1 月下旬，暴雨袭击巴西里约热内卢州，引发山体滑坡、洪水泛滥。巴西统促会积极开展救灾活动，于 2011 年 1 月 24 日中午，将价值 15 000 多雷亚尔（约合 6 万元人民币）的救灾物资送至里约热内卢州灾情最严重的城市之一特雷索波利斯市红十字会所在地。该市红十字会负责人表示，他们非常感谢里约华人社团对里约灾区民众给予的帮助，虽然此前也受到过国际红十字会以及一些外国友好城市的援助，但获得侨民社团的捐助还是第一次，他表示会及时将所有物品送到灾区，传递这份来自华人社团的爱心。②

① 陈锡烈：《海外赤子情》，《统一论坛》2010 年第 6 期。

② 《巴西华人社团前往里约受灾山区献爱心》，http：//news. cntv. cn/20110125/107346. shtml。

墨西哥统促会为开展中华文化的宣传活动，组织成立了“拉美艺术团”，成员由当地华侨华人组成，节目包括具有中华文化特色的歌唱、舞蹈、京剧、服装秀等，深受当地民众和华侨华人的欢迎。该艺术团在墨西哥城具有一定知名度，当地政府和侨界组织活动时，经常邀请该艺术团参加。近年来该团通过积极参加墨西哥文化处举办的文化节，还集中展示了中国饮食文化，起到了促进中墨文化交流的作用。2016 年 9 月，在悉尼统促会及中国驻悉尼总领事馆的支持和推动下，澳洲中华青年联合总会与悉尼大学中国学联联合举办了一场由海峡两岸的年轻人共同出演的“两岸一家亲，共叙故乡情”的中秋晚会，100 多位台湾社区的活跃人士出席了晚会，形成了一项品牌活动。

总之，海外统促会成立于当地，成员大多长年居住于当地，了解当地国情，熟悉当地风俗习惯、思维方式及当地语言，能以当地主流社会乐于接受的方式开展活动，通过建设媒体平台，参与主流社会事务等方式开展居住国主流社会工作，为反“独”促统工作壮大了声势，营造了有利的国际环境。

二、反“独”斗争形式

统促会作为民间团体能做很多国内民众和相关政府部门不能做的事情，如在大使馆不好出面的情况下，或在中国没有建立外交关系的国家，由统促会出面组织人力对抗分裂分子，往往能取得意想不到的效果。

1. 发出反分裂势力的强大声音，形成强大声势

在众多形式中，召开层次不等、规模不一的全国性、洲际性或全球性大会，发表会议声明或宣言，表明华侨华人反“独”促统的坚决立场，是海外统促会的一种制度化行动。2000 年夏天，欧洲华人社团联合会秘书长张曼新等侨领发起在德国柏林召开了全球华侨华人推动中国和平统一大会，同时在全世界首先提出了反“独”促统的战斗口号，开启了“以侨促统”的新时代。从 2000 年柏林大会开始，此后反“独”促统爱国运动在世界各地风起云涌，每年的反“独”促统世界大会和洲级大会相继在华盛顿、东京、悉尼、莫斯科、维也纳、巴拿马、里约热内卢、圣保罗、洛杉矶等国际大都市召开，极大地震撼了岛内外的“台独”势力，有力地促进了中国的和平统一大业。从柏林声明到洛杉矶宣言，海外统促会都明确宣誓坚持一个中国原则，反对任何形式的“台独”分裂活动，反对外来势力对中国和平统一的干涉。自 2000 年以来，反“独”促统世界大会广泛宣传中国“和平统一、一国两制”的方针和中国政府关于推动两岸关系和平发展的各项政策，宣传中国经济建设和社会发展所取得的成就，宣传一国两制方针在香港和澳门所取得的成就，宣传中国政府为解决台湾问题对台湾同胞展现

的最大诚意和善意，同时展现海外华侨华人的共同意志，已成为海外华人表达反分裂、反“台独”、促统一心声的重要平台，成为深受欢迎、具有广泛影响力的重要品牌。

海外统促会在事实上和学理上揭露“台独”“藏独”言论的不实之处及其背后动机，对其进行有效的批判和抨击。2000 年民进党陈水扁上台后，安排亲信张富美出任“侨委会主委”。张富美曾定居美国多年，长期在岛外鼓吹“台独”言论，在一次接受媒体采访时，公开宣称把海外侨民分为三等，声称要将海外侨民区别对待，优先照顾“新台湾人”，有多余精力时，才轮到第二、三类侨民，为“实质台独”铺路。张富美的“侨民等级论”一经抛出，马上引起轩然大波，海外中华儿女纷纷表示强烈不满，就连一些传统亲台侨团也忍受不了这种对待侨民的歧视性的观点和行为，提出强烈的批评和抗议。针对此类“台独”错误言论，统促会对其进行有力批判，揭露这些言论背后所隐藏的“台独”动机，宣传我国和平统一的方针和政策，改变传统亲台侨团对中国大陆的偏见，争取更多海外亲台侨团的人心。

2008 年拉萨“3·14”打砸抢烧事件发生后，尼日利亚统促会通过非洲发行量最大的华文报纸《西非统一商报》，第一时间发表文章，对这一恶性事件进行强烈谴责，也让非洲的华侨华人第一时间了解到那些破坏中国统一、危害人民群众生命财产安全的罪恶行径。①

2. 采取强有力的反制行动，抵制各种分裂行径

每逢重大事件或敏感日期，海外各种分裂势力蠢蠢欲动时，海外统促组织以民间团体身份大规模组织起来，通过现场游行示威等方式形成一种强大的威慑力，严重打击、挫伤分裂分子的嚣张气焰，发挥其身临现场而能发挥的独特作用。2015 年 6 月达赖窜访澳大利亚，悉尼统促会联合澳洲和平正义行动委员会、孔子研究会等在内的几十个澳洲华人社团联合行动，在悉尼蓝山举行抗议活动，打击了达赖集团的嚣张气焰。② 美国华盛顿统促会在李登辉、陈水扁“台独”势力猖獗时期，跟“台独”分裂势力进行了坚决的斗争，发挥了反“独”先锋作用。据泰国统促会负责人介绍，该会与政府关系非常好，在军界、警界都有其自己的渠道，一旦“台独”分子、“藏独”分子有什么活动，他们可以在第一时间采取行动，配合大使馆工作。此外，海外统促力量也为国家领导人出访保驾护航，坚决打击、制止各种分裂势力破坏干扰我国领导人公务活动的行径。2012

① 胡介国：《海外华侨华人与中国的和平统一》，《统一论坛》2014 年第 3 期。

② 《悉尼统促会等澳洲华人社团抗议谴责达赖窜访澳洲》，http://www.zhongguotongcuhui.org.cn/hnwtchdt/201506/t20150609_9990253.html。

年，时任国家副主席的习近平访问洛杉矶，“台独”“藏独”“疆独”等分裂分子趁机叫嚣，美国大洛杉矶地区促进中国统一联合会组织了三四千人与之对抗，极大打击了分裂势力的嚣张气焰。

3. *在未建交国开展系列统促活动*

与中国未建立外交关系的国家和地区往往是“台独”“藏独”“疆独”等分裂势力活跃的地区，统促会充分利用民间团体的优势弥补了大使馆等官方机构缺失造成的影响，促进了未建交国家对中国的认知，抵消了分裂势力在当地社会对中国和平统一造成的不利影响。众所周知，拉美地区远离中国，前几年有3个未建交国（巴拿马、洪都拉斯、萨尔瓦多），“台独”势力强大，“台独”活动频繁、猖獗，台湾当局“邦交国”集中，反“独”促统工作意义重大。在此情况下，巴西统促会将统促活动扩大到这些未建交国，联合当地爱国力量以民间的方式从侧面有力地打击了“台独”分裂势力。2001年，巴拿马统促会和中南美洲统促会相继成立，通过在当地中西主流媒体发表声明、举办座谈会等方式，严厉谴责了“台独”分裂势力，向当地主流社会介绍世界上只有一个中国，台湾是中国不可分割的一部分的历史事实。①

三、反“独”工作内容

从工作内容来说，海外华人密切关注台海关系和海内外“台独”“藏独”“疆独”等分裂势力的新动向，不时调整工作重点，力求反“独”促统工作具有针对性。

十余年来，针对台湾当局和陈水扁等分裂势力进行一波又一波的“台独”分裂活动、散布“台独”分裂言论，如“台湾正名”游行、“一边一国”论、“3·20公投”“四要一没有”“入联公投”等，一方面，华侨华人通过举办座谈会、请愿、集会游行、发表声明等多种形式，强烈谴责台独分子企图分裂祖国的图谋，坚决反对“台独”分子的分裂活动。另一方面，海外统促会积极配合中国政府的对台政策，通过举办座谈会、发表声明、撰写文章等形式拥护和支持中国《反分裂国家法》、中台办和国台办的“5·17声明”等，认真学习并宣传中国领导人一系列有关对台工作的重要讲话精神，坚定地支持中国政府为维护中国主权和领土完整所采取的一切行动及措施。

近几年，海外华人还根据海内外各种分裂势力的新情况，在反对“台独”

---

① 唐金水：《不忘初心　继往开来》（发言稿），在中国和平统一促进会九届二次会议上的发言，2016年9月29日。

势力的同时，积极开展反“藏独”、反“疆独”分裂势力的斗争。拉萨“3·14”打砸抢烧事件是“藏独”势力有预谋的行动。达赖集团从一开始就将此事件精心策划为一起宣传攻势：先在拉萨街头煽风点火，然后在西方开足马力抨击中国政府“灭绝藏文化”和对西藏“殖民化”，将事件的影响迅速放大。CNN 等西方媒体出于政治目的制造出歪曲性报道，与“藏独”势力一唱一和，短时间内在西方造成了对中国相当不利的舆论环境。针对“藏独”分子先后制造拉萨“3·14”打砸抢烧事件，连续冲击中国驻外使领馆和干扰、破坏奥运火炬传递，以及达赖借宗教、文化之名在世界各国的疯狂窜访等分裂行径，很多海外统促会都明确把反对“藏独”作为自己的重要工作职责。世界各地的华侨华人纷纷行动起来，在当地统促会的组织下，掀起了反对“藏独”分裂和破坏活动的强大浪潮，向国际社会和世界人民揭露了达赖分裂集团的“藏独”实质和分裂祖（籍）国、破坏奥运的罪恶行径。[①]

西欧、北美、澳大利亚和新西兰的华侨华人和中国留学人员都自发组织起来，举办了多种形式的宣讲活动，向民众诠释真实的中国、真实的西藏。当西方媒体歪曲拉萨暴力事件真相时，国外的华侨华人网民在第一时间，就将 CNN、BBC 等发表的一批假照片、恶意篡改事实的照片一一识别并理清出来发在互联网上，迅速地撕破西方媒体的伪装，使其露出狰狞面目，让世界人民认清事实真相。而海外华侨华人的努力使得西方民众初步认识到西藏问题并不像他们原先想象的那样简单，流亡的喇嘛更不是简单的“无辜受害者”。

2008 年 3 月 15 日，西藏拉萨暴力事件发生后，身在加拿大的 21 岁中国留学生 NZKOF（中国媒体称其为“情缘∮黄金少”）用“视频给西方上历史课”，在 YouTube 上传了一段 7 分钟的视频《西藏过去、现在、将来永远是中国的一部分》，展示了中国各个朝代的地图，以及西藏几十年间变化的照片。三天内，其点击量接近 120 万次，各种语言的评论有 7.2 万条，让某些一度引发“轰动效应”的“拉萨事件”新闻还其真面目，让众多西方媒体所宣称的“西方新闻的信誉”荡然无存。德国之声等西方媒体关注他，称他为“网络英雄”。27 岁的华裔网民 dionysos615 搜集和整理了大批西方媒体报道，包括美国 CNN、《华盛顿邮报》，英国 BBC，德国 N－TV 电视台、RTL 电视台、《图片报》《柏林早邮报》《明镜》周刊等，然后各个击破，指出其报道或移花接木，或错误描述照片，或

① 关于海外华人反击西方媒体对于西藏骚乱事件的不实报道可参见：《全球华人抗议西方对西藏骚乱事件的歪曲报道》，《国际先驱导报》，2008 年 3 月 27 日；《打破西方话语权封锁华文媒体网络媒体异军突起》，《中华新闻报》，2008 年 4 月 23 日。

刻意裁剪图片，或使用错误文字标题。①

华侨华人也以其他方式反对“藏独”势力，抗议外国媒体的不实报道。3月29日，约120名中国人在慕尼黑奥登广场举行了主题为“无声的呐喊”的游行，旨在用“最和平、最理性的方式”，抗议德国媒体对西藏问题的歪曲报道，表达汉藏一家、维护国家统一的心声。

全球华人抗议西方媒体歪曲报道西藏问题和奥运圣火传递的烈火烧到了澳洲大陆。4月12日，悉尼和墨尔本两地华人在同一时间举行大规模和平示威游行，两地各有数千华人参与，是有史以来在澳大利亚最大规模的华人游行活动。澳大利亚电视10台在报道这次墨尔本华人大规模游行时说：今天有更多的声音抗议西藏暴力事件，不过这些声音却来自支持中国的示威者。成千上万的人加入游行队伍。游行队伍高喊“西藏与中国不可分割”的口号……游行人群用极端分裂主义者最近杀害平民的事实来回击“藏独”支持者。② 4月19日下午，超过2 000名华人在柏林举行主题为“悼念无辜的死难同胞，抗议德国媒体不实报道”的游行。

2008年4月，达赖集团的代表仁波切到美国南加州大学演讲，当地的一些中国留学生对其提出了直接质问。此事在当地引发了较大反响，《纽约时报》也刊登了题为“在美中国留学生为他们祖国的形象而战”（*Chinese Students in U. S. Fight View of Their Home*）的相关文章。

针对2009年新疆乌鲁木齐“7·5”打砸抢烧严重暴力犯罪事件，海外统促会相继以发表声明、接受媒体采访等方式，对暴力罪行表示强烈谴责，并坚决支持中国政府为保护人民生命财产安全所采取的一切必要措施，呼吁华侨华人与分裂势力开展斗争，反对国际反华势力对中国社会稳定和民族团结的一切破坏活动。③

总之，华侨华人是中国和平统一事业建设的独特优势力量，是遏制海内外“台独”“藏独”和“疆独”等分裂势力的重要力量。近十多年来，在台海关系和国际形势的推动下，华侨华人反“独”促统的队伍不断发展壮大，组织机构日益健全。十多年来，华侨华人通过坚持不懈的努力和行之有效的工作方式，有

① 《打破西方话语权封锁　华文媒体网络媒体异军突起》，中国新闻网，http：//www. chinanews. com/hr/zgxw/news/2008/04-23/1229402. shtml？z=knnzxcyjwzrmu1fh，2008年4月23日。

② 《悉尼墨尔本华人同时万人大游行　澳媒终于如实报道》，央视网，http：//news. cctv. com/world/20080415/100891. shtml，2008年4月15日。

③ 《华侨华人强烈谴责“7·5”打砸抢烧暴力犯罪事件》，中国政府网，http：//www. gov. cn/jrzg/2009-07/09/content_1360712. htm，2009年7月9日；《海外华侨华人谴责乌鲁木齐“7·5”暴力恐怖行径》，中国新闻网，http：//www. chinanews. com/hr/hr-hrdt/news/2009/07-13/1773141. shtml，2009年7月13日。

力地宣传了中国政府“和平统一、一国两制”的方针政策，使一个中国原则得到国际社会越来越多的理解与支持；世界各地华侨华人开展了形式多样、声势浩大的反“独”促统运动，有力地打击了各种分裂势力的嚣张气焰。实践证明，华侨华人已成为中国反“独”促统运动的一支重要力量，为促进中国和平统一作出了不可磨灭的贡献。

第五章　海外华人社团与中外文化交流

文化作为一个国家或民族精神力量的集中反映，是物质力量的一种折射和体现，也是一个国家综合国力的重要标志。其战略地位已随着国际竞争重点的变化而进一步凸显，不同文化之间的比较和竞争也日益成为国际竞争的重要内容。冷战期间，两极对抗，东西方国家文化交流受阻，相互之间了解不够，产生了许多误会。20 世纪 90 年代以后，随着冷战结束，意识形态的斗争退居次位。同时，全球化、一体化进程加速，各国文化交流日益增多。国家间文化软实力的竞争日趋激烈，文化因素日益成为经济发展的重要引擎和支柱。在国际竞争大环境中，广大发展中国家总体上处于弱势地位，在文化发展上也面临严峻挑战。保持和发展本民族文化的优秀传统，大力弘扬民族精神，积极吸取世界其他民族的优秀文化成果，实现文化的与时俱进，是关系广大发展中国家前途命运的重大问题。

2011 年，党的十七届六中全会通过了《中共中央关于深化文化体制改革推动社会主义文化大发展大繁荣若干重大问题的决定》，制定了“推动中华文化走向世界”的发展战略。2012 年，党的十八大报告进一步提出，发挥市场在文化资源配置中的积极作用，创新文化走出去模式，推动中华文化走向世界。开展多渠道、多形式、多层次对外文化交流，支持海外侨胞积极开展中外人文交流，广泛参与世界文明对话，促进文化相互借鉴，增强中华文化在世界上的感召力和影响力，共同维护文化多样性。党的十九大报告也指出文化建设对民族复兴的意义：“文化是一个国家、一个民族的灵魂。文化兴国运兴，文化强民族强。没有高度的文化自信，没有文化的繁荣兴盛，就没有中华民族伟大复兴”，进而提出“加强中外人文交流，以我为主、兼收并蓄。推进国际传播能力建设，讲好中国故事，展现真实、立体、全面的中国，提高国家文化软实力”。

为国家大局服务和为侨胞服务，推动党和国家事业以及侨胞事业又好又快发展，是侨务工作科学发展的根本目标。2013 年，时任全国政协副主席李海峰同志在《求是》上撰文指出，坚持把发展华文教育、促进侨团团结、加强华文媒体宣传作为基础工作，增强中华儿女凝聚力和向心力，引导广大侨胞在融入当地社会的同时，积极弘扬中华文化，发展同各国人民的友谊。要深化对侨务工作发展任务的认识，适应新形势、新任务、新变化，重视在维护和促进祖国统一、拓展侨务公共外交、增强国家文化软实力等方面服务，而广大的海外华侨华人无疑将在推进实施侨务工作目标中发挥不可替代的独特作用。[①] 国务院在《国家侨务工作发展纲要（2011—2015）》中，把拓展侨务公共外交列为中国侨务工作的重要任务之一，并特别提到要重视海外华人社团的作用。[②]

长期以来，华人社团、华文媒体、华文教育被称为海外华人社会“三宝”，其中海外华人社团是华人社会最重要的组织，对帮助华侨华人适应融入当地社会，加强合作团结，维系各种关系，保护自身权益等发挥了积极重要的作用。随着海外华人经济向本地化、集团化、国际化发展，各地华人社团也开始了大联合，华人社团组织和活动日趋国际化，出现了跨国华人宗亲和同业组织，及其全球性的联谊活动。

敦睦乡谊，弘扬中华文化，推动与当地社会文化交流也是很多海外华人社团的重要宗旨，其已经成为开展中外文化交流、实现文化传播、培养文化传播骨干的有效平台与重要力量。因此，在当前国家文化战略调整的大背景下，加强对海外华人社团在中外文化交流中的研究具有时代紧迫性。

第一节　海外华人社团参与中外文化交流的理论依据和角色优势

华侨华人参与中外文化交流虽然具有与生俱来的独特优势，但从其自身以及社会发展的需要来看，这也是华侨华人社会发展到一定阶段的必然趋势。随着华侨华人与当地社会和祖（籍）国文化互动的不断加深，这种角色优势更加明显。

一、理论依据

以下从对外文化交流理论、文化认同理论以及国际治理理论等来分析海外华人社团参与中外文化交流的理论依据。

1. 文化与对外文化交流

据不完全统计，关于文化的定义有 400 多种，仅在英美著作中出现的就达

① 李海峰：《谱写侨务工作新篇章》，《求是》2013 年第 6 期。

② 《全国侨务工作会议首提“侨务公共外交”》，http：//www. chinanews. com/zgqj/2011/10－21/3406592. shtml。

150 多种。[①] 我国著名学者张岱年教授认为："文化是人类在处理人和世界关系中所采取的精神活动与实践活动的方式及其所创造出来的物质和精神成果的总和，是活动方式和活动成果的辩证统一。"[②]"交流"指人与人之间的互动与沟通。对外文化交流指的是在文学、艺术、宗教、教育、科学、卫生、新闻、出版、体育、旅游等诸多具有文化性质的领域内所进行的国际交流活动。[③] 广义的文化交流体现为国家与国家不同主流文化之间的交流、同一国家内主流文化与亚文化之间的交流、同一国家亚文化之间的交流等。狭义的文化交流是指国家间不同文化的交通与往来。本章倾向于狭义的文化交流。

对外文化交流按照组织和参与者的不同大致可分为政府对外文化交流和民间对外文化交流。政府对外文化交流完全由政府组织、策划、参与，其鲜明特征是政府主导；民间对外文化交流则由人民团体、社会组织和民间力量共同或单独实施。文化交流具有先行性、相互性、长期性等特点，旨在推动国家之间和人民之间的长期信任，以维护国家的长远利益。[④] 在当今全球化背景下，文化交流应该是平等的、双向的交流过程。哈贝马斯曾经指出："不同的文化类型应当超越各自传统和生活形式的基本价值的局限，作为平等的对话伙伴相互尊重，并在一种和谐友好的气氛中消除误解，摈弃成见，以便共同探讨对于人类和世界的未来有关的重大问题，寻求解决问题的途径。这应当作为国际交往的伦理原则得到普遍遵守。"[⑤]

主权国家开展文化交流一般有四个层次的目标，即第一层次：增进了解，使别国民众认识自己，并不断更新对自己的印象；第二层次：增进理解，塑造别国对自己积极的认知，并让其民众从该国的角度去看问题；第三层次：接触别国民众，通过对民众的接触使他们将自己视为旅游、学习、购物的理想之地，并且认同自己的价值观；第四层次：影响别国民众的行为，获得别国的投资以及对自己的支持，以此使得别国的政治家改变政策，最终成为自己的盟友。[⑥]

中国是文明古国，中华文化源远流长。但由于受文化类型的差异、实际活动范围的局限以及个人视野、消息来源、认识途径等方面的限制，加上近几个世纪以来西方文化中心主义观念以及近数十年来意识形态差异的影响，以西方为主的

---

① TOMLINSON J. Cultural imperialism: a critical introduction. Baltimore: The Johns Hopkins University Press, 1991, p. 4.

② 张岱年、陈宜山：《中国文化与文化论争》，中国人民大学出版社 1990 年版，第 2 页。

③ 赵丕涛：《外事概说》，上海社会科学院出版社 1995 年版，第 91 页。

④ 许利平：《中国与周边国家的人文交流：路径与机制》，《新视野》2014 年第 4 期。

⑤ 尤尔根·哈贝马斯、米夏埃尔·哈勒著，章国锋译：《作为未来的过去：与著名哲学家哈贝马斯对话》，浙江人民出版社 2001 年版，第 265 页。

⑥ LEONARD M. Diplomacy by other means. Foreign policy, 2002 (132).

国外传播媒介向国外受众所提供的关于中国文化的信息带有严重偏见，导致国外受众对中国文化充满误读，进而很大程度上影响了他们对中国的整体印象，对正在崛起的中国产生偏见、疑虑乃至恐惧。我们应该加强对外文化交流，通过种种方式向世界展示自己的文化，主动传播我们的信息，发出自己的声音，塑造自己的形象，让世界不再停留于通过国外传播媒介编制之后的信息来认识中国文化，而是通过由我们主动提供的信息来得到对中国文化的直接了解与真切感受，在此基础上产生对中国文化的理解、认同。①

2. 文化认同理论

认同（identity）是人文社科各领域中的一个重要术语，主要用来阐释个人或群体与家族、方言群、地方社群、阶级、民族、国家、全球等各种不同层次社会集合体的关系。新加坡学者崔贵强曾指出，认同是指“个人或群体等（行为主体）与主体以外的对象（即客体，包括个人、团体、观念、理想及事物等）之间产生心理上、感情上的结合关系，结果在潜意识中，将自己视为对象（客体）的一部分而行动”②。一般来说，传统社会的认同是稳定和确定的，人们的乡土认同、国家认同、民族认同和文化认同是相互依附的，而全球化时代，人口的跨国流动却割裂了这种连带关系。移民在定居国的跨文化交流和互动，以及其与祖籍地关系强弱的变化，致使其认同不断地被解构与重构。

（1）海外华侨华人的“双重文化认同”。

文化与认同之间有着密切关系。首先，在文化的认同上，并非所有的文化因子均可以被同化与融合。例如：在马来西亚华人历史上，“峇峇”和“娘惹”不会说华文，但保持传统的中华文化习俗，那些不尊崇民间信仰而改信天主教、基督教、伊斯兰教的人却依然说华文，那些以英语为媒介语言的年青一代，也许不再坚守传统文化习俗和信仰，却在行为方式和态度观念上依然不放弃孝道、人情、面子、勤俭等中华文化价值观念。③ 民族认同是一种文化认同，它是对祖（籍）国民族情感的保留与潜藏。华人社团源于文化的归属与现实环境下的群体选择。一个人的情感诉求力量往往是弱小的，可是如果将一群有同样情感诉求的人凝聚起来，借助一个媒介表达出来，这样的力量就会异常强大。其次，从心理学上来说，人隶属于一个易于确认的群体，这是人类的一种基本需求。滨下武志指出：“华侨基于空间认识所产生的身份认同，首先是对出生地和故乡抱有强烈

---

① 马晓明：《文化软实力视角下的中国对外文化交流路径分析》，上海交通大学硕士学位论文，2011 年。

② 崔贵强：《新马华人国家认同的若干观察（1945—1959 年）》，《南洋问题研究》1989 年第 2 期。

③ 杨宜音：《文化认同的独立性和动力性——以马来西亚华人文化认同的演进与创新为例》，见张存武、汤熙勇主编：《海外华族研究论集》第三卷《文化、教育与认同》，华侨协会总会 2001 年版，第407－420 页。

的‘乡里意识’，这种意识既是个人对于故乡所抱有的归属意识，更是在移民国家的生活空间里，不可缺少同乡之间的相互扶助，因而这种归属意识得以不断再生。”① 这种文化的结果便是最初的同乡会，之后华人社团的出现扩大了华侨华人社交的圈子，加强了彼此之间及与外界间的团结互助与合作。

华侨华人同时遭遇祖（籍）国与居住国两种文化的冲击，这种冲击其实也就是两种文化对于特定群体的抢夺，即华侨华人认同情感资源的争夺，源于华侨华人居住国的同化与祖（籍）国的呼唤之间的情感争夺。② 在这种文化价值观的双向吸引下，哪一方面能真正有效地把握天平的重心，能更有效地影响海外侨民的文化认同？这既与居住国政治、经济、文化手段有密切联系，也与祖（籍）国对海外侨民的各方面政策措施有重要关系。这也是我们可以借助华侨华人开展中外文化交流的天然缘源。

（2）侨团组织是海外华人文化认同的根基。

近代民族主义思潮推动催化了早期侨团的活动，侨团也是近代华侨民族主义情感的依附所在，而当代侨团则成为培养新一代华侨华人民族情结的基地。与前辈相比，新生代华侨华人对祖（籍）国的情感渐趋淡化，对于祖（籍）国只有残存的模糊认知，而侨团仍是凝聚华侨华人，尤其是新一代华裔的核心力量。新生代华侨华人对于中华文化的认知程度是其祖籍记忆的重要参考指标。一方面，华裔族群的形成其实就意味着华侨华人将自己归属为同一性质的人，都保留着对于祖（籍）国的记忆和想象；另一方面，这类的记忆和想象促成、维持甚至强化成员的国族意识。③ 实际上，当代侨团一方面从经济利益角度构建与祖（籍）国的联系，另一方面也通过社团活动传播传统文化、传递乡音乡情，以培养华裔族群的爱国情结，建构华裔族群的中华意识。因此，海外华人社团在实践中能够自觉担负起文化交流中的桥梁与纽带作用，以本民族优良文化丰富所在国多元文化，起到传播中华文化的重要作用。

3．国际治理理论

治理是一个有意识地确定政治目标并不断改变社会现状的持续过程，它所反映的价值取向，特别是非权力取向，正好符合一体化发展的需要。④ 一个日益全球化的世界带来的是文明的、社会的、种族的、地区的和个人自我意识的升

---

① 濱下武志：《华侨史に见る社会伦理—华侨—华人—华裔のアイデンティティ》，《思想》1991 年第 801 号，转引自张颖：《华人社团与华人华侨文化认同探析》，《中华文化》2012 年第 3 期。

② 张颖：《华人社团与华人华侨文化认同探析》，《中华文化》2012 年第 3 期。

③ 张颖：《华人社团与华人华侨文化认同探析》，《中华文化》2012 年第 3 期。

④ 吴志成、李客循：《欧盟治理与制度创新》，《马克思主义与现实》2004 年第 6 期。

温。[①] 非政府行为体广泛而积极地参与解决全球经济和社会发展问题，被认为是可持续发展的代言人和捍卫者，在实施全球可持续发展战略方面发挥了不可或缺的建设性作用。[②] 它适应了全球化的需要，在国际社会的多个领域和全球治理的舞台上扮演着多重角色。非政府组织等次国家行为体的大量涌现，使其所参与的活动范围不断扩展，促进了民主原则和治理的参与，并推动了决策的民主化进程，提高了治理的合法性和有效性。

国际社会的多层级治理环境为华侨华人社团的成立及治理参与提供了宏观条件与路径。海外华人社团作为一定范围华侨华人的群体性组织，具有共同的利益诉求和目标宗旨。海外华侨华人对祖（籍）国“根”文化难以割舍的情怀使得传承和弘扬中华文化成为大多数华人社团的重要宗旨之一。尤其是近年来，随着专业性的华侨华人文化社团和文化艺术机构不断增加，他们在传承、弘扬中华优秀文化方面的主导性和中坚作用更为突出，尤其是与其他族裔之间的文化艺术交流活动，推动了当地多元文化的发展和中外文化艺术的交流与合作。

二、角色优势

1. 当前中外文化交流发展现状

新世纪以来，随着我国综合实力的增强和软实力发展的需要，国家在对外文化交流领域提出了许多新的措施和策略，取得了重大进展。第一，积极实施宽领域、多渠道的对外文化交流，推动中华文化“走向世界”。对外交流不仅面向发达国家，还覆盖广大发展中国家；从双边到多边，不断扩大规模和领域。[③] 第二，设立海外中国文化中心，促进世界各国近距离了解中国文化。至2014年底，海外中国文化中心已覆盖五大洲，总数达20个。按文化部规划，到2020年将在海外开设50个文化中心，覆盖全球主要国家。[④] 第三，积极举办多边或双边大型文化交流项目。中国先后与法国、英国、意大利、俄罗斯等国相互举行“文化年”“文化节”“文化月”“文化周”等大型文化活动，充分展示了中国文化。第四，设立“孔子学院”，积极传播中国优秀传统文化。截至2013年底，全世界已有120个国家（地区）建立了440所孔子学院和646个孔子课堂，共计1 086个，

---

① ROBERTSON R. Globalization: social theory and global culture. [S. l.]: Sage, 1992, p. 27.

② 莱斯特·萨拉蒙：《非营利部门的兴起》，见何增科：《公民社会与第三部门》，社会科学文献出版社2000年版，第243页。

③ 许桂梅：《中国已同160多个国家和地区建立良好文化交流关系》，http://news.cctv.com/china/20090924/103420.shtml。

④ 《2014海外中国文化中心发展建设回眸》，http://www.mcprc.gov.cn/whzx/whyw/201501/t20150108_438362.html。

孔子学院已成为汉语推广和体现中国“软实力”的文化品牌。[①] 第五，打造中国文化品牌，彰显中华文化魅力。第六，积极主办国际性体育赛事，推动中国文化走向世界。此外，国家侨务部门近年来在促进文化交流方面也做了大量工作，包括国务院侨办开展的“文化中国”系列活动、中国侨联的“亲情中华”系列活动等，取得了良好成效，得到了海外侨界的高度赞赏。

总之，近年来，在国家大力促进文化建设、推动文化交流的大战略背景下，国家及地方各部门积极响应，制定和实施了一系列文化措施和策略，符合我国当代对外文化交流的实际需要，一定程度上满足了各国人民对中国文化的了解和需求。但也存在某些可进一步努力之处，其中有三个方面值得提及。第一，重官方渠道、轻民间路径。约瑟夫·奈在一篇关于中国软实力的文章中提到，中国软实力战略的最大问题是认为政府是提高中国软实力的主要力量。[②] 当前中国有很多能够产生软实力的资源，但政府几乎是中国软实力转化的唯一主体。无论是文化外交、孔子学院、国家形象宣传片、对外援助还是经济外交几乎全是政府包揽。与美日相比，中国的软实力完全依靠政府在“单打独斗”，非政府行为体，如企业、非政府组织、个人、志愿者团体等几乎都少有作为，难以面对国外复杂的多元社会。第二，重“走出去”、轻“引进来”。“走出去”战略推动各种形式的文化输出。相对而言，“引进来”的文化产品较少，双向交流不平衡。交流应以“互动”为要，突出交流的地位，只有相互了解，才能达到交流的目的。第三，文化产品创新不足。现在能够给外国人的文化产品少之又少，除了中医中药、中餐馆、武术、京剧等传统文化之外，几乎没有新的东西可以提供给外国人。在当今全球化、都市化的时代，人们更迷恋的可能是各种流行文化，以及与现代生活密切相关的都市文化。[③]

2. 华侨华人参与中外文化交流的独特优势

近年来，海外侨情发生了较大变化。华侨华人人口数量增长较快，综合素质明显提高，经济科技实力大大增强，社会地位不断提高，参政意识日益增强，社团组织不断增长，组织程度不断提高，成为我们开展中外文化交流的重要基础和独特资源。首先，广泛性是开展中外文化交流的坚实基础。目前海外侨胞数量共计6 200余万，分布在世界各地的198个国家和地区。[④] 侨胞人数多、分布广、

---

① 《全球已建立440所孔子学院和646个孔子课堂》，http：//www. chinanews. com/hwjy/2014/04 –17/6075747. shtml。

② JOSEPH S. What China and Russia don't get about soft power，http：//www. foreignpolicy. com/articles/2013/04/29/what_ china_ and_ russia_ don_ t_ get_ about_ soft_ power？ page = 0，1&wp_ login_ redirect = 0.

③ 曹云华主编：《海外侨情观察（2014—2015）》，暨南大学出版社2015年版，第28页。

④ 《“走进国侨办”新闻发布会问答选登》，中国新闻网，http：//www. chinanews. com/zgqj/2014/03 –20/5975949. shtml，2014年3月20日。

领域宽，教育文化程度和综合素质不断提高，掌握着先进技术、技能和管理经验，从事专业性、技术性、管理性工作的白领阶层越来越多，在政界、商界、科教文化界影响较大，是开展中外文化交流的独特社会基础。其次，二元性是开展中外文化交流的重要纽带。二元性体现在华侨华人的身份和文化内涵两方面。华侨和华人虽然国籍上有所区别，但都具有中华民族血脉。五千年的文化传承使华侨华人具有较强的民族认同感。许多外国人接触中国文化、了解中国人，都是从华侨华人开始的。华侨华人通过个人渠道、华文媒体、华文教育及著述和演讲向世界解释与宣传中国，成为加强沟通理解、推动友好合作的“民间大使”。再次，亲近性是开展中外文化交流的根本保证。华侨华人与当地民族长期在一起生活，为各国的发展和繁荣共同奋斗，尤其是在泰国、菲律宾等国，华人与当地民族已经完全融合在一起。这种亲近与信任，使得借助华侨华人开展人文交流具有亲人、朋友之间私人交往的性质，更具柔性，成为有效的润滑剂。通过密切华侨华人与中国的联系，推动华侨华人居住国与中国的交流合作。[①] 复次，融入性是开展中外文化交流的独特优势。海外华侨华人与居住国各族裔一起，共同构建了居住国的多元文化。他们与交流对象形成层层交织、密不可分的整体，为开展中外文化交流提供了正能量，容易为居住国民众所理解，更容易为居住国政府所重视。最后，永恒性是开展中外文化交流的可持续平台。华侨华人长居国外，并且代代薪火相传，永不间断。他们才是永远的文化交流主体，是中华文化的海外传播者、耕耘者和守望者。

3. 文化交流重要平台：海外华社的独特角色

在近代历史中，中华传统文化与外族文化的接触主要通过两个途径或两种方式。其一是由于中国对外商业交往增多，封闭的国门逐渐被打开，中华民族主动或被动地接受了外族文化的进入。其二是与外族文化进行着交流与融合。[②] 早期中国移民多属下层劳动者（小商贩、手工业者、种植园工人、矿工等），受文化知识水平的限制，在他们身上，中华文化传统可能只表现在本民族的语言文字、宗教信仰、传统节日以及生活习俗等方面，难以成为自觉传播与弘扬中华传统文化典籍的力量。但近几十年来，海外侨情发生了重大而深刻的变化，华侨华人实力日益增强，文化素质和教育水平越来越高，与祖（籍）国的联系和交往日益密切，文化传承的使命感和责任感越来越强。随着中国国际影响力的提高，他们对祖（籍）国的关注日益增多，对中华文化的兴趣和接受度越来越高。

① 陈奕平、范如松：《华侨华人与中国软实力：作用、机制与政策思路》，《华侨华人历史研究》2010 年第 2 期。

② 梁英明：《从东南亚华人看文化交流与融合》，《华侨华人历史研究》2006 年第 4 期。

华人社团、华文媒体、华文教育这华社“三宝”是支持海外华人社会存在与延续的重要力量，也是中华文化在海外传承与发展的象征。① 但华人社团是海外华社最重要的支柱和中坚力量，它们在联络华侨华人亲情乡谊、维护华社族群利益、弘扬中华文化、推动融入主流社会、提升华侨华人整体形象、促进中外友好交流等方面发挥了极其重要的作用。据统计，当前全球华侨华人社团共有逾2.57万个。②

近年来，海外华人社团不仅发展速度增快，而且新移民社团已成为生力军，社团组织功能性更强，对传承中华文化也表现出更大的热情，活动内容更加丰富多彩，在华侨华人社会和当地主流社会的影响力都日渐增强。新移民与祖国有着天然的情感联系，民族归属感和认同感强烈，其组建的新移民侨团与祖国联系交往频密。同时，随着中国综合国力和国际影响力的提升，海外华社对祖（籍）国的凝聚力、向心力增强。此外，华侨华人社团逐渐走向国际化，形成了不少世界性华侨华人组织及其网络。这些世界性华侨华人组织及其网络不但是华侨华人贸易合作与文化交流的平台，也是密切华侨华人与祖（籍）国的联系、加深了解与合作的重要渠道。最后，华人族群与居住国其他民族之间的隔阂，在一定程度上受到彼此之间异质文化传统的影响。华人社团向华人介绍居住国的民情风俗，组织华人参与当地的种族文化活动，也是华人社团促进文化交流的另一侧面。③越来越多的海外华人社团举办与中国文化有关的活动，从一个侧面反映了中国经济实力的强大和中国软实力在海外社会的不断发展④，成为开展中外文化交流的重要依靠力量。

华文教育是海外华社推动中外文化交流的深厚基础，承载着华侨华人“根”文化的传承。华文教育既为华人社会和所在国家培养了懂华语的人才，为维持和增强华人社会的民族认同和文化认同提供了重要平台与手段，也为传承和发扬中华文化提供了重要渠道。⑤

华文媒体也是海外华人社会推动中外文化交流的重要力量，是扩大中国与世界交往的文化使者。华侨华人虽然大多数已成为出生国或居住国的公民，但仍在

---

① 周兆军：《论坛前瞻：新潮流催生新角色，新形势孕育新气象》，http：//www. hb. xinhuanet. com/zhuanti/2005 －09/05/content_5097397. htm 03/8/620577. shtml。

② 参见国务院侨办 2013 年调研报告。

③ 李明欢：《构筑华人族群与当地国大社会沟通的桥梁——试论当代海外华人社团的社会功能》，《华侨华人历史研究》1995 年第 2 期。

④ 宋英慧：《从海外华人社团的表现看中国公共外交的创新》，http：//www. 21ccom. net/articles/world/zlwj/20150331122952. html。

⑤ 陈奕平、范如松：《华侨华人与中国软实力：作用、机制与政策思路》，《华侨华人历史研究》2010 年第 2 期。

不同程度上保留了中华文化情结。在异国文化和文字的包围中，母体文化与文字是华侨华人精神文化生活中重要的一部分。华文媒体成为海外华人和母国母体文化之间不可替代的纽带。在这种态势下，海外华文报纸开辟了许多文艺专栏、副刊，海外华文广播电视也开设了一大批宣扬中华文化的文艺节目，弘扬中华文化，亘塑文化价值观，提升中华文化自觉，使华侨华人能够对自己的文化有“自知之明”，明白它的来历、形成过程、特色和发展趋势，从而在多元文化的世界里找到自己的位置，既合理吸收其他文化的长处，又形成对其他文化的辐射力。[①]

但总体而言，目前海外的华文学校和华文媒体在当地社会影响偏小，部分依托于华人社团或企业的大力支持才得以为继，多数甚至囿于经济财政压力，未能实现文化交流的目的。同时华文媒体还存在一定的局限性，包括经营管理、媒体受众、新闻采编者等存在一定问题。[②] 相比而言，华人社团的发展出现新的活力，特别是近年来新华侨华人社团的大量出现，以及一些老社团在组织机制变革、新老接替工作完成后，呈现出本土化、集团化、国际化等多元发展趋势，成为海外华人社会发展的最重要组织。

第二节　海外华人社团与中外文化交流：案例分析与比较研究

海外华人社团参与中外文化交流有其独特优势和特征，主要体现在文化交流的组织形式和内容方面。以下对华人社团参与文化交流的组织形式和内容进行考察，并结合典型案例进行分析。

一、华人社团参与中外文化交流的特点

1. 华人社团文化组织形式

（1）综合性文化社团。主要是指近年来在海外涌现的中国文化中心、文化交流协会等。它们打破单一文化门类的限制，举办丰富多彩的活动，如开办书法、针灸、武术学习班，举行文化讲座和中华文物、历史展览，接待中国文艺、体育代表团来访，组织文化观摩与交流活动等。在团体构成方面，它们不但超越

① 李洁玉：《试析海外华文传媒在中国公共外交中的作用》，《湖南大众传媒职业技术学院学报》2011 年第 3 期。

② 余家宏、宁树藩：《新闻学简明词典》，浙江人民出版社 1984 年版，第 121 页。

华人社团传统的地域、宗亲和行业的组织原则，更突破种族与肤色的界限，欢迎当地居民与海外华人一起参加。它们在积极响应居住国多元文化政策、弘扬中华文化的主导思想上发挥了重大作用。

（2）单一型文化组织。这主要是指以某一门类文化艺术作为自身活动中心内容的文化社团，如戏剧社、舞蹈团、武术馆等。从其构成看，又可分为传统型与现代型两种。传统型社团不仅文化内容较为传统，主要是地方戏曲、舞狮舞龙等具有悠久历史的中国民间艺术形式，而且传承的方式较为传统，多为有共同爱好者集合在一起，以唐人街为主要舞台，切磋技艺、交流心得，文化形式偏重于对传统的留存与延续。现代型社团的艺术形式则较为广泛，既有富于中国特色的民间歌舞，也有西洋的舞蹈、合唱团、管弦乐队等。节目选择和编排虽以突出中国特色为主，但更为注重广泛吸收母体文化和居住国各民族文化的精华。

（3）华人社团附属文化分支机构。共同的血缘、地缘和文化取向，是各宗乡会馆存在与发展的基础，弘扬中华文化也是其不可推卸的历史责任和时代使命。很多宗乡会馆均设立有文化组，为乡亲康乐、排练家乡传统节目及加强情感交流开辟出一片园地。每逢佳节、重大庆典或同宗同乡的婚丧嫁娶活动，都会邀请本会馆的文化组登台表演。

（4）文物历史机构。海外华人建立起众多的侨史研究机构及博物馆，以珍贵的实物、图片、照片等向人们展现海外华人在异乡艰难创业的风雨历程，如美国旧金山华侨历史学会、日本神户华侨历史博物馆、澳大利亚墨尔本华人历史博物馆、马来西亚华社资料中心等。它们本着“宣扬华侨功绩、教育华侨后代”的精神，举办展览、出版纪念文集和画册，有条件的还通过制作幻灯片和广播电视节目等渠道，广为传扬华侨华人的历史事迹，并期望能帮助年青一代饮水思源，了解先辈的艰辛，同时也让居住国政府与人民能以公正和客观的态度去看待华侨华人及其为当地社会所作出的贡献。①

2. 华人社团的文化特征

一般来说，华人社团是以华侨华人为主要成员，以地缘、血缘、业缘、经济利益、政治目的、慈善意图、兴趣爱好、宗教信仰、学术教育等为纽带而自愿组成的民间组织机构。其类别主要包括公共外交类、地域同乡类、姓氏宗亲类、反“独”促统类、慈善公益类、文化学术类、专业技术类，还有校友会、商会、青年会、妇女会、职业组织等。华侨华人文化传播的桥梁作用通过四个环节来实现：一是把交流传播体从祖（籍）国或居住国的母体中分离出来；二是跨越时

① 詹正茂：《发挥华侨华人的作用　促进中华文化在海外的传播》，《侨务工作研究》2012 年第 1 期。

空把交流传播体携带到居住国或祖（籍）国；三是使交流传播体进入居住国或祖（籍）国的物质生产、精神生产和日常生活领域；四是形成新的交流传播体并存储起来作为新一轮交流的基础。①

华人社团在这四方面基本上都可以实现。首先，华人社团举办文化活动频繁，在华人社会和当地社会影响较大。根据相关学者的调查，23.8%的华人社团每周都举行活动，25%的华侨华人组织每两周举行一次活动，31.2%的社团根据社团领导人及其成员的时间机动而定。② 其次，海外华人社团是中外文化交流中的“文化中介”，它们在其所开展的各项活动中扮演着居间角色，一方面华人社团是居住国公众了解中华文化的“中介”，另一方面华人社团也是中国了解外来文化的“中介”。最后，华人社团在推动文化教育变革及社会活动，促进华侨华人，尤其是第二、三代海外华裔进一步了解、传承和弘扬中华优秀传统文化方面，发挥着极为重要的作用。

3. 华人社团文化交流内容

从历史上看，老华侨的临时寄居心态使他们不愿同化于当地，他们建立戏剧团、音乐社等文化社团，是为了在远离家乡的环境中存续母体文化，并为其开辟出一块园地。但今天，文化融合成为当今海外华人社会的主流。目前华侨华人对中华文化的传播，主要有：①中国传统商业文化，主要以餐饮、服饰为代表，展示了中国人吃苦耐劳、稳扎稳打、精明聪慧、注重乡情与亲情等品质，很好地塑造了中国的形象。②中国传统建筑文化，主要体现于各国各地的唐人街建筑，既注重实用主义、坚固耐用，又具有精工细琢、巧夺天工的特点。③中国科技文化，这是一个以不同人群为媒介进行的不同层次、由浅入深、循序渐进的过程。例如在华侨华人的推动下，中医逐步得到了国际医学界的认可和重视。④中国伦理、民俗文化，在中华民族传统节日里有丰富的民俗内容，如春节全家人聚在一起吃饺子，端午吃粽子，中秋吃月饼，以及街头舞龙、闹花灯等狂欢活动等。⑤宗教文化，宗教的传播是与其他很多元素的传播结合在一起的，例如中国的建筑、雕塑、绘画、音乐、饮食习俗、医药之学、文学和哲学思想等，很多都包含着宗教内容。⑥中华艺术文化，华人艺术家们为积极推广中华音乐文化而努力，他们组织表演团体，如法国的“黄河艺术团”、日本的“黄河女子合唱团”、德国的“古风乐团”和英国的“伦敦中乐团”等都很好地把中国民乐向西方推介，

---

① 《华侨华人文化的传播与构建和谐世界》，http：//www.chinanews.com/zgqj/2012/08－14/4107148_2.shtml。

② 高伟浓、寇海洋：《试析海外新型华人社团在中国公共外交中的文化中介功能》，《商丘师范学院学报》2013年第2期。

弘扬了中华音乐文化。[①]

二、案例分析

考虑到海外华人社团的地域分布和功能特征不一，文章选取东南亚地区的传统华社泰国潮州会馆、美洲地区的专业华社美中文化协会、欧洲地区的新移民华社英国广东华侨华人联合总会三个侨团为个案，其相关特征分析具有一定的代表性。

1. 泰国潮州会馆：东南亚华人社团与中外文化交流实践

华侨华人成规模移居亚洲国家已有近500年历史。目前东南亚地区有华侨华人4 200余万，以当地出生的外籍华人居多。华人移居历史长，已经形成独具一格的华人社会。华侨华人数量稳中见长，社团以血缘、业缘等关系形成的传统侨团为主。在东南亚国家中，泰国华侨华人达1 000余万，并且融入程度较高。众多华人社团中，尤以泰国潮州会馆为最。由于会馆历史较长，相关文化活动极其丰富，本章仅以2014年6月至2015年6月为研究范围。

泰国潮州会馆正式成立于1938年，迄今已有80年历史，无论会员乡亲人数或馆厦规模，堪称世界各社团之冠。[②] 泰国潮州会馆以联络潮州人士感情，交换智识，促进中泰亲善与会员间之互助，举办各项慈善福利事业，创办学校、山庄(坟场)、医务处及促进文娱、体育及各项康乐活动为宗旨。可见，文化传承与交流、慈善互助等是社团的主要工作内容。

（1）创办华文学校，大力支持华裔新生代了解、传承中华文化，为泰中友好交流奠定良好基础。目前泰国潮州会馆有四所学校，即潮州中学、普智学校、培英学校、弥博中学。潮州中学于2002年5月动工兴建，耗资约1.2亿铢（约合2 516万元）。学校实行泰中英“三语”教学标准，可容纳300多人住宿上学。普智学校始建于1948年，历经多次搬迁兴建，目前学生800余人。培英学校创建于1920年，由当时潮人富商巨贾捐建。弥博中学创办于1962年，之后不断得到泰国潮州会馆各常执委及各界热心人士慷慨解囊，目前师生近千人。[③]

（2）加强与各级政府、各类文化组织团体交流，增进了解，推动合作。从近年泰国潮州会馆报道的主要活动看，直接或间接地与文化交流有关的活动占一半以上，尤其是近年来，文化交流活动比例更是有一定增加。从交流的主体来

---

① 詹正茂：《发挥华侨华人的作用　促进中华文化在海外的传播》，《侨务工作研究》2012年第1期。

② 《泰国潮州会馆简介》，http：//www. tiochewth. org/index. php？langtype = cn&pageid = cn_7。

③ 《泰国潮州会馆下辖学校》，http：//www. tiochewth. org/index. php？langtype = cn&pageid = cn_17。

看，既有来自中国的，也有来自其他国家的，包括新加坡、南美等地；既有来自家乡祖籍地的文化团体，也有来自其他地方的文化团体。来自中国方面的单位包括国务院侨办、地方侨办、侨联、高校、文化艺术团体、媒体等各类组织或机构。从交流形式来看，也是各种各样，包括联合举办文化演出、加强人员交流培训、加大新闻媒体报道宣传、调研侨情收集史料等活动。从交流的目标成效来看，会馆一直在努力通过多重渠道推动泰中友谊和文化交流。

表 5－1　泰国潮州会馆主要文化交流活动（2014 年 6 月至 2015 年 6 月）

时间	交流团名称	嘉宾	交流形式	目标成效
2015 年 6 月 23 日	汕头市侨联侨声合唱团	原汕头市侨联主席沈冰虹等	座谈	加强文化交流合作
2015 年 5 月 29 日	潮州市经贸代表团	市长卢淳杰等	座谈	加强合作，邀请参加第 6 届粤东侨博会
2015 年 5 月 1 日	中国广东省潮商会	会长周奕丰等	座谈	弘扬中华文化，传承潮汕传统
2015 年 4 月 24 日	国务院侨办访问团	副主任何亚非等	座谈	提升社团在中国东盟经贸文化交流中的作用
2015 年 4 月 7 日	广东艺术访问团	广东省画院副院长冯少协等	座谈、参观文史馆、收集泰侨史料	加强双方互动往来，共同促进泰粤两地文化艺术合作交流
2015 年 4 月 5 日	泰国潮州会馆暨各县同乡会	泰国潮州会馆副主席陈绍扬	联合公祭清明节	公祭越隆潮州山庄公墓，缅怀先贤
2015 年 3 月 27 日	中国驻泰大使馆侨务参赞	参赞方文国、张东浩	座谈	加强支持联络，共同促进泰中友好往来及经济文化交流
2015 年 3 月 21 日	潮州山庄祠堂	副主席兼山庄管理委员会主任吴仲昭	春分节春祭祀典	致祭于中华始祖炎帝神农氏、黄帝轩辕氏等
2015 年 3 月 10 日	中国昆明滇池泛亚文化研究学会代表团	会长龙东林等	座谈、交流、参观	加强联络，促进泰中友谊及民间文化合作交流

（续上表）

时间	交流团名称	嘉宾	交流形式	目标成效
2015 年 3 月 6 日	新春联欢晚会	主席蔡汉强等	联欢会	为泰中传统友谊添砖加瓦，进一步拓展两国文化经贸合作交流
2015 年 2 月 9 日	地坛文化庙会全球行·曼谷之旅	北京代表团	演出交流	泰国民众在家门口就能亲身感受中国传统文化的魅力
2015 年 1 月 15 日	南美洲八国驻泰大使暨商务参赞	主席蔡汉强	座谈	加强与南美洲各国经贸合作、文化交流，增进了解和友谊
2014 年 10 月 21 日	广东艺术团汕头市澄海潮剧二团	领队郑宋梨等	“广东文化周”	促进中泰文化交流
2014 年 10 月 17 日	新加坡代表团	新加坡驻泰大使蔡秀珊等	调研座谈	增进友谊，加强互相交往
2014 年 10 月 7 日	云南省“花香彩云南”教育旅游文化交流艺术团	团长魏罗罗等 30 人	来访演出	加强了解，加深情感，共同推动泰滇教育旅游文化艺术合作交流
2014 年 7 月 24 日	中国南方报业传媒集团	副总经理张俊华等	座谈	加强交流合作，弘扬中华文化，推动华文教育
2014 年 6 月 30 日	广东韩山师范学院赴泰调研访问团	教授庄东红等	座谈、参观、收集泰侨史料	搭建合作交流平台，加强互动往来，推动泰潮文化教育事业发展

资料来源：根据泰国潮州会馆网站报道制作，http：//www. tiochewth. org/index. php? lang-type = cn&pageid = cn_1。

（3）加强与世界潮州社团的联谊与交流，增进合作，推动潮州文化的弘扬与传播。2013 年 11 月，蔡汉强主席亲率泰国潮州会馆暨泰华潮人侨团代表团 130 多位成员赴中国武汉参加第 17 届国际潮团联谊年会，与来自世界各地的 138 个潮团、3 500 名海内外潮籍精英欢聚一堂，畅叙乡情，共谋发展，同圆共享中国梦。[1] 大会不仅为世界各地潮籍青年的交流提供平台，促进与加强国际潮籍青年彼此间之联系与合作，建立全球信息网络，增强潮人凝聚力；同时也弘扬潮汕文化，推动潮汕文化的传承与创新。第二代、第三代潮人虽已不会说潮州话，但对“家己人”（潮州话，自己人）的强烈认同感始终没有改变。[2]

（4）加强内部分支社团的交流，支持其文化教育和文化交流事业发展。泰国潮州会馆下辖九会，分布泰国各地。会馆目前形成良好的协调机制，每月会面一次，了解相互发展，支持各分支社团活动。而下属各分支会馆，在特别节日等时间也会来拜会总馆，相互尊重。泰国潮州会馆暨各县同乡会的常月聚餐会已经举行数十年，达到500多次，各会馆轮值做东。通过常月聚餐会，加强了联络，增进了情谊，促进了各会馆联合事务的合作，为泰华社会公益及泰中友好等方面作出了相当的贡献。

（5）尊重当地习俗文化，尊重当地政府，积极参加相关习俗活动。例如，8月12日泰国皇后诗丽吉殿下华诞暨泰国母亲节，举国上下普天同庆，泰国潮州会馆首长清晨8时，晋宫签名，恭祝懿寿千秋。[3] 12月5日，皇上陛下八秩晋七圣寿暨泰国父亲节，全国朝野臣民百姓共颂圣寿无疆，祝愿国运昌隆。泰华各侨团首长为表达感戴皇恩浩荡，忠君爱国之赤诚，集中晋宫签名，恭祝万寿无疆，山河并寿，日月同辉。泰国潮州会馆首长蔡汉强主席偕副主席梁润潮等赴晋宫签名祝寿。[4] 另外，在清明节、春分节等也有祭拜活动。

（6）根魂情怀，加强与祖籍地互动，开展各类文化交流活动，丰富泰侨精神生活。例如：2014年10月，泰国潮州会馆暨各县同乡会联合主办，中国驻泰大使馆全力支持的广东省汕头市澄海潮剧二团莅泰演出，举办“广东文化周”活动，包括“美丽中国·广东故事”图片展和《红头船》等四部精彩潮剧演出。新编潮剧《红头船》，无论是编剧、唱腔、舞台设计还是服饰，均有很高的艺术水平，给观众丰富的视听享受。[5] 此外，会馆还与汕头、潮州文化组织及韩山师范学院等开展交流合作。

---

① 《蔡汉强主席率领潮馆代表团赴武汉出席第17届国际潮团联谊年会纪盛》，http://www.tiochewth.org/index.php?langtype=cn&pageid=cn_14&add=view&id=94。

② 《泰国潮州会馆代表团赴新加坡出席第八届国际潮青联谊年会》，http://www.tiochewth.org/index.php?langtype=cn&pageid=cn_14&add=view&id=168。

③ 《泰国潮州会馆首长晋宫签名恭祝懿寿千秋》，http://www.tiochewth.org/index.php?langtype=cn&pageid=cn_14&add=view&id=158。

④ 《泰华侨团首长晋宫签名崇颂万寿无疆》，http://www.tiochewth.org/index.php?langtype=cn&pageid=cn_14&add=view&id=187。

⑤ 《澄海潮剧团告别演出〈状元案〉　戏迷喝彩　蔡汉强主席感谢来泰慰藉乡亲》，http://www.thaicn.net/news/whjl/2014-10-21/10388.html。

（7）做好华侨华人文物馆藏工作，建设海外侨胞文化交流资源宝库。泰国潮州会馆近年来重新重视文化资源保护工作，投重金翻修文物馆，珍藏图书数万册，其中不少珍稀古籍，如线装《四库全书》《万有文库》，及中国医药古籍和中国驻泰大使馆惠赠的二十五史等。图书馆书籍类别有：古籍书库、古典文学、现代文学、泰华文学、宗教哲学、历史政治、医药保健、潮州文献、侨团刊物等。图书馆重新开放后，已接待过多个海内外各界团体、人士的来访，如北京人大访问团、澳门潮州代表团、泰国华侨崇圣大学访问团及20多位美国、澳大利亚、日本等族裔的学者。①

2. 美中文化协会：北美华人社团与中外文化交流实践

北美地区共有华侨华人约600万，多数属于新移民，并且文化素质较高，在北美洲定居范围呈现出大聚居、小分散的特点。该地区侨团数量近年来激增，受当地多元文化影响，华人社团类型丰富多样，专业性社团蓬勃发展。在诸多华人文化组织中，美中文化协会（US-China Culture Institute）是一个重要角色。其前身是成立于2000年的美国百人会文化协会，在美国纽约和中国上海设有办公地点。美中文化协会旨在中西方之间架起一座理解的“桥梁”，以进一步促进两国间的友好关系，为华裔取得更大成就提供机会。它的使命是：引介和推动美中两国主要文化和教育机构建立新的合作关系，引介和推动具有长远发展前途的文化新观念；与其他机构协作来完成和资助已定的交流项目；协助开创新的文化和教育交流项目，并为其提供启动资金和双元文化的咨询。② 现任美中文化协会主席杨雪兰女士出生于上海的外交世家，父亲杨光泩曾任中国政府驻菲律宾总领事，继父顾维钧被誉为“中华民国外交第一人”。2000年她从通用汽车全球副总裁的职位上退休后，凭借在美国政商界丰富的人脉从事中美文化交流，将一批年轻的艺术家和中国文化推向世界舞台，实现着从小当外交家的梦想。③

---

① 《泰国潮州会馆文物馆介绍》，http：//www. tiochewth. org/index. php? langtype = cn&pageid = cn_27。

② 《美中文化协会背景与使命》，http：//www. usccii. com/chinese/index. html。

③ 《杨雪兰：退而不休，尽享人生》，http：//www. fortunechina. com/magazine/content/2007 - 09/01/content_2299. html。

表 5－2　美中文化协会主要文化交流活动（2001—2015 年）

活动名称	时间	参与者	地点	内容与效果
欢乐春节·艺术中国汇	2015 年 2 月 17 日至 24 日	美中文化协会，广东集美集团、奥美集团	纽约	以春节为契机，旨在与世界各国人民共庆农历新春，共享中华文化，共建和谐世界的品牌性、年度性、综合性文化活动
舞向未来 我能行	2014 年 2013 年 2012 年	中福会少年宫、全美舞蹈协会与上海闵行区教育局	纽约、上海	通过舞蹈艺术和国际合作来增强孩子们的社会发展，尤其是来自农民工家庭的弱势儿童
第三届太湖文化论坛	2014 年 6 月 18 日	美中文化协会主席杨雪兰	上海	发表题为“文化延伸：从中国到美国”的演讲
第三届纽约爱乐中国新年音乐会	2014 年 2 月 1 日	纽约爱乐乐团、歌唱艺术家宋祖英等	纽约林肯艺术中心	中国艺术家演奏中国音乐共祝中国新年
新版《顾维钧回忆录》出版座谈会	2013 年 8 月 20 日	美中文化协会	中国社会科学院	顾维钧的资料将被电子化，给学界免费使用
芮妮·弗莱明上海教学示范音乐会	2013 年 5 月	国际著名女高音歌唱家芮妮·弗莱明与钢琴家赫木特·贺尔	上海音乐学院	将弗莱明女士的音乐风格带向更多新观众，推动美中文化交流
第二届纽约爱乐中国新年音乐会	2013 年 2 月 12 日	纽约爱乐乐团	纽约林肯艺术中心	美国政界、商界人士和主流社会等各界来宾逾 3 000 人观看演出
《牡丹亭》演出	2012 年 11 月 29 日至 12 月 2 日	上海张军昆曲艺术中心	大都会博物馆	昆曲《牡丹亭》
首届纽约爱乐中国新年音乐会	2012 年 1 月 24 日	美中文化协会与纽约爱乐乐团	纽约林肯艺术中心	著名钢琴家郎朗、竹笛演奏家唐俊乔，以及纽约爱乐首席双簧管王亮等同台演出

（续上表）

活动名称	时间	参与者	地点	内容与效果
美国大都会高清歌剧系列	2011年8月27日	高音歌唱家黄英、女高音张立萍、男中音沈洋、男低音田浩江等	上海大剧院	歌剧《魔笛》《波西米亚人》《图兰朵》《秦始皇》《阿依达》《蝴蝶夫人》
世博会美国馆“美国华裔——同一家人”展览	2010年	百人会	上海世博会	超过40个美国华人社区团体、中文媒体、奥美集团等都无偿参与到此次展览的推广活动中
唱响世界	2009年5月15日	上海大剧院和上海音乐学院	上海大剧院	系列演唱会和授课
“自然中国”项目	2008年4月	美中文化协会、大自然保护协会及中国非政府组织	上海	包括两场海顿作品《四季》的多媒体音乐会
唱响未来	2006年	上海歌剧院、上海音乐家协会、上海东方艺术中心管理有限公司	上海	由1 650名业余合唱手参加的“千人齐欢唱”大型公益合唱活动
中国节	2005年	中国艺术家	华盛顿肯尼迪艺术中心	中国艺术家演唱会
舞向未来	2004年	杰克斯·唐波士和中国舞蹈家黄豆豆	上海	“舞向未来”系列活动广获媒体报道，在全国多个电视节目中播出，有助于将艺术传达给广大公众
上海国际艺术家周	2003年	上海大剧院、上海音乐学院、上海东方电视台文艺频道、上海博物馆等	上海	系列音乐、美术活动

（续上表）

活动名称	时间	参与者	地点	内容与效果
廖昌永和纽约歌剧交响乐团合作演出	2002 年	中国男中音歌唱家廖昌永	卡内基音乐厅	独唱音乐会，并因成功出演相当有难度的歌剧《玛丽诺·法利埃诺》中的角色而赢得评论界的赞扬与喝彩
维尔国际舞蹈节	2001 年	上海歌舞团	维尔	《时代周刊》评价黄豆豆"能引起全国范围的轰动……重塑了中国大陆的舞蹈"
纽约"犹太人在上海"研讨会	2001 年	百人会文化协会与美国反歧视联盟	纽约	展示历史照片，介绍从 8 世纪至第二次世界大战期间犹太人在中国的历史

资料来源：根据美中文化协会网站资料整理，http：//www.usccii.com/chinese/programs.html。

从以上美中文化协会自身参与或牵线搭桥举办的各类文化交流活动来看，主要有几种类型：

一是组织、引荐美国艺术团体、艺术家等将美国文化艺术引入中国，包括举办音乐会、演奏会等形式。例如，2010 年在上海世博会美国馆发起名为"美国华裔——同一家人"的展览和 2011 年 8 月为上海大剧院引进了美国大都会高清歌剧《魔笛》等，这些富有影响的活动向中国民众介绍了西方文化艺术，传播了中美友谊，彰显了美籍华人的成就。[①]

二是组织、引荐中国艺术团体、艺术家等赴美国表演，将中国文化艺术带到美国甚至世界。例如，杨雪兰主席将廖昌永、黄豆豆、沈洋等一批年轻的中国艺术家推向世界舞台。在 2007 年的英国 BBC 卡迪夫国际声乐比赛中，来自上海音乐学院的四年级学生沈洋捧得大赛最高奖——水晶杯。到达美国后，沈洋住在杨雪兰主席的家中。其间，美国女高音芮妮·弗莱明帮他请到大都会歌剧院的四位

① 《上海市侨办主任赞扬美国著名社会活动家杨雪兰》，http：//www.chinanews.com/zgqj/2012/11－20/4342793.shtml。

声乐指导来给他上课。①

三是利用节假日共同组织举办大型文化艺术活动。2015 年 2 月 17 日至 24 日，由中国文化部主办、中央美术学院联合美中文化协会承办了首届“欢乐春节·艺术中国汇”系列活动，在农历新年之际为美国民众奉上了一场视觉盛宴。“欢乐春节·艺术中国汇”系列活动以纽约林肯艺术中心、帝国大厦、哈德逊河曼哈顿 84 号码头和纽约历史博物馆为主要活动场地，邀请国际艺术大师跨界合作，集传统元素、当代艺术、交响音乐、综合设计、创意衍生品为一体，将传统中国文化与当代语境相结合，从而拉近中西文化的距离，将中国新年带入纽约主流社会。该活动不仅在国外好评如潮，也在国内引发极大关注，成为中国对外文化传播的经典案例。②

四是组织举办音乐文化艺术方面的培训班，邀请艺术大师授课，与学员积极互动。例如：2002 年举办的为期一个月的“帕尔曼在上海”交流项目由伊萨克·帕尔曼指导，来自帕尔曼音乐学校的 50 名外国师生以及从全国各地选拔出来的 35 名优秀琴童共学一堂。活动不仅关注室内乐演奏训练，还重视生活中互相合作的价值，包括音乐大师班、座谈会、音乐会和千名 4 ~ 20 岁学生公益音乐会在内的系列活动。

五是组织举办美术、图书等方面的展览会。2010 年上海世博会上，百人会及美中文化协会在美国馆举办了名为“美国华裔——同一家人”的展览。通过传统媒体和新媒体的传播方式，百人会与美中文化协会召集了大量的美国华人后裔为此次展览（百姓墙）提供他们的照片，展示他们对中华文化传承的信心和身为美国华裔的自豪。其间网站（http：//www. jointhewall. org 和 http：//www. comebuildthewall. org）访问量超过 88 600 人次，有 10 880 多人上传了他们的照片，包括姓氏、祖籍以及美国现居地等信息。一些杰出的美国华裔，包括建筑大师贝聿铭、大提琴家马友友、宇航员焦立忠、花样滑冰世界冠军关颖珊等都参与了此次“百姓墙”活动。超过 40 个美国华人社区团体、中文媒体以及奥美集团等都无偿参与到此次展览的推广活动中。③

此外，美中文化协会在积极开展活动、推动美中文化交流的同时，非常重视其自身能力与资源的整合和积累工作，先后与一批重要的中外文化机构和知名文化界人士建立了不同程度的合作关系，聚集了丰富的文化资源，提升了开展中外

① 《杨雪兰：退而不休，尽享人生》，http：//www. fortunechina. com/magazine/content/2007 – 09/01/content_2299. html。

② 《“天籁无形，大象有声”——2016 年“欢乐春节·艺术中国汇”纽约系列活动在京启动》，http ://culture. online. qh. cn/wenhuazixun/2015/0713/10495. html。

③ 《美中文化协会项目介绍》，http：//www. usccii. com/chinese/programs. html。

文化交流活动的能力。

美中文化协会属于专业文化社团，并且倚靠于美国百人会，所以有许多专业人士资源可以利用，故其开展的活动多数较高雅。美中文化协会对其活动也这样定位：中美两国各艺术领域的卓越艺术家之间的跨文化协作，为中美两国的青年人提供互相学习和共同创造的机会；将新的、健康的、时尚的文化样式推介给广大群众；与中美两国乃至全世界的文化组织建立合作关系以实现有建设性的创意；借助中外传媒的力量，加大宣传力度，以扩大影响力。[①] 杨雪兰认为，增强跨文化交流、提高中国软实力，可以为国家的和平发展营造良好的国际舆论环境。中国艺术家是让中国走向世界的"文化大使"，也是中国软实力的组成部分。她说："我一直坚信艺术和文化是促进人与人之间了解的最好桥梁，因为艺术没有任何政治议程，大家不会计较谁赢谁输。所以我觉得增加跨文化交流、增强文化共享非常重要。"[②]

3. 英国广东华侨华人联合总会：欧洲华人社团与中外文化交流实践

欧洲约有华侨华人 255 万，另有留学生、短期劳工、非正规移民等 50 余万。欧洲侨胞的分布呈现全覆盖、大集中、小分散的特点，所有欧洲国家都有华侨华人，但主要集中在几个老牌发达国家，其侨胞人数均在 10 万以上，占欧洲华侨华人总数的 83.4%。[③] 在众多欧洲国家中，英国华侨华人社会比较有代表性：华人移民历史较长，人数较多，目前约为 60 万；华侨华人实力发展迅速，在政治、经济、文化等领域皆有较大提升与突破；华人社团组织较多，与各界互动密切，影响力较大。

英国广东华侨华人联合总会（The Federation of UK Guangdong Chinese，简称"英国广东会"）成立于 2002 年，由在英的广东籍华侨华人，赴英前曾在广东工作和学习过的，热爱广东、关心广东的华侨华人和学生学者，以及有意到广东创业发展的朋友自愿组成，是一个联谊性、非盈利、非宗教的社会团体。其宗旨是弘扬中华民族文化，发扬中华民族优良传统，增进中英人民友好联谊，促进中英科技、经济、文化教育的交流合作。总会现有会员 200 多人，以专家、学者、企业家和留学生居多，是一个老中青结合的联会。[④] 英国广东会属于新侨社团，但仍保留传统社团组织春令营、夏令营等活动，让旅英青少年回国回乡寻根，以及为海外华侨回乡寻根问祖提供方便等传统活动和组织庆祝国庆、欢度春节等联欢

---

① 《美中文化协会活动特点》，http：//www. usccii. com/chinese/programs. html。

② 《美中文化协会主席期望通过文化外交推动中美关系》，http：//news. xinhuanet. com/world/2010 - 11/20/c_12797601. html。

③ 国务院侨办 2014 年调研报告。

④ 《英国广东华侨华人联合总会简介》，http：//www. fgd. org. uk/cn/about. asp。

活动。具体在文化交流方面主要表现在：

（1）加强与国内各级政府尤其是侨务部门的联系，加强文化交流与合作。例如，2013年2月英国广东会举行由国务院侨办组织的“文化中国，四海同春”艺术团欢迎会。之后，会长黄亮一行分别访问广东省侨办、广州市侨办以及番禺区侨办，并与广东省、广州市、番禺区侨办的领导座谈交流。2015年，受广东省侨办委托，英国广东会向全英国的华侨华人家长和少儿招收2015年禅武夏令营营员。夏令营由广东省中华文化传承基地——禅武中心组织，融合了禅武礼仪礼节、南粤古琴、中国书法、中国绘画、剪纸、香道、茶道、传统中医等文化精粹。

（2）加强与英国当地社会的文化互动，提高中华文化的识别度和影响力。2015年3月18日，英国广东会拜访了肯特郡汤桥市市长，并致以中国传统节日问候。其主要目的是推动民间外交，与地方政府建立互动关系，以利于华人融入当地社会，提高社会认同度。[①] 同年6月21日，英国广东会组织一个华人方阵，参加肯特郡汤桥市历史悠久的夏日嘉年华活动，华人巡游队伍表演舞狮、旗袍秀等节目，向当地居民展示了中国风、民族彩，受到了汤桥狮子会总监 Neal Charlesworth 先生的高度赞扬，并荣获“最受欢迎奖”。[②]

表5－3　英国广东华侨华人联合总会主要文化交流活动（2000—2015年）

活动名称	时间	参与者	地点	内容与效果
2015年禅武传统文化营招生	2015年8月2日至12日	广东省侨办、英国广东会	英国、中国广东	受广东省侨办委托，向全英侨胞招收夏令营营员
夏日嘉年华活动	2015年6月21日	英国广东会上百人参加巡游队伍	肯特郡汤桥市	组织方阵，进行舞狮、旗袍秀表演，向当地居民展示中国风、民族彩
拜会肯特郡汤桥市市长	2015年3月18日	会长黄亮、秘书长张洪伟、顾问林天福等一行九人	汤桥市市长办公室	向市长和她的同僚们致以中国传统节日的问候

① 《英广东会与肯特郡汤桥市市长互动共识期待》，http：//www. fgd. org. uk/cn/news_ view. asp？ id＝739。

② 《舞狮旗袍民族舞亮相汤桥嘉年华——英广东会百人方阵民族风展姿彩》，http：//www. fgd. org. uk/cn/news_ view. asp？ id＝761。

（续上表）

活动名称	时间	参与者	地点	内容与效果
到中华文化传承基地禅武中心参观	2015 年 2 月	会长黄亮、常务副会长卢少芳等	广州禅武中心	参观禅武中心场地，了解训练情况，交换合作意见
广东会春茗活动	2015 年 2 月 15 日	BBC 明星厨师，英国投资新星等	伦敦华埠梅花村大酒楼	增进英国人对中国美食的了解
春节联欢会	2014 年 1 月 19 日	来自英国四面八方的华侨华人和英国广东会会员 300 多人	伦敦 Rudolf Steiner House 剧院	邀请英国乐队参加，中西结合演出节目，效果很好
“感知中国”中国风光和文化图片展	2013 年 10 月 15 日	英国广东会	伦敦	展示了北京、上海、东北地区、西南地区和中国少数民族地区的风景和民俗
伦敦桥文化沙龙	2013 年 9 月 10 日	英国广东会	伦敦华埠	以品尝葡萄酒这个西方社交形式来聚会，庆贺中秋节，体现中英文化交融
中山寻根活动	2013 年 7 月 31 日	常务副会长薛方亮、副会长兼副秘书长张洪伟	中山	增强华裔新生代对祖（籍）国和故乡的认同感，感受中山深厚的历史文化底蕴
与英国华人首富叶焕荣真情对话	2013 年 6 月 19 日	英国广东会会员	伦敦	邀请叶焕荣和会员座谈，参观荣业行，分享“勤思、勤劳”的人生创业经验

（续上表）

活动名称	时间	参与者	地点	内容与效果
“文化中国，四海同春”艺术团欢迎会	2013 年 2 月 9 日	国务院侨办司长赵昆、广东省侨办副主任郑建民、驻英大使馆参赞李辉等	伦敦顶好大酒楼	各界充分肯定了英国广东会过去的成绩，是一个互动交流、增进联谊、共聚乡谊的平台
伦敦桥文化沙龙	2011 年 11 月 13 日	英国广东会和英国湖南商会	伦敦顶好大酒楼	讨论英国房地产大趋势
《梦回东方——华侨华人百年心灵史》图书伦敦站首发式	2011 年 8 月 10 日	英国广东会	伦敦味道中国料理多功能会议厅	受广东省中山日报报业集团委托，举行《梦回东方——华侨华人百年心灵史》图书首发式活动
举办纪念辛亥革命 100 周年征文活动	2011 年 7 月至 9 月	英国广东会发起主办，《英中时报》和《华商报》参办	英国	激发华侨华人对中华民族的认同感和凝聚力，加强海内外中华儿女大团结
广州番禺寻根游	2011 年 4 月 20—22 日	广州市番禺区侨务外事办与英国番禺工商联谊会	广州	领略故乡的文化，感触家乡的巨变
征集广州亚运会祝福和寄语有奖活动	2010 年 9 月	英国广东会和英国番禺工商联谊会	伦敦	表达海外华侨华人对这一历史盛事的良好祝愿

资料来源：根据英国广东华侨华人联合总会网站资料整理，http：//www. fgd. org. uk/cn/news_ list. asp？ action = more&c_ id = 154&s_ id = 0&page = 7。

（3）重视与英国其他社团互动交流，积极参加其他社团文化活动。例如，在每年的春茗活动上，英国广东会都邀请各界文化名人畅所欲言。曾经获得第四届亚洲餐饮业大奖的梅花村大酒楼的大厨林运景师傅、BBC 的厨师黄瀞亿都和会员们互动过。

（4）加强与祖籍地社会文化交流联系，积极参与祖（籍）国文化事业活动，提高华裔新生代对祖（籍）国文化的认识。2010 年 9 月，为了表达华侨华人对广州亚运会胜利召开的良好祝愿，关心亚运，支持亚运，英国广东会和英国番禺工商联谊会特举办向全英华侨华人征集对广州亚运祝福和寄语的有奖活动。2011 年 4 月，在广州市番禺区政府的支持下，英国广东会组织举办了首次旅英青少年寻根春令营，感受了中国文化特别是岭南文化的魅力，以及祖国家乡的飞跃发展，[①] 之后还到顺德、中山等地开展寻根活动。2013 年 11 月，英国广东会组团出席首届世界广府人恳亲会，并成为“广府人联谊总会”的发起社团之一。

（5）举办文化沙龙，增进对英国文化及国际发展趋势的了解。2011 年 11 月，英国广东会和英国湖南商会共同努力发起“伦敦桥文化沙龙”，旨在提高英国华人文化竞争意识。正如英国广东会会长黄亮所言：“伦敦侨代表着生活在英国的华侨，伦敦桥象征着我们用心灵架起的文化之桥。在这个属于我们全体英国华人的文化交流平台上，为了我们的生计，为了丰富我们的生活，提高我们的思想水平，您可以畅所欲言，发表您的高见。”[②] 活动先后邀请了华人经济界精英以及具有 WSET 品酒师证书的品酒师为参加活动的会员讲解英国房地产趋势及葡萄酒文化。用品尝葡萄酒这个西方社交形式来聚会，体现了中英文化交融的“伦敦桥文化”。[③]

（6）争取各界支持，加强与各类媒体合作，进一步扩大文化交流与传播的影响力。英国广东会多年来的工作得到了中国驻英大使馆以及广东省有关部门的认可，也受到中英各界的赞扬。到目前为止，中英两国主流媒体对英国广东会都作了广泛报道，如海外有凤凰卫视欧洲台、无线卫星台、BBC 网、《星岛日报》、《华商报》、《新欧华报》、《伦敦时报》、《英中时报》、《英中商报》、英中贸易协会、英中友好协会、全英学联等，中国有中央统战部、国务院侨办、中央电视台、新华社、中国新闻社、广东省侨办、《人民日报·海外版》、《南方日报》、新浪网等。[④]

三、比较研究与问题探析

华侨华人的跨文化传播效果受到多方面因素的影响。一方面，它会受到华侨华人自身与当地融合程度的影响，融合程度越高，越有利于中华文化的传播，并

① 《2010 年旅英青少年寻根春令营》，http：//www. fgd. org. uk/cn/news_ view. asp？ id = 252。

② 《伦敦桥文化沙龙——印证中国人崛起的新侨论坛》，http：//www. fgd. org. uk/cn/news_ view. asp？ id = 518。

③ 《英国广东华侨华人联合总会 2013 年十件大事》，http：//www. fgd. org. uk/cn/news_ view. asp？ id = 640。

④ 《英国广东华侨华人联合总会简介》，http：//www. fgd. org. uk/cn/about. asp。

促进中华文化被当地所接受；另一方面，它也会受到中国与居住国的经济实力对比、外交关系等非文化因素的影响。此外，由于文化传播到新的环境下，它所引起的反应取决于当地文化的特点，华侨华人能否有效地将中华文化与当地文化融合起来，这是影响中华文化传播效果的关键。[①]

以上三个国家的三个华人社团都具有一定的代表性。泰国潮州会馆是一个典型的传统侨团，会员众多，实力雄厚。美中文化协会是一个专业社团，影响力较大，但机构本身不大，主要做牵线搭桥的工作。英国广东会是一个新移民侨团，人数不多，但以新华商、专业人士等为主，成长较快。除以上基本特点以外，我们还可在角色与主体、渠道与方式、作用与效果等方面，对三个侨团展开进一步比较分析。

第一，从中外文化交流中的角色与主体来看，海外华人社团都积极参与，是中华文化走出去的“排头兵”，也是外国文化进入中国的“引路人”，但在主旨目标方面还是有所不同。华人社团一般都将传播中华文化、促进中外人文交流等作为主要工作之一。泰国潮州会馆以联络感情、创办学校、促进文娱为主要目标，从其报道的会馆工作来看，涉及文化事务的占60%以上；美中文化协会则以“在中西方之间架起一座理解的‘桥梁’，以进一步促进两国间的友好关系”为使命，开展的所有活动都与文化有关；相对而言，英国广东会则不仅要弘扬中华文化，发扬中华民族优良传统，增进中英人民友好联谊，还要促进中英科技、经济交流合作，推动中国的经济建设和现代化建设的发展，促进祖国和平统一和繁荣昌盛，所以，其涉及文化交流的活动占三成左右。由此可以看出，众多华人社团中，传统社团多居于华人移民历史较久的国家，中华文化经过多年磨合，已植入当地，华人群体维系和传承中华文化的使命感和力量比较强大，因而它们与专业文化社团一样，在中外文化交流中扮演重要角色，而综合性的华人社团目标多元，易受多重利益的驱使，故而一般只将文化交流作为其工作任务之一。

从交流主体来看，华人社团中老一辈侨领更加重视中华文化的传承与交流。泰国潮州会馆领导层多为年纪较大，已退居事业二线、三线的有实力、有影响力的老侨胞，他们一方面已不为事业上的繁忙所牵绊，另一方面因年纪较大，对祖宗文化的理解更深，情结更浓，所以也愿意在文化事业方面花更多的人力、物力、财力。美中文化协会主席杨雪兰也是从通用公司高层退休后担任此工作的，并且家庭背景显赫，社会人脉资源丰富。因此，前两种社团都可利用其雄厚的实力和人脉关系，聚集一批文化资源，大力开展各类文化活动。而英国广东会在侨团如林的英国华人社会中相对比较弱势，尽管成员都很努力，成长较快，但无论

① 詹正茂：《发挥华侨华人的作用　促进中华文化在海外的传播》，《侨务工作研究》2012年第1期。

是领导层还是会员都还比较年轻，多数还忙于个人事业发展，难以挤出太多的时间与精力投身于文化事业。不过，新移民在文化交流活动中也有优势，就是他们受多元文化影响，思想活跃，更容易接受和融入当地社会文化。

第二，从中外文化交流的渠道与方式上来看，不同社团有不同的渠道和方式，有官方、半官方、民间等渠道，有承接代办、单独主办、联合举办、共同协办等方式。从个案研究上看，华人社团开展文化交流活动的方式至少有以下几种：①与中国国内政府相关部门、高校或民间艺术团体等合作，利用“地主之谊”承接国内相关机构的文化活动，尤其是在近年中国国家大力推进文化强国战略，支持中华文化走出去的背景下，海外华人社区及华人社团成为前沿阵地，为众多中国文化艺术团体创造了展示舞台，同时也增加了海外侨胞对祖（籍）国的文化认同。②华人社团自设平台，推动中华文化的传承与发扬，同时也重视吸收当地文化营养。尤其是泰国潮州会馆自己成立华文学校，在教授华裔新生代学习汉语和中华文化的同时，也在学校开设泰语、英语教育，重视华裔学生的本土化和国际化视野，推动学生素质全面发展。英国广东会更是利用农历春节等传统节日大力排演中华文化传统节目，又善于吸收英国本土文化养分，穿插英国文娱节目，在伦敦桥文化沙龙中品尝葡萄酒，讨论中外发展趋势。③寻根问祖，加强与祖（籍）国“根”文化的联系，主要是华人社团组织华裔新生代回祖籍地参观访问，加深对家乡的感情，增进文化认同。这种活动在新移民侨团中表现得更加突出，因为新移民本身在中国长大，对中华文化情结较深，故而希望子女也不要忘记祖籍地文化。④参与居住国当地政府和社会举办的各类文化活动，与当地社会及民众直接互动。相对于东南亚部分国家而言，西方发达国家多数都是移民国家，实行多元文化主义，这为中华文化的植入与发展创造了有利条件，因此，像美中文化协会和英国广东会等将中华文化引入当地社会遇到的阻力相对较小。

第三，从中外文化交流活动的作用与效果来看，华人社团的积极参与对于增进中国及居住国民众对对方文化的认识与理解具有重要帮助，一定程度上提升了中国文化的软实力，但不同社团发挥的影响力还有所差异。泰国传统社团在华人社区中的影响力已经相当深远，在当地社会也有一定影响，华人文化已经成为当地国家民族文化的组成部分，因此由传统社团开展的中外文化交流效果明显。专业文化社团定位相对高，一般都是大师、大节目、大项目、大文化，因而影响的人群主要是相对比较高端的人物。当然，随着大众文化素质的提高，有些比较高端的文化项目对普通民众也有一定的影响。相比较而言，新移民社团的文化活动较为小众，这与其开展文化活动的实力和影响力也有一定关系。

总体而言，海外华人社团在实践中能够自觉担负起文化交流中的桥梁与纽带作用，以本民族优良文化丰富了居住国多元文化，起到了传播中华文化的重要作用。他们通过在华人群体内传播，有效保证了中华文化的传承；通过将中华文化传播给居住国民众，有效地丰富了世界各民族文化的内容，启发了各民族进行文化创造的灵感和智慧，对各民族文化的发展起到了激励、刺激、开发和推动作用。

但值得注意的是，海外华人社团自身的组织建设、经费条件、工作方式、传播内容等方面也存在诸多问题，具体表现在以下几方面：

第一，海外华人社团众多，良莠不齐，文化交流能力不一。部分海外华人社团组织机构松散，层次不高，侨领文化素质较低，大局意识不强，组织能力较差，缺乏传播中华文化的自觉意识和动力，未能有效地发挥其在文化交流活动中的作用。有些社团之间甚至内部也不团结，各唱各的调，不但浪费了资源，还产生了不良影响。以同乡会为例，大部分同乡会社团设定的目的仅在于联谊，活动相对封闭，对外活动较少，与当地社会没有交流互动。而其他性质的社团，如以职业划分的工程师协会，以业余嗜好划分的书法绘画协会，以休闲划分的棋类协会等，也同样存在这些局限。此外，有些社团名称相近，容易混淆。例如，美中文化协会就有两个，只是英文名称不一样。一个是 US-China Culture Institute，另一个是 America-China Culture Association，还有一个叫美中文化交流促进会（US-China Culture Exchange & Development Association，Inc.）。

第二，很多海外华人社团文化交流经费有限，制约了其活动规模与内容选择。在海外进行民族文化教育，是一项十分复杂而又艰巨的工作。华人社团基本上属于非政府组织，大多是志愿性团体，不具备推行其社团理念的物质手段，缺乏长远规划，主要依靠自身的影响力或者一些知名人士筹集活动经费。① 即使像各地潮州会馆这样的华人社团，虽然有资产收入，或得到大财团、大企业家资助，但数额有限，专款专用，难以保证其资金来源的连续性。有时也往往因为经费问题，导致社团内部甚至社团相互之间产生许多不和谐。

第三，不同层次及类别的华人社团之间缺乏有效沟通。近些年来华人新移民的加入，以及社会流动性的加速，使华侨华人社会自身的结构也日趋多元。不同层次之间的社团相互竞争攀比，老华人社团与新华人社团之间来往较少，专业社团与综合社团之间沟通不多。有些社团明知已有相关社团存在，但仍然另立山头，这在一定程度上分散了有限的海外侨务资源，不利于文化交流的影响力和渗透力的提升。

第四，部分华人社团在文化活动方面与当地社会互动不多。从以上三个社团

① 李世杰：《发挥海外华人社团作用　促中华文化走向世界》，http：//cppcc. people. com. cn/GB/34961/90780/90789/6030216. html。

报道的文化活动来看，传统的泰国潮州会馆参加当地文化活动相对较少，更多的是与祖（籍）国文化交流与往来。诚然，泰国华人居住泰国已久，已经成为其多元民族中的一员。华族文化已经是当地文化了。但如果进一步增加与当地其他族群文化的交流互动，一方面可以增进相互理解，营造和谐的族际关系，另一方面也可以进一步间接扩大中华文化的影响力。专业社团和新侨社团也存在类似情况。

第五，海外华人社团在宣传方面还有所欠缺。研究发现，三个社团都有网站，但内容都比较简单，不失为一大遗憾。这不仅不利于外界对社团活动的了解，也让人对社团的管理效率产生怀疑。在文化活动的报道方面，新侨社团报道比较翔实，传统社团报道比较中规中矩，专业社团报道比较简单。这一方面与社团的领导管理意识有关，另一方面可能也与社团投入此项工作的人力、物力、财力有关。事实上，文化交流就是要宣传文化，增进相互理解，彰显其影响力。所以，文化交流不仅是实实在在的具体动态行为，也应该包括相对静态的文化宣传活动。

另外，在文化交流活动表象背后还存在很多隐性的深沉问题，主要包括：

一是关于中外文化交流战略的问题。虽然海外华人社团开展的各类文化活动不少，但有多少是起到了增进中外文化交流、加深相互理解的作用，这值得认真研究。首先，部分华人社团负责人视野较窄，开展文化活动纯粹是为了满足会员们的自娱自乐需求，进而在活动项目的选择上没有要求。其次，中国国内文化战略在海外华人社团的影响力稍弱。尽管国内侨务部门多次召集重要社团召开大会，倡导相关文化活动，但上会积极、下会消极的现象仍较普遍。最后，不同社团开展文化活动的目的不一。有些社团确实是为了扩大自身影响力，满足区域内华侨华人的文化需求而办，有的却是某些负责人为了提升自己的地位而办，也有的甚至是为了某些利益所得，赢得国家经费资助而办。

二是关于文化交流内容范畴的问题。当前，华人社团在促进文化交流合作时，多数还局限于文娱表演、摄影、书法、武术、龙舟等项目，这些项目反复亮相于各类文化舞台，虽然引起了外国民众的兴趣，但似有形式大于内涵之嫌，中华文化的精华与核心价值还未得到充分展示。长此以往，容易导致外国民众表面化、简单化地理解中华文化，新鲜感降低，丧失对中华文化的兴趣。有研究表明，国外民众当前最关心、最想了解的并非中国的传统文化，而是中国的政治体制改革、外交政策调整、民生、社会等问题。仅仅正面宣传经济建设成就不能使国外公众全面认知中国的现实情况，反而容易导致中国的发展被过度放大，“中国威胁论”泛滥成灾。利用传统文化进行宣传虽然是中国公共外交的重要工具，但语言艺术等文化交流不触及价值观内核，不能消除“中国威胁论”在国外的负面影响。[①] 因此，我们还应当认真思考，当今的主流文化到底是什么？如何在展示表层文化的同时传播思想、观念等深层的文化，深入渗透社会主流？如何创造中华文化品牌，提升影响力？

第三节　中外文化交流的路径建构

改革开放以来，中国的发展经历了从以经济目标为主导，到经济与文化逐步并重的历程。与此同时，华侨华人社会也处于一个重要的转型期。华侨华人总体实力大幅提升，在当地社会的影响力日益增强。华侨华人在物质生活得到较大满足之时，对精神文化的需求也不断增加。华侨华人在利用当地的营商环境和经济资源不断壮大自身实力时，也与中国保持多方面的联系与互动。这也是我们可以借助海外侨务资源，实施文化发展战略的前提条件和重要依据。

但文化的传承与交流是一个艰难而漫长的过程，既受到华人社团自身各方面条件和能力的限制，也受到本土文化影响力的挤压和冲击。即便如此，海外华人社团仍然取得较大成就。但总体而言，单凭华人社团自身开展文化交流的力度是有限的，更难以承担提升文化软实力这一历史大任，需要海内外中华儿女和各界力量的共同努力。

第一，制订中外文化交流战略发展规划，加强指导海外华人社团开展文化活动。可以由政府侨务部门牵头，组织相关专家、文化界人士、文化交流机构、华人社团与侨领等共同参与，商讨编写发展规划。只有战略目标、指导方针、基本措施等更加明确了，才能更好地开展侨务工作，发挥各类华人社团优势，提高文化交流效果，避免“一锅粥、全都上”的乱象。2015 年中英文化交流年之际，伦敦先后成立英国岭南文商总会、英国广州文化经贸协会、全英旅游文化总会三个新社团，都将承办和协办艺术、学术、商业等活动，推动中英文化交流等作为社团宗旨。[②] 平台之间如果不加强合作协调，也可能会带来不正当竞争，造成不良影响。

第二，加大文化交流产品的开发，创作打造一批适合华人社团开展交流的优秀民族文化作品，提升文化交流的震撼力和影响力。文化产品是文化交流的主要载体。纵览中外文化交流史，文化交流主要是文化产品的交流。近年来，文化部、国务院侨办、中国侨联等部门在国外举办的一系列春节文化品牌活动，也正

① 宋黎磊、王宇翔：《新形势下中国对中东欧国家公共外交探析》，《现代国际关系》2013 年第 8 期。
② 《英国新成立三个华人社团》，http://world.people.com.cn/n/2015/0326/c157278-26750366.html。

是通过对中国传统节日的宣传来弘扬中华民族文化，同时也吸引大批外国人参与其中。在外国人看来，中国的传统春节就是中华民族文化身份的标志和文化符号，已成为展示中国优秀传统、推出中国当代创新成果、传递中国精神的重要窗口，并被外国媒体誉为“中国软实力品牌”。[①] 当代人创造的文化产品，要站在当代人的价值观、审美观的基础上，不断发现传统文化资源的价值，重视对文化资源进行有效的开发和利用；还要合理利用其他文化资源，将文化资源变成文化资本，变成具有竞争优势的文化产品、文化产业。[②]

第三，提升海外华人社团对民族文化的认识，提高他们弘扬中华文化、促进相互交流的自觉性和使命感。政府要充分重视华人社团在弘扬中华文化、促进人文交流中的重要力量和独特作用。侨务部门、驻外机构要加强与华人社团的联系，发现、引导和扶植一批确实有影响、有活力、愿意办实事的华人社团，帮助他们建立良好的社团工作机制。加强与海外华人社团的沟通与合作，邀请海外华人社团领袖回来观光，参加专题研讨，真正把文化交流渗透到侨务工作中、渗透到华人社团工作中。

第四，动员各方捐资设立面向海外华人社团的中华文化推广基金和相关项目，引导海外华人社团争取当地政府及社会的支持。由于大部分海外华人社团都是自发组织起来的非政府组织，虽然致力于弘扬民族文化，却苦于没有物质基础，难以实现。一方面，政府可以设立中华文化推广基金和项目，专门面向海外华人社团，让他们在进行倡议活动、对外宣传中华文化时在资金上有充分的保证。[③] 同时也要重视项目基金的使用效率与评估。另一方面，华人社团可寻求与当地社会的合作，获得政府或民间支持。2015 年英国广东会在肯特郡汤桥市的嘉年华活动就得到了英国太平保险公司、提提卡卡（Titicaca）旅游公司、蜜月大饭店等企业机构的友情赞助。[④] 这是一种值得推广的可持续发展模式。

第五，加强华人社团文化交流能力提升建设，涵养文化交流资源，增进各类社团之间合作交流。华人社团自身文化交流能力较低，普遍缺乏文化专业人士指导。国内相关部门要加大努力培训海外专业人士，提升文化水准，引荐更多的文化专业人士、社会热心人士参与到中外文化交流事业中，同时发挥好协调、引导作用，让更多的华人社团之间可以共享资源。近年来，国家侨务部门、文化部门

---

① 《“天籁无形，大象有声”——2016 年“欢乐春节·艺术中国汇”纽约系列活动在京启动》，http：//culture. online. qh. cn/wenhuazixun/2015/0713/10495. html。

② 徐黎：《文化交流四要素关系研究》，河南师范大学硕士学位论文，2011 年。

③ 李世杰：《发挥海外华人社团作用　促中华文化走向世界》，http：//cppcc. people. com. cn/GB/34961/90780/90789/6030216. html。

④ 《舞狮旗袍民族舞亮相汤桥嘉年华——英广东会百人方阵民族风展姿彩》，http：//www. fgd. org. uk/cn/news_ view. asp？ id = 761。

做了一系列相关工作，取得了较大成绩，值得进一步总结和推进。

第六，创新路径，鼓励华人社团通过多渠道、多层次、多形式开展中外文化交流活动。文化交流可以不限于文化渠道，华人社团可以借助商业网络、社会网络等开展活动。要特别重视对专业社团的引导，因为它们与当地社会互动较多，融入当地社会较好。在形式上，华人社团不仅要加强实体文化交流活动，同时要进一步提升网络文化交流与宣传的能力。尤其是在当前互联网时代，虚拟社区和空间是各国民众的重要交流平台，其影响力巨大。此外，网络交流不存在时间、地域、活动空间等限制，交流成本也很低。这就需要华人社团有优秀的文化产品和网络平台，加强网站建设，辅以优秀的互动人才。

第七，支持华人社团融入当地社会文化，引荐更多更好的文化项目和团体来中国交流。在这一方面，专业社团做得比较成功，主要取决于其核心业务以及社团负责人较高的素质。普通华人社团之间加强合作，也可以在很多方面获得更多的资源。例如，由欧洲众多华人社团组成的欧华联会被认为是“欧洲华人群体的代表”① 和“华人的欧盟”，对于促进欧洲一体化进程、促进整个欧洲社会的文明进步与和平繁荣，起到了积极作用。② 欧华联会曾经多次引荐欧洲文化界、政治界等人士和团体赴中国访问交流。

第八，加强研究中外文化交流活动规律，提升海外华人社团文化交流活动的质量和影响。国内的侨务、文化部门以及有关文化团体、研究机构，必须给予智力、学术上的支持和便利。③ 中华文化丰富多彩，各个国家的文化背景也各有不同，到底哪些具有可传播性，如何传播等，需要结合实际具体设计。文化交流不是要泯灭民族的文化身份，相反是要使民族的文化身份更加突出。我们既要将民族固有的文化精品推向世界，又要鼓励创造一批喜闻乐见、承载中华文化核心价值的优秀产品，把中华民族追求和谐世界的理念展示给世界。国内文化主管部门、侨务部门和统战部门要加强与华人社团在文化传播过程中的交流与协作，及时解决文化传播中遇到的问题，提供最新的文化信息和资料，使海外华人社团在中华文化传播活动中更加具有针对性和感染力。④

---

① 李明欢：《群体效应、社会资本与跨国网络——“欧华联会”的运作与功能》，《社会学研究》2002 年第 2 期。

② 吴潮：《欧华联会与欧华的政治趋向》，引自欧华联会秘书处所提供资料。

③ 李世杰：《发挥海外华人社团作用　促中华文化走向世界》，http：//cppcc. people. com. cn/GB/34961/90780/90789/6030216. html。

④ 李世杰：《发挥海外华人社团作用　促中华文化走向世界》，http：//cppcc. people. com. cn/GB/34961/90780/90789/6030216. html。

第六章　人物特写：陈香梅与中国改革开放

自从 20 世纪 80 年代重返中国，陈香梅就为改革开放建言献策，大力支持改革开放事业，包括访问多个省市区，为民航事业、旅游业的发展出谋划策，关注教育与公益事业的发展，积极呼吁开发海南等。本章拟以陈香梅捐献给浙江大学的 2 万余件档案为基本史料，展现她与中国改革开放关系的基本面貌。

陈香梅（Anna Chan Chennault，1925—2018），早年为记者，后成为美国空军指挥官陈纳德的妻子。1963 年，陈香梅在美国总统肯尼迪任内进入白宫，与多位美国政要保持着良好关系，活跃于政坛。自中国实行改革开放以来，陈香梅积极建言献策，为中国的对外开放与交流、经济社会发展作出了独特的贡献。2011 年，陈香梅受聘为浙江大学名誉校董后，决定将其保存的个人中文档案资料捐赠给浙江大学。这批档案包括陈香梅的作品、往来书信、简报资料、图片、证书等，共计 2 万余件。这不仅是研究陈香梅的重要资料，也有助于理解海外华人与中国改革开放之间的关系。

关于陈香梅生平事迹及其与中国改革开放的关系，学术界已有些研究成果。① 本章主要依据新资料，选取几个方面进行论述，以期拓展和深化陈香梅与中国改革开放的研究。

第一节　全面支持改革开放

陈香梅 1980 年重返中国之际，正值改革开放刚刚起步，百废待兴，改革无例可循，一切“摸着石头过河”。陈香梅以极大的热忱与坦诚的态度，向各级领导建言献策，对于做得不好的地方，提出批评意见。这对中国的改革开放起着鞭

① 相关成果主要有：胡辛的《陈香梅传》（作家出版社 1995 年版）；浙江工业大学陈香梅研究中心的《陈香梅研究》（2000 年版）；姚莫诩的《传奇与诗意：陈香梅研究》（中央编译出版社 2010 年版）；史玉根的《一个真实的陈香梅》（东方出版社 2009 年版）；范长江、沈杰的《名人陈香梅》（内蒙古出版社 1998 年版）；杨平、刘金库的《一个女人陈香梅：美国人钟爱的东方女子传奇》（辽宁人民出版社 1997 年版）；孙官生的《陈纳德与陈香梅》（云南人民出版社 2002 年版）；庄文永的《非凡女性：陈香梅的人生与写作》（花城出版社 2010 年版）；浙江大学等的《陈香梅画传》（浙江大学出版社 2015 年版）。

策作用。

1990 年 9 月，陈香梅赴北京参加亚运会典礼，在各地参观考察，并访问香港、澳门。回美国后，她给江泽民总书记、李鹏总理写了一封长达四千字的信，详述自己观察所得，对中国的改革开放提出全面的建议。此信共有四部分：①世界大局对中国的影响；②对中国现代化的几点建议；③第二期的四个现代化；④中国的公关与宣传。陈香梅在信中先强调，中国改革开放取得的成果已得到广泛承认，国际环境越来越好，“大体来说，这十年来中国实在是进步不少了。从积极方面看中国在各方面的措施，和印度、巴基斯坦、苏联相比，中国的老百姓过得比他们的老百姓都好，……因此在这方面中国是值得告慰的”。接着指出，中国仍有许多需要改革的地方，“如何使老百姓爱自己的土地，爱自己的国家和社会才是当务之急”。陈香梅认为，首先要调动人的积极性，“要现代化首先要大家多做事，……不做事的人才该受责备，爱做事的人该有鼓励，有奖赏，这样才有进步的社会，才会有肯负责做事的人”。①她在信中指出：

> 自从一九八〇年我第一次回国就发现一个值得大家检讨的现象，……很多工作是事倍功半……虽然大家一致认为要改善，但进度不快。我想假如……允许这些地方同志们放手大胆去推动地方的建设与环境的改善，……假如省市各阶层都受到中央的鼓励和支持，中国虽大，仍可以人尽其才地解决问题，把基层建设做得更好。……中国的远景是充满光明与希望的。②

陈香梅还根据自己对改革开放进程的观察，提出了“第二期的四个现代化”概念，要将现代化向中原与内陆地区拓展。她认为，“假如第一期是注重开发沿海特区的话，第二个十年该要把动力和支持伸展到中原及内陆地带”，“中原及内陆地区若能有天时地利人和的配合，将会是四个现代化的第二个展示地区。假如沿海地区与内陆的发展有了较平衡的共进，中国的经济情况也会更提升到自给自足的境界。老百姓衣食足就更有机会受教育”。③ 除了发展区域向内陆延伸外，她还提出第二期的四个现代化中要注意发展科技与人才培养的问题。

在信中，陈香梅表达了对中国改革开放事业的关注与思考，对中国现代化建设的人才问题、区域发展、外商投资、对外公关宣传等方面都提出了建议和意见。陈香梅全力支持邓小平的南方谈话，在各个场合鼓励中国更加勇往直前，实

---

① 《陈香梅致江泽民、李鹏函稿》，陈香梅档案资料，PDF 扫描件号 0059－0003。原件藏于浙江大学档案馆。以下所引陈香梅资料，不特别注明出处者，均藏于浙江大学档案馆。

② 《陈香梅致江泽民、李鹏函稿》，陈香梅档案资料，PDF 扫描件号 0059－0003。

③ 《陈香梅致江泽民、李鹏函稿》，陈香梅档案资料，PDF 扫描件号 0059－0003。

现四个现代化。她说："中国要开放更开放，前进更加前进。"

陈香梅与中国历任的党和国家领导人一直保持着友好的关系。1980 年底，陈香梅作为里根总统的代表访问北京，回到阔别 30 余年的祖国。其后 30 多年中，她每次到访北京，都会与中国教育、外贸、外事、侨务、台湾事务、民航、旅游等部门的主要负责人及北京市领导见面。从陈香梅档案资料可以看出，她时常给时任总理的李鹏写信，对中国改革开放的具体政策提供建议。1995 年，时任国家主席的江泽民访问美国时，陈香梅参与了部分接待工作。

为考察与支持各地的改革开放，陈香梅的足迹几乎遍布了中国的各个地区，北到黑龙江，南到海南，东到上海，西至新疆。陈香梅所到之处，都给当地带去经济文化建设方面的建议，有时还是带着投资或外商去。笔者仅就报纸、回忆录等资料对陈香梅在中国的足迹进行了简单的梳理，从中可以看出她作为海外华人对故土的深情和无私的奉献（详见下表）。①

陈香梅与各省往来函电统计表②

省份	数量（件）	省份	数量（件）	省份	数量（件）
安徽	45	河南	40	山西	97
北京	300	黑龙江	1	陕西	104
重庆	166	湖北	109	上海	407
福建	36	湖南	98	四川	51
广东	320	江苏	139	天津	24
广西	28	江西	138	云南	98
贵州	21	内蒙古	3	浙江	244
海南	49	山东	23	总计	2 541

可以看出，陈香梅与中国往来函电总数为 2 541 件，涉及 23 个省市区。就内容而言，大部分函电都是与当地政府机关商洽访问事宜。表中，陈香梅往来函电

① 笔者按照商业性市场划分中国区域，分为华东、华北、华南、华中、东北、西南、西北七部分。华东地区包括上海、山东、江苏、安徽、江西、浙江、福建；华北地区包括北京、天津、河北、山西、内蒙古；华中地区包括湖北、湖南、河南；华南地区包括广东、广西、海南等；西南地区包括重庆、四川、贵州、云南、西藏；西北地区包括陕西、甘肃、宁夏、新疆、青海；东北地区包括黑龙江、吉林、辽宁。为方便统计，将华北和东北称为北部地区，西北和西南称为西部地区，华东为东部地区，华中为中部地区，华南为南部地区。

② 省份按拼音排序，自上往下，自左往右。

总数为300件以上的是上海、广东、北京；200～300件的是浙江；100～200件的有重庆、江苏、江西、湖北、陕西。她函电往来比较频繁的省市，主要集中在改革开放起步较早的、发展较好的地区。

东部沿海地区是中国改革开放成果显著的地区之一。1989年，陈香梅的经济考察团从北京到上海，时任上海市市长的朱镕基接见了全体团员。团员们与上海工商界各方人士进行了交流，为以后的投资合作打下了很好的基础。同年，陈香梅带领一批台湾商人访问大陆，选择福州和厦门为目的地，让台商了解福建省的投资环境。

广东是中国改革开放的前沿，是陈香梅祖籍与其所就读的大学——岭南大学（1967年9月在香港复建）的所在地。她造访的次数很多。1989年，陈香梅带领美国国际合作委员会经贸考察团访问广州等5座城市，开外商公开访问中国的先河。1992年陈香梅捐资，率先在广州设立"广州陈香梅教育奖"。从个人捐资捐款到牵线搭桥、引进外资，陈香梅为广东的经济、教育等方面的发展作出了积极的贡献。①

陈香梅一直认为，中国改革开放不应该只是着眼于东部，也要深入内陆地区。她十分重视西部地区的建设和发展，她说："作为一个海外华人，我非常愿意帮助内地发展经济。"1990年5月，陈香梅首次访问西安，对西安历史文化的印象十分深刻，表示"陕西各方面的潜力都很大，尤其是旅游资源十分丰富，宾馆盖得很漂亮，文物古迹更是百看不厌"。她出任西安市的经济技术高级顾问后，建议西安向上海学习，提高办事效率。②

陈香梅每到一地，都与当地官员见面，了解该地的情况。随着陈香梅的影响增大，一些地方政府也会积极邀请她去指导经济、文化、教育的发展。2001年10月，时任河南省省长的李克强邀请陈香梅前往访问，陈香梅回复，表示将于次年春天访问河南。

2002年4月，时任福建省省长的习近平致函陈香梅，在信中高度赞扬了陈香梅的爱国热情，欢迎她再访福建省，考察该省十多年来在经济、文化、教育等方面"面貌焕然一新"的进步。

在陈香梅档案中，还有她与其他地方主要负责人的往来函电，包括浙江省省长柴松岳、江西省委书记毛致用、吉林省委书记何竹康、上海市市长徐匡迪等。函电内容主要为陈香梅去当地访问的计划安排与访问后的对当地经济、社会发展的观感和建议。

① 本统计系根据陈香梅档案资料整理。

② 《三秦锦绣别有天——陈香梅女士谈陕西旅游业》，《西安晚报》，1990年10月11日。

陈香梅不仅宣传呼号支持中国的改革开放，还利用自己在海外华人和港澳台工商界中的人际网络、社会影响力等组织大批外商和港澳台地区的商人到中国大陆访问考察，引导他们投资，解决改革开放所急需的资金与技术等问题。

1989年，某些外贸往来和外商投资项目因故中断。陈香梅多方奔走、联络和筹划，很快组成了美国国际合作委员会经济贸易考察团，并带他们到中国访问。访问团成员有60余人，包括台湾地区的旅游、交通、纺织、机械等工商界领袖和美国、香港地区的商业界巨子。1989年12月代表团抵达北京，受到党和国家领导人的接见与高度评价。1990年5月，陈香梅率美国国际合作委员会经济贸易考察团一行，出席上海市对外经济贸易委员会举办的专题会，听取上海投资环境、外资投资状况及开发浦东规划等方面情况的介绍。陈香梅鼓励考察团中的台湾地区商业界人士到上海投资，并希望大家不要只关注经济项目，也应当为上海的文化发展作出贡献。1993年4月，陈香梅在美国华人商会会员大会上主讲“中国大陆的经贸和投资环境”，鼓励海外商人对中国进行投资。[①] 陈香梅自称当年为吸引外资所做的工作是“过河卒子”与“播种人”：

> 近年来，中方采购团陆续来美，而美方企业界也增多了在中国投资的据点，从沿海地带到内陆地区，不只是经济合作，而且是技术合作，这真是一个可喜的现象，我们算是播种人，能够看到开花结果，真是可喜，而又充满了更多的期待。[②]

经陈香梅穿针牵线，国际美容事业机构——自然美化妆公司创办人蔡燕萍投资720万美元，在上海创办工厂，成立上海自然美化妆品有限公司。公司开业时，陈香梅专程从华盛顿飞到上海，为该公司剪彩，表达了对海外投资的支持。

陈香梅甚至自己直接投资，建立合资公司。1987年至1996年，陈香梅多次访问江西，更于1994年3月与南昌市政府达成建立合资企业的意向。同年5月，南昌飞机制造公司与美国国际科技公司、美国美中航运公司签订了合资协议书，共同组建注册资本为100万美元的昌美有限合资公司（下称“昌美集团”）。此前陈香梅已为南昌飞机制造公司捐款40万元。[③] 昌美集团正式成立后，陈香梅等除投入部分资金之外，还协助培训技术人员，派专家到南昌就地示范。[④]

---

① 《美国华人商会廿四日会员大会》，《世界》，1993年4月24日。

② 《陈香梅致国际商报社何伟文函稿》（1993年6月），陈香梅档案资料，PDF扫描件号0058－0028。

③ 黄敢：《吴官正会见陈香梅女士一行》，《江西日报》，1994年5月26日。

④ 《陈香梅致李鹏、朱琳函稿》（7月24日），陈香梅档案资料，PDF扫描件号0059－0071.01。

第二节　为民航与旅游事业献计献策

一、为民航事业献计献策

陈香梅认为，中国推进改革开放应该多向其他国家学习，各个国家之间应该多交流，多沟通，才能更好地发展。她说："我希望有更多的人到国外去学习，对在外学成的人才，政府要为他们创造好的条件让他们回来。"只要坚持改革开放，中国就大有希望。

在改革开放的各领域中，陈香梅对中国民航业与旅游业的发展建议最多，投入的心力较大。这当然与她的背景有关。她曾在美国泛美、飞虎航空公司担任要职，对经营民航事业有非常丰富的经验。她担任了几家航空公司的顾问，将这些经验传授给中国。

1989 年，陈香梅写了《向中国航空公司进几言》。她根据自己的观察，对中国航空公司提出了重要的建议，"把这些肺腑之言献给中国民航上下的工作人员"。她认为，中国的民航事业有不少的进步，但依然存在问题，建议民航公司转变观念，对顾客要有服务的精神，遇到飞机误点等问题时要多沟通。民航当局要以现代化为目标，有功受赏，有过受罚，"每个人、每个单位都有义务与责任把自己分内的事做好，不能再有做一天和尚撞一天钟的心态"。她希望中国民航努力改进工作，乘客与乘务人员合作，促进中国民航事业"蒸蒸日上"。①

陈香梅于 1992 年著文，对中国的航空事业提出了四项建议：第一项是先把民航局和民航公司分开；第二项是先办三家大的国际航空公司，再办十家中型的航空公司，再办二十家小型的国内航空公司；第三项是加快修建国际机场（可以降落波音 747 客机的机场），加长跑道到三千六百米至四千米，最好将现有各省市区的机场搬离市区；第四项是加强培训空勤和地勤，尤其是飞行员的培养，最好是送到国外受训，或学习新加坡等地经验，聘用欧美飞行员。② 陈香梅也对中国的航空管理和服务提出了具体建议，如改善民航的餐饮、提供更多的飞机舱位等。

陈香梅当年的四项建议，事关中国民航管理体制、经营规模与发展前景，今日基本成为现实。

---

① 《向中国航空公司进几言》（1989 年），陈香梅档案资料，PDF 扫描件号 0005 - 0035。

② 《对民航事业提意见》，《大公报》，1992 年 12 月 6 日。

二、为旅游事业献计献策

刚踏上故土时，陈香梅主要关心的是机场、铁路、公路等基础设施。随后，她看到了祖国的大好河山，认为旅游业将是未来一项重要的朝阳产业，做好了对中国的现在和将来都很有益。因此，她在各种场合下为中国旅游业进行宣传，并做了大量力所能及的工作。

1990 年，陈香梅受聘为中国旅游协会名誉顾问。她认为，改善中国旅游业的关键，首先是交通。时间和效率对于国际游客来说十分宝贵，游客最关心的是能不能快速、舒适、准时到达旅游地。无论是外国旅行机构还是游客都希望中国的航空、铁路、公路条件能够改善。其次，要改变观念。她说，到中国的外国游客并不都是来看看风景的，不少人渴望交流信息、情感和文化。中国的历史文化是吸引外国旅游者的重要因素，旅游部门的工作人员应熟悉、精通自己的历史文化，如数家珍，让外国游客都神往中国的魅力。再次要全方位地宣传各地旅游资源。海外对中国旅游的了解仅仅是北京、上海、桂林、长城、兵马俑等知名城市与景点，这远远不够。

陈香梅认为，中国旅游业起步晚，在景区开发上要划分近期和远期计划，光有良好的愿望而没有足够的资金、物力，就难以建成高水平的景区。近期计划要抓紧做，今天的事情今天做，许多小事要当大事做。[①]陈香梅向中国旅游界高层提出："建议你们再建一些旅游特区。"陈香梅认为，三亚、西安都是建设旅游特区的好地方。[②]

中国的旅游业在 20 世纪 80 年代起步，国家旅游局和中国民航局于 1992 年首次举办中国"友好观光年"，提出"游中国、交朋友"的口号，陈香梅作为特邀嘉宾出席。她提出，中国地域辽阔，历史悠久，改革开放不仅要促使沿海地区迅速起飞，而且应该加速内陆的经济发展，而内陆许多地方的突出优势是有丰富的旅游资源。中国许多名胜古迹有丰富的文化内涵，而大多数外国游客乃至一些中国游客对此缺乏认识，因此，应该将旅游与介绍中国的历史、文化结合起来，开发文化旅游，借一座古庙、一片碑林，向游客充分介绍中国的历史、文化。1992 年，陈香梅在中国旅游交易会上发言指出，旅游发展是综合性产业，涉及面广，光是旅游局一家管不过来，其他部门一定要关注和支持。中国的民航、铁

① 《国际旅游界面临一个充满挑战的时代，历史文化资源是中国旅游业深层魅力》，《旅游时报》，1991 年 3 月 10 日。

② 《中国旅游发展需要"试验田"》，《旅游时报》，1991 年 4 月 7 日。

路、商业、文物等旅游服务关键部门要经常听取意见，共同努力。诸多环节如果各行其是而不是协调配套，必然影响中国旅游业的整体吸引力和竞争力。① 她的真知灼见，成为中国旅游业发展的努力方向。

作为事关民航与旅游业发展的结合点，陈香梅很早就致力于推动海南的开发。她在1990年写给中国国家领导人的信中，强调了海南的重要性：

我们为了呼唤国内国外人士对海南的重视而七次领专家到海南。一九八四年就由海口乘车到三亚，协助海南三亚凤凰机场的设计和贷款。我们遭遇了很多压力和困难，但我始终坚信海南对中国的重要性，假如台湾是中国第一宝岛，海南该是中国第二宝岛，而且其地势对中国今后对外发展将居影响地位，举足轻重。②

早在1983年，陈香梅就对海南进行了考察。此后10年间9次访问，为海南的开发建设牵线搭桥。1992年9月，陈香梅与其妹妹——香港“十大女强人”之一的陈香桃率美国以及中国香港、台湾地区的企业家第九次访问海南，商讨投资事宜。陈香梅认为，海南建设起步晚，但进展快，各方面给人印象都很深刻。不过存在问题也不少，交通、能源等硬件建设要加强，人才培养、企业管理等软件更要投入，在经济成长的同时应保护好生态环境，搞好城市规划和道路整治等。③

为开发海南，陈香梅于1984—1989年投资协助海南三亚机场的建设。对此中的艰辛，陈香梅回忆说：

一九八四到一九八九年五年的长时间中，我和我的同事们，北欧航空公司的主管们，北欧银行集团、北欧机场建筑专家们，前前后后由海南的海口到三亚奔波了六七次。当时从海口到三亚只有走公路，而一九八五到（一九）八八年间所谓公路只是可以行车，也有牛羊鸡犬和村童们玩耍的路径而已。有些道路较颠簸，有些道路较平宽。从海口早上出发，路经文昌（宋氏姊妹的家乡），下午到达中部的兴隆温泉，在那儿住宿一夜，第二天再上路，天黑前就到达三亚。在三亚，当地政府对于我们这一队为海南义务贡献的人特别欢迎，尤其是要到三亚来协助开发、增进旅游。在“天涯海角”和“鹿回头”那些地区，旅游群众每年增加，大家都问什么时候可以有机场？④

---

① 《中国旅游发展新潮呼唤新战略》，《旅游时报》，1992年7月5日。
② 《陈香梅致江泽民、李鹏函稿》，陈香梅档案资料，PDF扫描件号0059-0003。
③ 钟节华：《春风秋雨故国情——访美籍华人陈香梅女士》，《海南日报》（海外版），1992年9月11日。
④ 《第二宝岛海南新貌》，陈香梅档案资料，PDF扫描件号0005-0059.01。

陈香梅在后来给海南省省长阮崇武的信中，特意提到她向杨尚昆主席提出过“建民用国际机场”的建议。① 海南三亚凤凰国际机场 1987 年立项，1990 年开工，1994 年建成，建设过程颇多曲折，最终成功，陈香梅在其中的作用不可低估。1990 年 10 月，海南省常务副省长鲍克明充分肯定了陈香梅对海南建设的巨大贡献，认为海南和台湾的合作越来越广泛，这与陈香梅的促进是分不开的。

2018 年 4 月，中国政府决定支持海南全岛建设自由贸易试验区，将分步骤、分阶段建立自由贸易港政策和制度体系。再回顾陈香梅当年推动开发海南的建议与所付出的心血，不能不钦佩这位女中豪杰的远见卓识。在此，还可用一个细节来说明陈香梅的“先见之明”：陈香梅最早提出，对海南的开发应该是长远的、可持续发展的，她不希望台湾和港澳人士着重“炒地皮”。最近中央支持海南全岛建设自由贸易试验区的决定一公布，海南省政府立即采取措施，阻止房地产的炒作。

第三节　着眼教育与公益事业

一、大力支持教育事业

陈香梅早年生活在战乱年代，几经辗转才入读岭南大学，因此她对教育文化事业有着特殊的感情，希望青年人受到良好的教育。她尊师重教，曾专门作文纪念在北京的小学语文老师。陈香梅认为，改变落后观念的根本在于教育，只有通过教育才能实现思想的进步，使许多问题迎刃而解。中国要更好地改革开放就需要培养人才，需要加强教育，所以陈香梅关心教育事业，力求教育公平，惠及青年学子，同时争取让教师得到更好的待遇。在教育事业上，陈香梅从不吝啬。她曾说：“为了祖国的教育，在这改革开放的 20 多年中，我竭尽所能，筹措资金，设立奖项，来推动教育事业的发展。看到一代有为的知识青年的成长，我引以自慰。”她在中国获得的稿费，大多都投入到教育事业中。她说：

近十几年来，中国经济发展飞快，可是还要迎头赶上。最近国内到处都在搞基础设施建设，这非常必要。但我走遍中国，总感到四个现代化还缺少一点什么东西，这就是教育不足。我从四五年前就开始推动国内教育事业，建议和帮助广

① 《陈香梅致阮崇武函稿》（10 月 15 日），陈香梅档案资料，PDF 扫描件号 0059 - 0026。

州成立教育基金会，现在广州的教育基金会在全国算是最强的。我也鼓励台湾同胞到大陆除了投资产业外，还要对教育作出贡献。[①]

1992 年教师节前夕，陈香梅致电广州市教育基金会办公室，表示希望与胞妹陈香桃捐资设立“广州陈香梅教育奖”，奖励广州市优秀教师。同月，陈香梅应广州市市长黎子流邀请，赴广州参加教师节活动。自此，陈香梅繁密的中国访问行程中，增添了一项教育访问之旅。陈香梅访问了母校广州真光中学，并题诗一首：“白鹤重来爱真光，芸荒姊妹意情长。西楼月满风和雨，学书学剑念恩师。”陈香梅表示，在该校将设立陈香梅奖教奖学基金，用于奖励学校的优秀教师和学生。[②]

1994 年 1 月，陈香梅向南昌市政府捐赠奖学金，支持南昌市的教育事业。捐赠书如下：

本人自一九九二年初访南昌市后，除在基础建设各项目尽力协助外，更感到今日祖国在四个现代化的过程中教育文化也是远景的重要的一环。本人在一九八〇年第一次（以）美国总统特使身份访华后，即在中国部分城市成立了陈香梅教育文化基金，此项基金在美国和台湾（地区）已举办有年。现本人愿以每年十五万（元）人民币在南昌设立陈香梅奖金，另有五万元人民币捐赠南昌大学。全部赠款共二十万（元）人民币，每年捐赠（可折合港币或美元支付，账户请南昌市人民政府侨务办公室代为代理），以鼓励教授、教师、学生及文化艺术优秀人才。其他细节由有关方面另行商议，该项奖金定于一九九四年教育节颁发。

陈香梅

一九九四年元月十二日[③]

陈香梅亲力亲为，当年出席南昌市首届“陈香梅奖金”颁发活动时，奖励 12 位教师每人奖金 4 000 元，22 位学生每人奖金 1 000 元。她亲自颁发奖状，与获奖者握手拍照。她激动地说：

我能有今天的成就，离不开小学、中学、大学教师们对我的教育。我想，我应该回到祖国，对他们做出点什么，来表达我的感谢和我的爱心。你们（学生）

---

① 张秀玲：《怎能忘“九一八”“卢沟桥”——陈香梅近赴羊城向广州教育基金会捐款》，《华商时报》，1994 年 9 月 15 日。

② 《梦萦故土　情牵桃李——我们认识的陈香梅女士》，（香港）《商报》，2001 年 9 月 27 日。

③ 《捐赠书》（1994 年 1 月 12 日），陈香梅档案资料，PDF 扫描件号 0058－0040。

是祖国的未来和希望，今后你们无论如何发展都不要忘记你们的老师，你们要热爱自己的家庭，热爱自己的社会和祖国。有人说，21 世纪是亚洲人的天下，我说 21 世纪是中国人的天下！①

陈香梅为推动中国教育事业的发展，多方奔走，筹措资金。她在全国各地设立了多个教育奖项和基金，包括北京，江西南昌、吉安，辽宁沈阳，吉林长春、吉林，安徽合肥，江苏南京，湖北武汉，广东广州、佛山，山西太原，陕西西安等。有几年，每逢教师节，陈香梅都专程赶往广州为评选出的 20 名杰出教师颁奖。她被许多学校聘为客座教授，经常向青年学子演讲，鼓励他们努力读书，成为国家栋梁之材。她也向图书馆捐赠过许多藏书。② 陈香梅在上海接受记者访问时说，邓小平先生曾经与她谈起，教育这个百年大计，要从青少年抓起，从娃娃抓起，古今中外的历史说明国家的兴衰存亡关键在教育。③

2000 年，陈香梅访问浙江大学，作了题为“新世纪的挑战”的演讲，在浙大师生中激起强烈反响。2011 年，她受聘为浙江大学名誉董事，并将珍藏的个人中文档案、服装等捐给浙江大学。2014 年“浙江大学教育基金会—CIC 陈香梅慈善基金”成立，其中陈香梅捐资 100 万元人民币。

为了开阔教师的视野，学习和借鉴外国先进的教学及管理经验，陈香梅向广州市教育局建议，组织优秀教师代表团赴美国、加拿大考察。1994—1995 年，广州市政府组织了 2 个教育考察团赴美国、加拿大，在她的精心安排下都取得成功。陈香梅得知 1995 年广州要举办百万人参与筹款的第三届教育基金“百万行”活动，就建议增加一个筹款新内容——“广州市教育基金拍卖会”，并表示将率先捐出珍藏 50 年之久的一批工艺品和藏书。在陈香梅的影响下，一批国内外收藏家热烈响应，争相捐赠工艺品。拍卖会共筹得人民币 887 万元，其中，陈香梅所捐赠的艺术品拍卖获人民币 27 万元。

除了基础教育，陈香梅还十分注重职业人才培训。她认为中国应该做好人才培训工作，尤其要培养企业管理、大众传播、国际公关、社会服务和教育推广方面的人才。陈香梅 1989 年在北京成立了中国国际公关协会，定期派员赴美受训或访问。她说，此项是配合经济发展、科技成长过程的工作，不能光靠中央政府去做，应从省市区的基层做起，尤其是开放城市该起领先作用。④

所有的付出都是有回报的，陈香梅的善举受到了中国上下的关注。1994 年，

① 赵翔：《梅花香自心中生——南昌市首届香梅奖颁奖侧记》，《江西青年报》，1994 年 9 月 20 日。
② 吴绮敏：《有容乃大——访陈香梅女士》，《人民日报》，1994 年 7 月 17 日。
③ 梅武仪：《今天的娃娃决定着中国的前途》，《华商时报》，1994 年 6 月 2 日。
④ 《陈香梅接受访问指出中国应注重人才培训》，（香港）《信报》，1992 年 10 月 1 日。

国家教育委员会主任朱开轩给她写信，充分肯定陈香梅在中国的教育贡献，表达了感激之情。

陈香梅女士：

二月九日大札敬悉，因公务繁杂，未能及时作复，乞谅。元旦期间，可能是由于联络不畅，未得晤面，深以为憾。

近十多年来，中国的教育事业有了长足的发展，这得益于中国的改革开放政策，也与海内外中华儿女的热情关注和大力支持分不开。陈女士多年来热心支持中国的教育事业，谨在此向您表示诚挚的谢意。

中国去年颁布了《中国教育改革和发展纲要》，提出了我国下一步教育改革和发展的目标。大力发展教育事业是一项荫及子孙的百年大计，也诚如陈女士所说，这是一项长远而务实的工作，中国政府及其教育部门正在做出努力，以实现教育改革发展纲要所提出的目标。在工作中面临了不少问题和困难，除了我们自己的努力，也希望广泛开展国际合作和交流，希望得到更多的海内外朋友的支持和帮助，欢迎各界人士为中国教育事业的发展献计出力。

我很高兴地得知您九月将再次来华，我和我的同事韦钰副主任期待着在北京与您见面，听取您对我国教育改革和发展的希望与建议。行期定后，望尽早赐告。

顺颂时祺

国家教育委员会主任朱开轩

一九九四年四月二十五日①

二、积极参与公益事业

陈香梅为人善良，乐于助人，用各种方式参与中国的社会公益事业。她曾出资100万元，在上海市静安区设立基金会，用于培训下岗女工，也曾在安徽捐资开展“爱心助困·香梅嫂子创岗”行动。资助优秀老师与贫困学生更是其善行的突出事例。20多年来，她参与举办的各种公益活动包括：全国妇女优秀读物奖暨陈香梅奖、陈香梅教学优秀奖、陈香梅巾帼创新奖、陈香梅奖学金、陈香梅电视剧著作奖、陈香梅新闻奖等。2008年汶川大地震发生后，陈香梅前往香港、台湾、澳门、广州和上海等地，参加为灾区群众募捐的活动。在上海浦东，她倡议书画家捐出作品，为灾区重建出力。其现场撰写书法作品《风雨同舟　成功相

① 《朱开轩致陈香梅函》（1994年4月25日），陈香梅档案资料，PDF扫描件号0058－0044。

伴》，认购所得全部捐给灾区。

对于北京申办2000年的奥运会，陈香梅大力支持，她在《大公报》撰文，指出中国目前社会安定，运动员表现良好，北京举办亚运会成功，拥有经验，如果由中国举办奥运会，中国会同世界各方面接触更多，世界人士亦可亲眼看到中国的现况。她呼吁大家抓紧最后时机，以写信和传真方式联络各国奥委会成员，表达支持北京申奥的信心。[①] 中国申奥委员会因此特地回信，对她的关怀与支持表示感谢。

陈香梅十分关心中国普通百姓的生活，她在写给中国国家领导人的信中经常提及老百姓的生活。陈香梅在战乱年代成长，对苦难有着深刻的认识，也深知老百姓的苦。她看到改革开放给老百姓带来的好处，坚定了支持改革开放的决心。

关于陈香梅个人在中国的捐款数额，没有权威的统计数字，有说几百万元人民币，也有说一千多万元人民币。1995年，陈香梅在给邹家华副总理的电报中写道："我这次在中国各城市捐款500万（元）人民币，这些钱都是我自己辛苦挣来的，我在中国没有寸土，没有寸金，只有奉献。"[②]同年，她在给上海市市长徐匡迪的电报中，也提到捐款的具体数字："本人有鉴于中国进促教育文化之重要，在中国十个城市成立了陈香梅教育基金会，每年在教师节颁发奖金予杰出教师和教授。每年共由本人赠款三百万元，包括广州、南昌、吉安、南京、长春、沈阳、吉林、武汉等城市。上海于去年与静安区妇联谈到上海妇联工作。本人认捐壹佰（一百）万元，已先付了伍拾（五十）万元作筹备金，希望静安区妇联更多贡献社会。"[③]仅以上两笔相加，就接近人民币千万元了。相比于她持之以恒报效祖国的精神与巨大的示范效应，具体数字已不那么重要了。

陈香梅是对中国改革开放支持最多的海外知名华人之一。她对改革开放的支持是全方位的，投入了大量的热情、时间、精力与财物。除本章所涉及的内容，她还以独特的身份，参与中国与美国之间的交流和合作，致力于祖国和平统一事业，作用十分突出。限于篇幅，在此不再赘述。[④]

陈香梅与中国改革开放的关系，既是典型个案，也相当有代表性。它充分说明，改革开放使中华民族繁荣富强，使包括海外华侨华人在内的所有中华儿女平等自尊地走向世界，是全体中华儿女的共同事业。

---

① 《齐心支持北京申办奥运盛大联欢晚会昨日举行　张浚生陈香梅致词　张百发拍来贺电》，《侨报》，1993年9月14日。

② 《陈香梅致邹家华电稿》（1995年10月26日），陈香梅档案资料，PDF扫描件号0059－0020。

③ 《陈香梅致上海市长徐匡迪电稿》（1995年7月14日），陈香梅档案资料，PDF扫描件号0058－0084。

④ 相关内容可参阅胡辛的《陈香梅传奇：她在东西方的奋斗》（二十一世纪出版社2005年版），范长江、叶一青的《和平使者陈香梅》（北京出版社2003年版）等。

参考文献

1. 中英文著作

［1］克里斯多夫·弗里曼：《技术政策与经济绩效：日本国家创新系统的经验》，东南大学出版社 2008 年版。

［2］曹云华主编：《海外侨情观察（2014—2015）》，暨南大学出版社 2015 年版。

［3］潮龙起主编：《侨务理论研究成果集萃》，暨南大学出版社 2014 年版。

［4］潮龙起主编：《华侨华人与中华民族伟大复兴》，暨南大学出版社 2018 年版。

［5］陈碧笙：《世界华侨华人简史》，厦门大学出版社 1991 年版。

［6］陈昌贵：《人才外流与回归》，湖北教育出版社 1996 年版。

［7］陈文寿主编：《华侨华人新论》，中国华侨出版社 1997 年版。

［8］程希：《当代中国留学生研究》，香港社会科学出版社有限公司 2003 年版。

［9］陈奕平主编：《2014—2016 年世界侨情报告》，暨南大学出版社 2018 年版。

［10］杜红亮、赵志耘：《中国海外高层次科技人才政策研究》，中国人民大学出版社 2015 年版。

［11］高伟浓：《软实力视野下的海外华人资源》，学林书局 2010 年版。

［12］葛公尚主编：《当代国际政治与跨界民族研究》，民族出版社 2006 年版。

［13］国家创新体系建设战略研究组：《国家创新体系发展报告（2008）》，知识产权出版社 2008 年版。

［14］国务院侨办侨务理论研究广东基地、广东侨务理论研究中心编：《华侨华人与广东发展：广东省侨务理论研究论文集（2012—2013）》，暨南大学出版社 2014 年版。

［15］姬虹：《当代美国社会》，社会科学文献出版社 2012 年版。

［16］姬虹、陈宪奎、白玉广等：《美国新华侨华人与中国发展》，中国社会

科学文献出版社 2015 年版。

［17］贾益民、张禹东、庄国土等：《华侨华人研究报告（2014）》，社会科学文献出版社 2014 年版。

［18］康荣平：《海外华人跨国公司成长新阶段》，经济管理出版社 2009 年版。

［19］李明欢：《当代海外华人社团研究》，厦门大学出版社 1995 年版。

［20］李明欢：《国际移民政策研究》，厦门大学出版社 2011 年版。

［21］李其荣、谭天星主编：《海外人才与中国发展研究》，中国华侨出版社 2008 年版。

［22］李其荣、谭天星、林晓东主编：《海外高层次人才与人力资源建设》，中国华侨出版社 2009 年版。

［23］李其荣、谭天星、邵元洲主编：《华侨华人与湖北经济发展——华创会研究集成》，崇文书局 2012 年版。

［24］李喜先：《国家创新战略》，科学出版社 2011 年版。

［25］梁茂信：《美国移民政策研究》，东北师范大学出版社 1996 年版。

［26］梁茂信：《美国人才吸引战略与政策史研究》，中国社会科学出版社 2015 年版。

［27］刘宏：《战后新加坡华人社会的嬗变：本土情怀·区域网络·全球视野》，厦门大学出版社 2003 年版。

［28］刘宏：《跨界亚洲的理念与实践——中国模式·华人网络·国际关系》，南京大学出版社 2013 年版。

［29］吕伟雄主编：《海外华人社会新观察》，岭南美术出版社 2004 年版。

［30］毛起雄：《当代国内外侨情与中国侨务工作》，中国民主法制出版社 2013 年版。

［31］苗丹国：《出国留学六十年——当代中国的出国留学政策与引导在外留学人员回国政策的形成、变革与发展》，中央文献出版社 2010 年版。

［32］钱皓：《美国西裔移民研究——古巴、墨西哥移民历程及双重认同》，中国社会科学出版社 2002 年版。

［33］丘进主编：《华侨华人蓝皮书：华侨华人研究报告（2011）》，社会科学文献出版社 2011 年版。

［34］申俊喜、于明超、白俊红等：《技术创新引领产业升级的路径研究》，南京大学出版社 2014 年版。

［35］石汉荣：《探析中国侨务》，中国评论学术出版社 2004 年版。

［36］石之瑜：《社会科学知识新论——文化研究立场十评》，北京大学出版

社 2005 年版。

[37] 王德禄、赵慕、兰张浩：《硅谷中关村人脉网络》，清华大学出版社 2012 年版。

[38] 王赓武：《王赓武自选集》，上海教育出版社 2002 年版。

[39] 王辉耀主编：《创业中国》，中央编译出版社 2005 年版。

[40] 王辉耀：《当代中国海归》，中国发展出版社 2007 年版。

[41] 王辉耀主编：《中国留学人才发展报告（2009）》，机械工业出版社 2009 年版。

[42] 王辉耀：《国家战略：人才改变世界》，人民出版社 2010 年版。

[43] 王辉耀主编：《建言中国》，东方出版社 2010 年版。

[44] 王辉耀主编：《人才竞争：海外看中国的人才战略》，东方出版社 2011 年版。

[45] 王辉耀、路江涌编著：《中国海归创业发展报告》，社会科学文献出版社 2012 年版。

[46] 王辉耀、苗绿编：《中国海归发展报告（2013）》，社会科学文献出版社 2013 年版。

[47] 王辉耀、苗绿：《海外华侨华人专业人士报告》，社会科学文献出版社 2014 年版。

[48] 王逸舟：《当代国际政治论析》，上海人民出版社 2015 年版。

[49] 吴江、田小宝主编：《中国人力资源发展报告（2011—2012）》，社会科学文献出版社 2012 年版。

[50] 吴塘、柳怀祖编：《CUSPEA 十年》，北京大学出版社 2002 年版。

[51] 许又声：《第五届世界华人论坛论文集：海外华侨华人高端人才与建设创新型国家》，科学技术文献出版社 2009 年版。

[52] 薛澜：《OECD 中国国家创新体系研究报告》，科学出版社 2011 年版。

[53] 于富增、江波、朱小玉：《教育国际交流与合作史》，海南出版社 2001 年版。

[54] 约瑟夫·熊彼特著，王永胜译：《经济发展理论》，立信会计出版社 2017 年版。

[55] 张存武、汤熙勇主编：《海外华族研究论集》第三卷《文化、教育与认同》，华侨协会总会 2001 年版。

[56] 郑一省：《多重网络的渗透与扩张——海外华侨华人与闽粤侨乡互动关系研究》，世界知识出版社 2006 年版。

[57] 朱红：《转换·融合——中国技术移民在加拿大》，社会科学文献出版

社 2008 年版。

[58] 庄国土：《华侨华人与中国的关系》，广东高等教育出版社 2001 年版。

[59] 庄国土：《世界华侨华人简史》，暨南大学出版社 2014 年版。

[60] NADJE A A, KOSER K. New approaches to migration? : transnational communities and the transformation of home. London & New York: Routledge, 2002.

[61] ANNALEE S. Silicon Valley's new immigrant entrepreneurs. San Francisco, CA: Public Policy Institute of California, 1999.

[62] ANNALEE S. Local and global networks of immigrant professionals in Silicon Valley. San Francisco, CA: Public Policy Institute of California, 2002.

[63] ANNALEE S. Brain circulation network, presentation at the Asian innovation forum. Seoul, 2006.

[64] SHELLY C. Diaspora's homeland: modern China in the age of global migration. Durham: Duke University Press, 2018.

[65] CHANG S. The global Silicon Valley home: lives and landscapes within Taiwanese American trans-Pacific culture. Stanford, CA: Stanford University Press, 2006.

[66] QIONGQIONG C. Globalization and transnational academic mobility: the experiences of Chinese academic returnees. Singapore: Springer Singapore, 2017.

[67] ZWEIG D, CHANGGUI C. China's brain drain to the United States: views of overseas Chinese students and scholars in the 1990s. Berkeley: University of California Press, 1995.

[68] FREEMAN C. Technology policy and economic performance: lessons from Japan. London: Pinter Publishers, 1987.

[69] YUNG J, GORDON H C, HIM M L. Chinese American voices: from the gold rush to the present. Berkeley: University of California Press, 2006.

[70] JONKERS K. Mobility, migration and the Chinese scientific research system. London: Routledge, 2010.

[71] LEE W H. My country versus me: the first-hand account by the los alamos scientist who was falsely accused of being a spy. New York: Hyperion, 2001.

[72] LINDA B, NINA G S, CRISTINA S B. Nations unbound: transnational projects, postcolonial predicaments, and deterritorialized nation-states. Langhorne, Pa. : Gordon and Breach, 1994.

[73] LUCASSEN J, LUCASSEN L, MANNING P. Migration history in world history: Leiden. Boston: Brill, 2010.

[74] GUARNIZO L E. The economic of transnational migration. Berkeley: University of California Press, 2001.

[75] MARJORY H. Emigrant homecomings: the return movement of emigrants, 1600 – 2000. Manchester: Manchester University Press, 2005.

[76] THOMAS F. The volume and dynamic of international migration and transnational social spaces. Oxford: Oxford University Press, 2000.

[77] CORNELIUS W A, THOMAS J. The international migration of the highly skilled: demand, supply, and development consequences in sending and receiving counties. San Diego: Center for comparative Immigration Studies, University of California, 2001.

[78] BERNARD W P. The Chinese in Silicon Valley: globalization, social networks, and ethnic identity. Lanham, MD: Rowman & Littlefield Publishers, 2005.

[79] KUZNETSOV Y. Diaspora networks and the international migration of skills: how countries can draw on their talent abroad. Washington, DC: World Bank Publications, 2006.

[80] ANNALEE S. Local and global networks of immigrant professionals in Silicon Valley. San Francisco, CA: Public Policy Institute of California, 2002.

2. **中英文期刊**

[1] 斯蒂芬·卡斯尔斯著，黄语生译：《全球化与移民：若干紧迫的矛盾》，《国际社会科学杂志》（中文版）1999 年第 2 期。

[2] 斯蒂芬·卡斯尔斯著，凤兮译：《21 世纪初的国际移民：全球性的趋势和问题》，《国际社会科学》2001 年第 3 期。

[3] 伊曼纽尔·沃勒斯坦：《世界体系分析法》，《国外社会学》1992 年第 4 期。

[4]《科技报国领军人——访范群博士》，《广州华声》2013 年第 1 期。

[5]《联邦调查局将中国列为今后 10 到 15 年美国最大的间谍威胁》，《国家安全通讯》2003 年第 10 期。

[6] 安娜李：《硅谷和新竹的联系》，《经济管理文摘》2000 年第 13 期。

[7] 曹聪：《中国的“人才流失”“人才回归”和“人才循环”》，《科学文化评论》2009 年第 1 期。

[8] 潮龙起：《移民史研究中的跨国主义理论》，《史学理论研究》2007 年第 3 期。

[9] 潮龙起：《美国华人认同的历史演变》，《史学理论研究》2014 年第

2 期。

［10］潮龙起：《高校高层次海归人才现状及其作用研究——以中央“千人计划”为中心》，《东南亚研究》2014 年第 4 期。

［11］陈昌贵、阎月勤：《我国留学人员回归原因与发挥作用状况的调查报告（一）》，《黑龙江高教研究》2000 年第 5 期。

［12］陈昌贵、阎月勤：《我国留学人员回归原因与发挥作用状况的调查报告（二）》，《黑龙江高教研究》2000 年第 6 期。

［13］陈昌贵：《1978—2006：我国出国留学政策的演变与未来走向》，《高教探索》2007 年第 5 期。

［14］陈代还、段异兵、潘紫燕：《二元关系网络对海归科学家产出的影响——以中国“青年千人计划”为例》，《中国科技论坛》2015 年第 9 期。

［15］陈丽娟：《华侨·华人·中国民族主义》，《读书》2004 年第 5 期。

［16］陈仁霞：《南京大学积极引进海外科技人才的实践与思考》，《研究与发展管理》2002 年第 3 期。

［17］陈伟光、郭晴：《逆全球化机理分析与新型全球化及其治理重塑》，《南开学报（哲学社会科学版）》2017 年第 5 期。

［18］陈学光、俞红、樊利钧：《研发团队海外嵌入特征、知识搜索与创新绩效——基于浙江高新技术企业的实证研究》，《科学学研究》2010 年第 1 期。

［19］陈怡安：《中国海归人才的现状及其技术效应分析》，《中国人力资源开发》2014 年第 16 期。

［20］陈怡安：《国际智力回流：文献评述与展望》，《科技进步与对策》2014 年第 23 期。

［21］陈奕平、范如松：《华侨华人与中国软实力：作用、机制与政策思路》，《华侨华人历史研究》2010 年第 2 期。

［22］程希：《改革开放 30 年中国留学生派出政策回顾》，《徐州师范大学学报（哲学社会科学版）》2009 年第 4 期。

［23］程希、苗丹国：《出国留学六十年若干问题的回顾与思考（1949—2009 年）》，《东南亚研究》2010 年第 1 期。

［24］丁月牙：《论跨国主义及其理论贡献》，《民族研究》2012 年第 3 期。

［25］丁月牙：《全球化时代移民回流研究理论模式评述》，《河北大学学报（哲学社会科学版）》2012 年第 1 期。

［26］范岱年：《关于留美华裔科学家》，《自然辩证法通讯》2012 年第 1 期。

［27］高子平：《海外科技人才回流意愿的影响因素分析》，《科研管理》

2012 年第 8 期。

［28］高子平：《在美华人科技人才回流意愿变化与我国海外人才引进政策转型》，《科技进步与对策》2012 年第 19 期。

［29］高子平：《西方学者视野中的中国海外人才回流》，《国际关系研究》2013 年第 2 期。

［30］高子平：《学术相关性维度的海外理工科留学人才回流意愿研究》，《自然辩证法研究》2014 年第 6 期。

［31］龚刚、魏熙晔、杨先明等：《建设中国特色国家创新体系　跨越中等收入陷阱》，《中国社会科学》2017 年第 8 期。

［32］何会涛、袁勇志：《海外人才跨国创业研究现状探析与未来展望——基于双重网络嵌入视角》，《外国经济与管理》2012 年第 6 期。

［33］胡建雄：《本轮逆全球化和贸易保护主义兴起的经济逻辑研究》，《经济体制改革》2017 年第 6 期。

［34］黄静：《潮汕与中国传统侨乡：一个关于移民经验的类型学分析》，《华侨华人历史研究》2003 年第 1 期。

［35］黄宁、陈宝明：《全球化发展趋势及对我国的影响》，《科技中国》2018 年第 5 期。

［36］黄英湖：《海外华人科技人才的分布及结构分析》，《中国人才》1999 年第 8 期。

［37］金碧辉等：《中美科学合作：文献计量学分析》，《山西大学学报（自然科学版）》2007 年第 2 期。

［38］金碧辉、张望、周秋菊等：《中国国际科学合作中的“华人现象”》，《科学观察》2007 年第 6 期。

［39］康荣平、刘东：《全球华人创新网络与中国产业发展》，《未来与发展》2005 年第 3 期。

［40］康荣平：《全球华人资源与中国产业发展》，《经济研究参考》2004 年第 45 期。

［41］李爱慧、潮龙起：《1965 年以来中国新移民潮与美国华人人口结构的变化》，《南方人口》2017 年第 1 期。

［42］李安山：《非洲华人社团的传承与演变（1950—2016）》，《世界民族》2017 年第 5 期。

［43］李安山：《战后非洲中国移民人口状况的动态分析》，《国际政治研究》2017 年第 5 期。

［44］李明欢：《国际移民的定义与类别——兼论中国移民问题》，《华侨华

人历史研究》2009 年第 2 期。

［45］李明欢：《群体效应、社会资本与跨国网络：欧华联会的运作与功能》，《社会学研究》2002 年第 2 期。

［46］李明欢：《21 世纪初欧洲华人社团发展新趋势》，《华侨华人历史研究》2015 年第 4 期。

［47］李其荣：《新华侨华人的职业结构及其影响因素——美国与加拿大的比较》，《东南亚研究》2008 年第 2 期。

［48］李潇潇、左玥、沈文钦：《谁获得了精英大学的教职——基于北大、清华 2011—2017 年新任教师的履历分析》，《中国高教研究》2018 年第 8 期。

［49］李宏、张薇：《世界主要国家与地区国家创新系统比较研究》，《中国科技论坛》2003 年第 5 期。

［50］黎相宜：《跨越彼岸：美国福州移民的跨国政治实践研究》，《学术研究》2014 年第 4 期。

［51］连燕华：《我国国家创新体系建设的进展及对策建议》，《科技管理研究》2006 年第 1 期。

［52］梁海艳等：《中国跨境迁出人口空间分布及其影响研究》，《云南地理环境研究》2016 年第 6 期。

［53］梁茂信：《二战后专业技术人才跨国迁移的趋势分析》，《史学月刊》2011 年第 1 期。

［54］梁茂信：《国家利益与美国人才吸引战略发展中的制约因素分析》，《求是学刊》2013 年第 3 期。

［55］梁英明：《从东南亚华人看文化交流与融合》，《华侨华人历史研究》2006 年第 4 期。

［56］廖赤阳：《当网络遇上国家》，《读书》2006 年第 9 期。

［57］廖赤阳：《网络、国家与亚洲地域秩序：华人研究之批判性反思》，《华侨华人历史研究》2008 年第 1 期。

［58］林海芬、苏敬勤：《国家创新体系研究评介及启示》，《管理学报》2010 年第 4 期。

［59］刘昌明、陈昌贵：《韩国人才回流的社会成因及启示》，《高等教育研究》1996 年第 2 期。

［60］刘春锋：《发挥侨务资源优势　支持民间社会团体开展对外交流》，《侨务工作研究》2016 年第 4 期。

［61］刘国福：《近三十年中国出国留学政策的理性回顾和法律思考》，《浙江大学学报（人文社会科学版）》2009 年第 6 期。

［62］刘宏：《社会资本与商业网络的建构：当代华人跨国主义的个案研究》，《华侨华人历史研究》2000年第1期。

［63］刘宏：《当代华人新移民的跨国实践与人才环流——英国与新加坡的比较研究》，《中山大学学报（社会科学版）》2009年第6期。

［64］刘云：《海外中国留学人员和华人学者的分布状况及其特点》，《科技导报》2001年第11期。

［65］刘云等：《国家创新体系国际化理论与政策研究的若干思考》，《科学学与科学技术管理》2010年第3期。

［66］龙登高：《美国台湾移民及其后裔生存与发展状况》，《侨务工作研究》2007年第4期。

［67］庞中英：《族群、种族与民族》，《欧洲》1996年第6期。

［68］彭伟、符正平：《基于内容分析法的海归创业政策研究：以长三角地区为例》，《科技进步与对策》2015年第15期。

［69］邱林川：《多重现实：美国三大报对李文和的定型与争辩》，《新闻与传播研究》2002年第1期。

［70］权衡、孙亮、黎晓寅：《国家创新体系建设：经验与启示——印度、爱尔兰、芬兰、以色列比较研究》，《学习与实践》2010年第4期。

［71］饶从志等：《引进高级人才　提高科研水平》，《中华医学科研管理杂志》1998年第3期。

［72］石磊等：《中美科技创新合作历程与展望》，《中国软科学》2015年第8期。

［73］斯坦利·罗森、崔大伟著，代林利译：《跨国资本：对中国归国学术人才的评估》，《复旦教育论坛》2004年第1期。

［74］宋全成：《中国海外移民在欧洲：规模、特征、问题与前景》，《理论学刊》2013年第11期。

［75］苏长和：《非国家行为体与当代国际政治》，《欧洲》1998年第1期。

［76］田瑞强、姚长青、潘云涛等：《基于履历数据的海外华人高层次科技人才流动研究：社会网络分析视角》，《图书情报工作》2014年第19期。

［77］王苍柏：《“归”的含义》，《读书》2007年第1期。

［78］王春法：《关于国家创新体系理论的思考》，《中国软科学》2003年第5期。

［79］王迪：《移民互联网的崛起与社会变迁》，《中国社会科学》2016年第7期。

［80］王建娥：《移民地位和权利：对现代民族国家及其政治制度的严峻挑

战》,《民族研究》2002 年第 5 期。

[81] 王隽毅:《逆全球化?特朗普的政策议程与全球治理的竞争性》,《外交评论》2018 年第 3 期。

[82] 王凯峰:《发达国家创新体系建设的实践及其启示》,《未来与发展》2010 年第 7 期。

[83] 王灵智:《美国华人研究的新模式》,《华侨华人历史研究》1994 年第 4 期。

[84] 王晓莺:《海外华人华侨专业人才现状分析》,《广州大学学报(社会科学版)》2005 年第 4 期。

[85] 王志章、陈维:《美国硅谷视域下的印度人华人之比较》,《南亚研究》2009 年第 1 期。

[86] 吴前进:《跨国主义:全球化时代移民问题研究的新视野》,《国际观察》2004 年第 3 期。

[87] 吴前进:《跨国主义的移民研究——欧美学者的观点和贡献》,《华侨华人历史研究》2007 年第 4 期。

[88] 吴前进:《冷战后华人移民的跨国主义——以美国华人社会为例》,《华侨华人历史研究》2006 年第 1 期。

[89] 吴前进:《论新时期“海内外同胞关系和谐”——21 世纪以来新华侨华人与中国的关系互动》,《毛泽东邓小平理论研究》2008 年第 12 期。

[90] 项飚:《跨国华人》,《读书》2004 年第 5 期。

[91] 许利平:《中国与周边国家的人文交流:路径与机制》,《新视野》2014 年第 4 期。

[92] 薛琴、申俊喜:《工业化中后期海归人才回国创业的制度支持》,《当代经济管理》2015 年第 9 期。

[93] 杨河清、陈怡安:《海外高层次人才引进政策实施效果评价——以中央“千人计划”为例》,《科技进步与对策》2013 年第 16 期。

[94] 杨河清:《海归回流:知识溢出及门槛效应——基于中国的实证检验》,《人口研究》2013 年第 5 期。

[95] 易丽丽:《基础科研人才管理机制创新:以北生所为例》,《行政管理改革》2017 年第 2 期。

[96] 于建原、李瑞强:《从国际比较角度探析中国国家创新体系的创建》,《经济社会体制比较》2009 年第 1 期。

[97] 袁勇志、肖方鑫:《双重网络嵌入对海外人才跨国创业的影响研究——基于创业阶段视角》,《工业技术经济》2013 年第 11 期。

［98］张景安：《建设我国国家创新体系总体框架的思考》，《中国软科学》2003 年第 7 期。

［99］张少春：《“做家”：一个技术移民群体的家庭策略与跨国实践》，《开放时代》2014 年第 3 期。

［100］张枢盛、陈继祥：《中国海归企业发展研究——技术创新中的二元网络与组织学习》，《科学学研究》2013 年第 11 期。

［101］张颐武：《“逆全球化”的内在逻辑——读〈后全球化时代〉》，《中关村》2018 年第 5 期。

［102］张颖：《华人社团与华人华侨文化认同探析》，《中华文化》2012 年第 3 期。

［103］詹正茂：《发挥华侨华人的作用　促进中华文化在海外的传播》，《侨务工作研究》2012 年第 1 期。

［104］章百家：《关于改革开放史研究的若干思考》，《北京党史》2008 年第 6 期。

［105］赵树宽、许超、王嘉嘉：《典型国家创新体系的对比分析及启示》，《工业技术经济》2008 年第 3 期。

［106］赵文平、许宁：《大学科学研究在国家创新体系中的地位与作用》，《科研管理技术与创新管理》2007 年第 3 期。

［107］周元、王海燕：《关于我国创新体系研究的几个问题》，《中国软科学》2006 年第 10 期。

［108］朱凌峰：《慈母身：牵系海外儿女——世界各地华侨华人积极为我抗击“非典”贡献力量综述》，《侨务工作研究》2003 年第 4 期。

［109］庄国土：《关于新移民研究的几点思考》，《华侨华人历史研究》1997 年第 2 期。

［110］庄国土：《世界华侨华人数量和分布的历史变化》，《世界历史》2011 年第 5 期。

［111］庄国土：《中国新移民的类型和分布》，《社会科学》2012 年第 12 期。

［112］庄国土：《全球化时代中国海外移民的新特点》，《人民论坛（学术前沿）》2015 年第 8 期。

［113］庄礼伟：《百人会在美中关系及华裔权益问题上所起的作用》，《东南亚研究》2003 年第 5 期。

［114］ALEJANDRO P，MIN Z. Transnationalism and development：Mexican and Chinese immigrant organizations in the United States. Population and development review，2012，38（2）.

[115] ALIREZA N, CHIARA S. Intellectual property rights and diaspora knowledge networks: can patent protection generate brain gain from skilled migration? Canadian journal of economics, 2017, 50 (4).

[116] ANNALEE S. Silicon Valley's new immigrant high-growth entrepreneurs. Economic development quarterly, 2002, 16 (1).

[117] ANNALEE S. Transnational communities and the evolution of global production networks: Taiwan, China and India. Industry and innovation, 2002, 9 (3).

[118] ANNALEE S, YASUYUKI M, QUAN X. Local and global networks of immigrant professionals in Silicon Valley. Public policy institute of california, 2003 (5).

[119] ANNALEE S. From Brain drain to brain circulation: transnational communities and regional upgrading in India and China. Studies in comparative international development, 2005, 40 (2).

[120] ANNALEE S, CHARLES S. Roepke lecture in economic geography venture capital in the "periphery": the new argonauts, global search, and local institution building. Economic geography, 2008, 84 (4).

[121] ATHREYE S, CANTWELL J. Creating competition?: globalization and the emergence of new technology producers. Research policy, 2007, 36 (2).

[122] BOCCAGNI P. Rethinking transnational studies: transnational ties and the transnationalism of everyday life. European journal of social theory, 2011, 15 (1).

[123] DUSTMANN C, WEISS Y. Return migration: theory and empirical evidence from the UK. British journal of industrial relations, 2007, 45 (2).

[124] CANTWELL J P. From the early internationalization of corporate technology to global technology sourcing. Transnational corporations, 1999, 8 (2).

[125] CASSARINO J P. Theorising return migration: the conceptual approach to return migrants revisited. International journal on multicultural societies, 2004, 6 (2).

[126] CHRIS F. The "national system of innovation" in historial perspective. Cambridge journal of econmics, 1995, 19.

[127] CONG C. China's brain drain at the high end. Asian population studies, 2008, 4 (3).

[128] DOCQUIER F, RAPOPORT H. Skilled migration: the perspective of developing countries. World bank publications, 2007, 1.

[129] FANGMENG T. Skilled flows and selectivity of Chinese scientists at global leading universities between 1998 and 2006. Journal of science and technology policy in China, 2013, 4 (2).

[130] FRANCESCO P C. Expectations and reality: a case study of return migration from the United States to Southern Italy. International migration review, 1974, 8 (26).

[131] HAIYANG L. Returnees versus locals: who perform better in China's technology entrepreneurship? . Strategic entrepreneurship journal, 2012 (6).

[132] HUIYAO W, ZWEIG D, XIAOHUA L. Returnee? Entrepreneurs: impact on China's globalization process. Journal of contemporary China, 2011, 20 (70).

[133] MEYER J, BROWN M. Scientific diasporas: a new approach to the brain drain. Management of social transformations, 1999.

[134] CASSARINO J P. Theorising return migration: the conceptual approach to return migrants revisite. International journal on multicultural societies, 2004, 6 (2).

[135] HSU J Y. Divergent engagements: roles and strategies of Taiwanese and mainland Chinese returnee entrepreneurs in the IT industry. Global networks, 2011, 11 (3).

[136] SKRENTNY J D, STEPHANIE C, JON F. Defining nations in Asia and Europe: a comparative analysis of ethnic return migration policy. International migration review, 2007, 41 (4).

[137] JØRGEN C, MARTA B E. Return migration and transnationalism: how are the two connected? . International migration, 2014, 52 (6).

[138] JØRGEN C, SILJE V P. Return migration intentions in the integration-transnationalism matrix. International migration, 2014, 52 (6).

[139] KANJANAPAN W. The immigration of Asian professionals to the United States (1988 – 1990) . International migrational review, 1995, 29 (1).

[140] KOEN J, TIJSSEN R. Chinese researchers returning home: impacts of international mobility on research collaboration and scientific productivity. Scientometrics, 2008, 77 (2).

[141] GUARNIZO L E. The emergence of a transnational social formation and the mirage of return migration among dominican transmigrants. Identities, 1997, 4 (2).

[142] LEUNG M W H. Academic mobility for development as a contested notion: an analysis of the reach of the Chinese state in regulating the transnational brains. Tijdschrift voor economische en sociale geografie, 2014, 105 (5).

[143] BOLOGNANI M. The emergence of lifestyle reasoning in return considerations among British Pakistanis. International migration, 2014, 52 (6).

[144] MEIRONG F. A cultural analysis of China's scientific brain drain: the case of Chinese immigrant scientists in Canadian academia. Journal of international migration & integration, 2014, 15 (2).

[145] MEYER J B. Network approach versus brain drain: lessons from the diaspora. International migration, 2001, 39 (5).

[146] MIN Z, RENNIE L. Transnationalism and community building: Chinese immigrant organizations in the United States. Annals of the American academy of political & social science, 2013, 647 (1).

[147] NARULA R, DUNNING J H. Explaining international R & D alliances and the role of governments. International business review, 1998, 7 (4).

[148] OU D, XIAOHUI L. Returnee entrepreneurs and firm performance in Chinese high-technology industries. International business review, 2009, 18 (4).

[149] SONDEREGGERA P, FLORIAN T. Cluster life cycle and diaspora effects: evidence from the Indian IT cluster in Bangalore. Journal of international management, 2010 (16).

[150] QIN F. Not a lonely journey: social embeddedness and the return migration of highly skilled Chinese engineers from the United States. Labor & employment relations association, 2011.

[151] QINGFANG W, TANG L, HUIPING L. Return migration of the highly skilled in higher education institutions: a Chinese university case. Population, space and place, 2015, 21.

[152] RAMANA N, TARUN K. Diasporas and domestic entrepreneurs: evidence from the Indian software industry. Journal of economics & management strategy, 2010, 19 (4).

[153] ROGER W. Rethinking transnationalism. Empiria: revista de metodología de ciencias sociales, 2010, 19.

[154] RUSSELL K, ANASTASIA C. Of counter-diaspora and reverse transnationalism: return mobilities to and from the ancestral homeland. Mobilities, 2011, 6 (4).

[155] RYAN K. China's brain gain? : attitudes and future plans of overseas Chinese students in the US. Journal of Chinese overseas, 2012, 8 (1).

[156] SCHILLER N G, BASCH L, BLANC C S. From immigrant to

transmigrant：theorizing transnational migration. Anthropological quarterly，1995（1）.

[157] SHUFAN W. Return migration and economic turmoil：experiences of repatriated Chinese professionals in Shanghai，China. Dialectical Anthropology，2013，37（3/4）.

[158] STEVEN V. Transnationalism and identity. Journal of ethnic and migration studies，2001，27（4）.

[159] SUTTMEIER R P. Scientific cooperation and conflict management in U. S.-China relations from 1978 to the present. Annals of the New York academy of sciences，1998，866（1）.

[160] WELCH A R，HAO J，Returnees and diaspora as source of innovation in Chinese higher education. Frontiers of education in China，2013，8（2）.

[161] WELCH A R，HAO J. Global argonauts：returnees and diaspora as sources of innovation in China and Israel. Globalisation，societies and education，2016，14（2）.

[162] WELCH A R，ZHEN Z. Higher education and global talent flows：brain drain，overseas Chinese intellectuals，and diasporic knowledge networks. Higher education policy，2008，21（4）.

[163] XIANG B. A ritual economy of "talent"：China and overseas Chinese professionals. Journal of ethnic and migration studies，2011，37（5）.

[164] XIAOHUI L，JIANGYONG L，FILATOTCHEV I. Returnee entrepreneurs，knowledge spillovers and innovation in high-tech firms in emerging economies. Journal of international business studies，2010，41（7）.

[165] YANG R，WELCH A R. Globalisation，transnational academic mobility and the Chinese knowledge diaspora：an Australian case study. Discourse：studies in the cultural politics of education，2010，31（5）.

[166] YANG R. Education and global cultural dialogue：analyses of the Chinese knowledge diaspora at a major Canadian university. Education and global cultural dialogue，2012.

[167] YIXI L，ZONG L，BERNARD S. To Stay or return：migration intentions of students from people's republic of China in Saskatchewan，Canada. Migration & integration，2009，10（3）.

[168] ZHOU Y，TSENG Y F. Regrounding the "ungrounded empires"：localization as the geographical catalyst for transnationalism. Global networks，2001，1（2）.

[169] ZHOU Y, HSU J Y. Divergent engagements: roles and strategies of Taiwanese and mainland Chinese returnee entrepreneurs in the IT industry. Global networks, 2011, 11 (3).

[170] ZWEIG D. Learning to compete: China's efforts to encourage a "reverse brain drain". North American regional international society for the study of xenobiotics meeting, 2006.

[171] ZWEIG D, CHUNG S F, VANHONACKE W. Rewards of technology: explaining China's reverse migration. Journal of international migration and integration, 2006, 7 (4).

3. 中英文报刊

[1]《光明日报》。
[2]《济南时报》。
[3]《经济日报》。
[4]《科技日报》。
[5]《科学时报》。
[6]《联合早报》。
[7]《南方日报》。
[8]《侨报》。
[9]《人民日报·海外版》。
[10]《人民政协报》。
[11]《统一论坛》。
[12]《深圳商报》。
[13]《深圳特区报》。
[14]《文汇报》。
[15]《新快报》。
[16]《中国经营报》。
[17]《中国人事报》。
[18]《中国组织人事报》。
[19]《中山日报》。

4. 政府及非政府组织报告、文件汇编

[1] 世界银行:《2000 年世界发展报告》,中国财经出版社 2000 年版。
[2] 国务院侨务办公室政策法规司编:《未来 5—10 年海外侨情发展趋势与

侨务对策：总论》，2011 年。

［3］美国百人会：《中美两国公众印象 2012 年民意调查报告》（中文版），2012 年。

［4］美国百人会：《中美两国公众印象 2017 年民意调查报告》（中文版），2017 年。

［5］中国和平统一促进会：《海外统促会研究报告》，2013 年。

［6］中国与全球化智库：《2018 中国海归就业创业调查报告》，《CCG 研究报告》2018 年第 24 期。

［7］董传杰主编：《中国涉侨政策法规文件汇编》，暨南大学出版社 2018 年版。

［8］ANDREW K. Prosecuting Chinese spies：an empirical analysis of the economic espionage act. 2017.

［9］Committee of 100. Hope & fear：American and Chinese attitudes toward each other parallel survey on issues concerning U. S. -China relations. 2007.

［10］RICHARD V N. Global mobility：science on the move. Nature，2012，490（7420）.

［11］GUOCHU Z，WENJUN L. International mobility of China's resources in science and technology and its impact. 2001.

［12］National university of Singapore annual report. 2001.

［13］OECD. National innovation systems. 1997.

［14］Office Of the United States Trade Representative Executive Office of the President. Findings of the investigation into China's acts，policies，and practices related to technology transfer，intellectual property，and innovation under section 301 of the trade act of 1974. 2018.

［15］National Science Foundation. Science and engineering indicators. 1996.

［16］National Science Foundation. Science and engineering indicators. 2006.

［17］National Science Foundation. Science and engineering indicators. 2018.

［18］The Commissionon the Theft of American Intellectual Property. Recommendations regarding the trump administration's section 301 investigation. 2018.

［19］The Commissionon the Theft of American Intellectual Property. The report of the commission on the theft of American intellectual property. 2013.

［20］The Commissionon the Theft of American Intellectual Property. The report of the commission on the theft of American intellectual property. 2017.

［21］White House Office of Trade and Manufacturing Policy. How China's economic aggression threatens the technologies and intellectual property of the United States and the world. 2018.

5. **中英文学位论文**

[1] 陈岑：《中国国家创新系统的效率评价与机制改进研究》，武汉大学博士学位论文，2010 年。

[2] 胡中波：《中美关系视野下的中美教育交流研究》，华中师范大学博士学位论文，2016 年。

[3] 袁旭东：《中国引进海外人才的理论分析与实证研究》，吉林大学博士学位论文，2009 年。

[4] JASMINE T. Atomic hospitality：Asian migrant scientists meet the U. S. south. University of Minnesota，2017.

6. **中英文网站**

[1]《神州学人》杂志网站：http：//www. chisa. edu. cn/。

[2] 百人会网站：http：//www. committee100. org/。

[3] 东方网：http：//www. eastday. com/。

[4] 东莞时间网：http：//www. timedg. com/。

[5] 广东省引进创新创业团队专项信息网：http：//cxtd. gdstc. gov. cn/。

[6] 广东新闻网：http：//www. gd. chinanews. com/。

[7] 广西新闻网：http：//www. gxnews. com. cn/。

[8] 国际华人科技工商协会网站：http：//www. casbi. org/cn/。

[9] 杭州政协新闻网：http：//www. hzzx. gov. cn/。

[10] 华源科技协会网站：https：//www. hysta. org/our-vision。

[11] 环球网：http：//www. huanqiu. com/。

[12] 江西新闻网：http：//www. jxcn. cn/。

[13] 科学网：http：//www. sciencenet. cn/。

[14] 美国硅谷 Ding Ding TV 网站：http：//www. dingding. tv/。

[15] 南加州中华科工学会网站：http：//cesasc. org/。

[16] 侨报网：http：//www. uschinapress. com/。

[17] 清华大学经济学研究所网站：http：//www. tsinghua. edu. cn/publish/ies/。

[18] 全球化智库（CCG）网站：http：//www. ccg. org. cn/About/。

[19] 千人计划网：http：//www. 1000plan. org/。

[20] 人民网：http：//www. people. com. cn/。

[21] 上海市总工会网站：http：//www. shzgh. org/

[22] 深圳海归协会网站：http：//www. szhaigui. org/。

[23] 斯坦福中国学生学者联合会：http：//www. cssa. us/stanford/。

[24] 西安电子科技大学美国校友会网站：http：//www. xidian-usa. org/。

[25] 香港科技大学霍英东研究院：http：//fytgs. ust. hk/？ l = zh。

[26] 新华网：http：//www. xinhuanet. com/。

[27] 浙江在线：http：//www. zjol. com. cn/。

[28] 中国高校北美校友会联盟网站：http：//www. cuaana. org/。

[29] 中国海外人才交流大会网站：http：//www. ocs-gz. gov. cn/news/detail/2382。

[30] 中国教育网：http：//www. chinaedunet. com/。

[31] 中国科学院学部网站：http：//www. cas. cn/。

[32] 中国侨网：http：//www. chinaqw. com/。

[33] 中国新闻网：http：//www. chinanews. com/。

[34] 中国组织人事新闻网：http：//www. zuzhirenshi. com/。

[35] 中华人民共和国教育部网站：http：//www. moe. gov. cn/。

[36] 中华人民共和国科学技术部网站：http：//www. most. gov. cn/。

[37] 中华人民共和国中央人民政府网站：http：//www. gov. cn/。